LYON, 1939-1945 :
UN GONE SOUS L'OCCUPATION

Louis Gamichon

Lyon, 1939-1945 : un gone sous l'Occupation

De Borée

Du même auteur

Autres éditeurs

Quand Lyon s'amusait
Napoléon et les Lyonnais
La Vie lyonnaise
La Gazette de Sainte-Hélène
1900, quelle Belle Époque
Lyonnaiseries napoléoniennes

Introduction

Nous étions des enfants de la guerre 1939-1945, âgés de six à treize ans, ceux que l'on appelait les J2, à cause de l'appellation qui s'appliquait sur nos tickets de rationnement de toutes sortes, principalement alimentaires.

Nous n'avions pas seulement faim, mais aussi froid, et la peur des bottes allemandes, puis des bombardements.

Heureusement, nous disait-on, vous avez le maréchal Pétain et sa devise « Travail, Famille, Patrie ». Alors, nous chantions : *Maréchal, nous voilà !*, avec la bénédiction de beaucoup de Français. Sombre tableau, me direz-vous, mais pourtant que de moments d'espoir, de parfum d'aventures, d'excitation venaient rompre la tentation de soumission à l'impitoyable occupant.

Trop jeunes pour combattre, nous, les J2, écoutions, jugions et participions, presque par jeu, à des actions illicites. C'était à la dimension de nos moyens, tels afficher la photographie du général de Gaulle, capter Radio Londres, collecter les tracts lancés par la RAF, faire des crasses aux collabos, voire pousser un avion anglais embourbé lors d'un atterrissage clandestin.

La paix revenue, j'ai longtemps enfoui au fond de ma mémoire ces péripéties de gone.

La nostalgie de la jeunesse m'a sans doute incité à les ressortir de mon esprit et poussé à vous raconter mes petites aventures sous l'Occupation des nazis. Elles n'ont rien d'héroïques et ne présentent, le plus fidèlement possible, que la vie d'un J2, certes un peu turbulent, de cette terrible époque.

Vous trouverez également à titre documentaire des revues de presse, des gravures et photographies, des témoignages qui soulignent l'étrangeté, la dureté et la cruauté d'une des pires périodes de notre longue histoire.

Dieu fasse que nous ne la revoyons jamais.

L'impasse Saint-Victorien. Mes premières armes d'automobiliste.
(Collection de l'auteur.)

Chapitre I

1938-1939, l'avant-guerre

J'AI SANS DOUTE commencé à avoir quelques craintes du mot guerre lorsque je suis entré à la grande école le 1er octobre 1938. D'autant que mon voisin de pupitre s'était empressé de me souffler que le Père Noël n'existait pas.

Mon oncle Marius y mettait aussi du sien, lorsqu'il pointait du doigt, sur son journal, un monsieur moustachu en casquette, tout en affirmant :

« Avec Hitler, ce sera la guerre ! Oui la guerre ! »

Nous vivions pourtant heureux dans « l'impasse » ou plutôt à l'adresse officielle, au numéro 20, impasse Saint-Victorien, Lyon 3e, quartier de La Villette. Le raccourci signifiait simplement que là se trouvait notre fief, à l'exemple d'un lieu-dit à la campagne.

Cette voie sans issue alignait d'un côté des maisons ouvrières, puis de l'autre le long mur, surmonté par les toits pointus de l'usine des parapluies Revel, le célèbre *pébroque* lyonnais.

Un espace de vie animait ce lieu austère, celui de l'épicerie-bar de la mère Chapelle, heureusement agrémentée par trois jeux de boules « à la longue » (lyonnaise).

Nous, les enfants, notre terrain de jeux se trouvait au bas de notre vieil immeuble, dans l'impasse même ; ailleurs, on pourrait dire la rue. Ici, pas besoin de jouets compliqués, nous avions quelques accessoires à quatre sous : les osselets du boucher, des billes en terre cuite, des galets de pierre, des pièces de monnaie et, en saison, des noyaux d'abricots.

Oncle Marius.
(Collection de l'auteur.)

Modèle de voiture à pédales proche de celle du « macaroni » Delvecchio (1938).
(Droits réservés.)

Mon grand-père.
(Collection de l'auteur.)

Tonton Louis,
« le Kiki de La Villette ».
(Collection de l'auteur.)

Nos jeux sont aujourd'hui bien lointains : les « oignes », le « diable boiteux », le « cochon salé », la « ronquille », le « cheval fondu », la « balle au camp » ou « mouche mouche caramouche ».

Le problème consistait à faire remonter tout ce petit monde à l'heure des repas ou des devoirs.

Ma mère, pour m'y contraindre, avait inventé une terrible punition. Elle descendait me chercher avec un gant de toilette mouillé dans les mains et faisait mine de m'en frapper les mollets. Alors, pour ne pas paraître « une poule mouillée » aux yeux des copains, je courrais plus vite qu'elle pour m'engouffrer dans la montée d'escalier. Les soirs d'été, les gens de l'immeuble se posaient en rang d'oignons, chacun avec sa chaise, le long de la façade. Là, jusqu'à la nuit tombée, tous regardaient voler les hirondelles, papotaient, sous la voix chaude de Tino Rossi que diffusait à pleine puissance la TSF du voisin du deuxième.

Les hommes buvaient le verre de l'amitié, rassurés parce que les menaces de la guerre s'éloignaient.

Hitler, Daladier, Chamberlain venaient de sauvegarder la paix en signant les accords de Munich.

On ne pouvait pas s'y tromper, rien qu'à voir sur le journal *Le Progrès* le retour triomphal à Paris de notre président du Conseil Édouard Daladier. Seul l'oncle Marius continuait d'affirmer que la guerre se déclencherait d'ici Noël, ou à Pâques prochain, sinon à la Trinité.

Ainsi, nous étions une espèce de communauté de village, très unie, ce qui transparaissait au travers des diminutifs dont on se qualifiait les uns et les autres.

Mon prénom Louis se transformait en Loulou. La curieuse appellation de Youyousse parodiait le fils des Perrin, un adolescent en pantalon de golf surmontant des chaussettes écossaises, une dégaine de cette époque qui se terminait par un petit toupet

Les boulistes du clos de la mère Chapelle, dans l'impasse. Mon père est le deuxième en partant de la gauche.
(Collection de l'auteur.)

L'école de la « Cité » en 1939. J'ai sept ans...
(Collection de l'auteur.)

au-dessus du crâne. Ce « Tintin » de La Villette me fascinait par ses grosses joues renflées lui donnant, selon mon appréciation, une tête de grosse poire. Dans une chambre seule au troisième logeait notre porte-bonheur, Kiki le Bossu, bien fourni par la nature puisqu'il possédait en prime une bosse sur la poitrine en plus de celle du dos.

Notre gloire venait du centenaire du deuxième, le père Débiol qui, de sa voix chevrotante, nous racontait en toutes occasions la visite à Lyon de Napoléon III. Un seul cas posait une interrogation, celui des « macaronis » du premier, les Delvecchio. Ces Italiens paraissaient très gentils, en toute apparence fort aimables, ce qui pour mon grand-père ne pouvait qu'être suspect, ne seraient-ils pas des espions de Mussolini ?

D'autant que Delvecchio passait des heures dans un petit atelier de la cour, qu'il avait loué. Là, il occupait son temps par des travaux bruyants, bien dissimulés, sans doute pas très catholiques.

Quant à moi, j'avais aussitôt adopté comme copains leurs deux enfants de mon âge, un garçon Daniel, dit « Dani », et une fille Elsa, devenue « Zaza ».

Devant notre immeuble avec ma mère, une tante, un cousin et une cousine.
(Collection de l'auteur.)

Le dimanche était sacré et nous le passions en famille. Cela commençait le matin par la visite de mon tonton Louis, surnommé « le Kiki de La Villette », afin de le distinguer du bossu. Il n'oubliait personne, d'abord la famille, puis les voisins, sachant que partout l'attendait un pot de vin blanc qui rafraîchissait sous l'eau du robinet de la cuisine.

Sans son accent lyonnais, on aurait pu le prendre pour un Parigot dont il avait la gouaille qu'il ciblait sur Hitler pour le tourner en dérision. Il s'en expliquait :

« Mieux vaut en rire que d'en pleurer. »

Tonton Louis rejoignait ensuite ses copains chez « Félix », un cafetier du coin doté d'un magnifique billard. Dans ce sanctuaire du dimanche, il faisait preuve de sa science du tapis vert ponctuée par des « blocs fumants », des « billes de douceur », des « carambolages sentis », et des petits verres de Pernod.

À midi et demi, la famille se retrouvait devant le plat de luxe dominical : un superbe poulet rôti, un barboton (pommes de terre à l'étuvée), un claqueret (fromage blanc), avec, en dessert, un pâté de vogue (gâteau à la poire et eau-de-vie).

Après le café, parfois le mousseux, je me juchais sur une chaise pour déclamer une récitation, ce qui précédait les chansonnettes, puis les sacro-saintes parties de boules de l'après-midi.

Le clos de la mère Chapelle retentissait alors du claquement des « carreaux » (une boule qui chasse l'autre en prenant sa place), des rires, des jurons, des verres trinquant à la victoire des boulistes en casquettes de prolétaires.

Le lundi matin, les joyeuses reparties du dimanche faisaient place aux bruits lancinants des marteaux-pilons de l'usine de chaudronnerie Buffaud et Robatel qui jouxtait notre immeuble ; c'était là que travaillait mon grand-père. Mon père reprenait le chemin du dépôt de tramways « Des Pins » où il dépannait les réputées motrices rouges de l'OTL, tandis que ma mère recommençait à s'user les yeux au délicat tissage des tulles du Soyeux Martin.

« Au cours de la visite présidentielle, M. Albert Lebrun s'intéresse longuement à la 12 cylindres Delahaye. »
(*La Vie lyonnaise*, n° 899, 29 octobre 1938.)

Ma mère, mon père et moi à la vogue de Perrache.
(Collection de l'auteur.)

L'époque des belles automobiles à Lyon.
(Collection de l'auteur.)

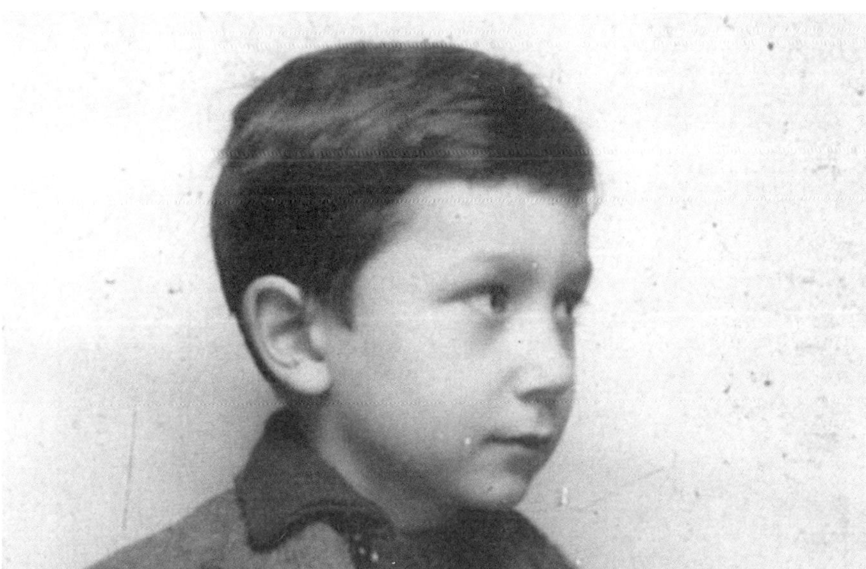

« Loulou », le J2.
(Collection de l'auteur.)

« Conduite intérieure Amilcar Compound. »
(*La Vie lyonnaise*, n° 899, 29 octobre 1938.)

« Un beau modèle de Delage : la D8-100. »
(*La Vie lyonnaise*, n° 899, 29 octobre 1938.)

« Conduite intérieure Hotchkiss Cabourg. »
(*La Vie lyonnaise*, n° 899, 29 octobre 1938.)

« Un des nouveaux modèles Talbot. »
(*La Vie lyonnaise*, n° 899, 29 octobre 1938.)

Quant à moi, je retrouvais mes copains à l'école de la « Cité » et ma maîtresse, Mlle Guillet, qui avait déjà enseigné à mon père.

Le mois d'octobre 1938 fut pour moi un enchantement, car si je ne croyais plus au Père Noël, je croyais maintenant aux contes de fées. J'avais vu au cinéma Pathé Palace *Blanche Neige et les sept nains*. Walt Disney venait de me faire entrer dans le monde merveilleux des enfants. Le dimanche 16 octobre 1938, j'entrai dans celui des adultes, au trente-deuxième salon automobile de Lyon, où les belles voitures étaient exposées. Mes parents et moi allions de Bugatti, en Talbot, en Delage, en Amilcar ou Hotchkiss. Toutes avaient des carrosseries dignes des rois. Nous avions bien fait de venir les admirer ici, au bord du Rhône, car aucune ne se serait risquée de venir ternir ses chromes étincelants dans les ornières boueuses de notre impasse.

Noël 1938 fut le dernier Noël de paix. Malgré la démission du Père Noël, mes souliers étaient posés devant le sapin et la crèche. J'eus le plaisir d'y découvrir un jeu de loto, entouré de superbes oranges.

Quand arriva sur la table de fête la dinde rôtie à souhait, aucun des heureux convives ne pouvait se douter que l'odorante volaille allait tirer sa révérence pour plusieurs années.

L'année 1939 nous réserva, au début du printemps, une surprise espérée depuis longtemps. Elle émanait du « macaroni »

« Cabriolet Chapron sur châssis Delahaye 135 Compétition. »
(*La Vie lyonnaise*, n° 884, 2 avril 1938.)

« La nouvelle Licorne. »
(*La Vie lyonnaise*, n° 899, 29 octobre 1938.)

Delvecchio qui avait convié tout l'immeuble dans la cour, devant son mystérieux atelier. Nous allions enfin savoir.

Quand il ouvrit le portail, nous vîmes apparaître une automobile ou plutôt, en y regardant de près, un pédalo de macadam. L'engin se composait d'un châssis tubulaire équipé de quatre roues de bicyclettes. L'entraînement se faisait sur les roues arrière par des chaînes de vélo actionnées par un pédalier, un superbe volant de voiture, véritable pièce de collection, trouvé aux puces de la place Rivière, dirigeait les roues avant. Une carrosserie habillait le tout, faite en bois, peinte en bleu, d'un style disons unique, permettant à deux personnes de s'y asseoir à l'avant, puis à deux enfants ou au grand panier d'osier du pique-nique de prendre place sur la petite banquette arrière. Enfin, une impressionnante trompe en cuivre servait de klaxon.

Delvecchio nous invita à essayer sa Torpédo. Il fit plusieurs tours du pâté de maisons, prenait les uns et les autres à chaque passage. J'eus la chance d'être à l'arrière avec ma copine Zaza et tous deux riions comme des fous à la vue des passants surpris par ce modèle inconnu, ou sursautant aux pouêt-pouêts de la trompe largement utilisée par le chauffeur. Chose à peine croyable, mon grand-père s'était risqué à faire un tour au côté du « macaroni ».

Delvecchio avait bien fait les choses, car du vin de chianti, servi à discrétion, arrosa sa « limousine ». Alors, pour employer le langage boursier, l'action de l'Italien était maintenant en forte hausse.

Ce même mois de mars 1939, l'oncle Marius repartait dans sa guerre, avec cette fois toutes les bonnes raisons d'y croire, Hitler venait de jeter aux orties le traité de Munich. Ses divisions blindées étaient entrées à Prague, faisant de la Tchécoslovaquie un pays satellite de l'Allemagne.

Le Kiki de La Villette en avait perdu son éternel optimisme, et même ses plaisanteries envers Adolf.

Quelques jours de vacances à la campagne, en juillet 1939, vinrent calmer mon angoisse. À mon grand bonheur, je m'étais payé le luxe de toucher pour la première fois le cul d'une vache.

Mais rien ne pouvait arrêter la formidable machine de guerre de l'Allemagne qui, le 1er septembre 1939, au matin, envahit la Pologne.

L'oncle Marius pouvait brandir son journal et s'écrier :

« Depuis le 3 septembre 1939, à 17 heures, nous sommes en guerre contre l'Allemagne. »

Je vis perler deux larmes dans ses yeux. Mon Dieu ! Qu'allions-nous devenir ? Heureusement, mon grand-père rassura tout le monde, en connaisseur des choses militaires :

« Nous avons construit la ligne Maginot, la France est devenue une forteresse. Croyez-moi, les boches ne passeront pas. »

Alors, je me remis à jouer en alignant quelques soldats de plomb pour la première bataille de cette foutue guerre.

Le régiment en 1930. Bientôt la quille !
(Collection de l'auteur.)

Chapitre II

1939-1940, la « drôle de guerre »

LA MOBILISATION fut placardée sur les murs de la ville. Mon père prépara immédiatement sa valise pour rejoindre son corps, un bataillon d'artillerie en formation dans les Alpes, sur la frontière italienne.

Nous l'accompagnâmes à la gare des Brotteaux où fourmillait la cohorte des mobilisés, loin de crier « À Berlin ! » à la façon de nos anciens de 1914-1918. Je savais déjà que si la guerre me privait de mon père, je le devais aux boches. Seule ma fascination pour l'énorme locomotive rutilante de cuivres, crachant des volutes de fumée, assorties de stridents sifflements, atténuait mon gros chagrin.

À notre retour de la gare, la maison parut bien vide, un sentiment qui ouvrait dans nos esprits l'angoisse des mauvais jours à venir.

Cela commença par la visite du chef d'îlot de la défense passive. Je fus très impressionné par ce corpulent affecté spécial, casqué, muni d'un brassard officiel, avec en bandoulière un masque à gaz particulièrement effrayant. Il nous donna gravement de strictes consignes :

« Les risques de bombardement de nuit vous imposent que l'éclairage de votre appartement soit caché par une peinture bleue appliquée sur les vitres, ou à la rigueur par des rideaux bleu sombre. La prudence nécessite également que des bandes de papier adhésif protègent vos carreaux d'un effet de souffle provoqué par l'éclatement d'une bombe. »

Quand le chef ressortit, sans oublier de boire un canon de rouge, nous étions entrés dans la guerre.

Une période de réservistes en 1938, l'année de Munich. Mon père est le deuxième en partant de la gauche.
(Collection de l'auteur.)

Les automobilistes reçurent les instructions de peindre les phares de la même couleur, de manière à ne laisser passer qu'un faible carré de lumière. Les services publics donnaient l'exemple, car les tramways circulaient déjà avec les vitres bleues.

Toutes ces précautions restaient sous le contrôle de la défense passive qui rappelait à l'ordre les contrevenants par d'énergiques coups de sifflet. Ainsi, les nuits lyonnaises passèrent du scintillement des lumières au noir profond du *black-out*.

Quelques jours après, une équipe d'ouvriers se chargea d'aménager notre cave d'immeuble en abri antiaérien. Une sortie de secours, équipée d'une échelle de fer, nous permettait désormais de pouvoir nous échapper par un autre accès, donnant sur un dépôt de matériaux de construction dit « le chantier ». Un panneau, fixé à côté de l'entrée de notre maison, indiquait : abri vingt-cinq personnes.

Notre vieille cave voûtée s'était miraculeusement transformée en abri sûr.

La défense passive informa la population que des masques à gaz étaient mis à sa disposition dans des dépôts répartis dans la ville.

L'entraînement du tir au canon.
(Collection de l'auteur.)

Ce n'est pas la guerre en dentelles, mais en pantoufles.
(Collection de l'auteur.)

Elle engageait nos concitoyens à les retirer au plus tôt, charge pour eux de les tenir en permanence à portée de la main, même au cours des déplacements. La réalité de l'état de guerre s'étala au grand jour, à la vision de milliers de Lyonnais qui circulaient dans les rues le masque à gaz en bandoulière.

Ma mère avait perçu le sien et cela incita ma curiosité. J'aimais son étui constitué par une belle boîte métallique ronde de couleur kaki. Le masque, lui-même, me donna une grande appréhension, mais cela ne m'empêcha pas de vouloir le mien. La distribution aux enfants devait se faire par l'intermédiaire des écoles. On commença par les plus grands, puis on s'arrêta là, faute d'avoir des tailles adaptables aux écoliers des petites classes. Eh bien ! À ma grande déception, j'allais passer toute la durée de la guerre sans cet accessoire de survie.

Parc d'artillerie sur le front des Alpes.
(Collection de l'auteur.)

Préparation d'une ligne de défense sur le front des Alpes.
Le commandement avait encore en tête les tranchées de 1914-1918.
(Collection de l'auteur.)

1939-1940, la « drôle de guerre »

Mon ressentiment tourna rapidement au jeu, ce qu'avait compris une de mes tantes Tatan Lila, chez qui je passais quelques jeudis. Elle me fabriqua un jouet masque à gaz en toile forte, équipé de deux verres d'un vieux binocle et rangé dans une boîte ronde suspendue à une lanière. Je pouvais ainsi me promener dans le corridor de son appartement de la rue Masséna fier comme un grand.

L'inquiétude ne montait pas pour autant et le masque à gaz fut plutôt l'objet de plaisanteries, car personne n'a vraiment jamais cru qu'il servirait un jour.

La meilleure preuve se vérifiait dans les communiqués des armées :

« La situation est calme sur l'ensemble du front. »

Ce qui faisait dire à l'oncle Marius :

« Quelle drôle de guerre ! »

On le voyait d'ailleurs au cinéma où les actualités Gaumont nous montraient nos soldats, non pas sur le théâtre des opérations, mais aux théâtres aux armées. Là, l'armée française riait de bon cœur aux prestations de Maurice Chevalier ou de la divine Joséphine Baker.

Je n'ai pas aimé le Noël 1939, ce premier des années sombres. Nous l'avons célébré sans ma grand-mère Marinette, morte quelques jours avant, sans mon père retourné de suite au front, sans le traditionnel *Minuit chrétien* que mon grand-père n'eut pas le courage de chanter.

Le printemps 1940 arriva vite, sans que rien ne bouge du côté de la frontière allemande.

La guerre n'était pourtant qu'en sommeil car nous eûmes notre première alerte aérienne au milieu d'une nuit. Tout l'immeuble était descendu dans l'abri où des loupiotes nous éclairaient faiblement, tandis que nous attendions, la tête enfoncée dans les épaules, qu'une bombe tombe du ciel. Comme il ne se passait rien, je m'occupais avec mes copains Dani, Zaza, Marcel, le petit Alsacien du troisième, à un jeu d'ombres chinoises. Bientôt, la sirène nous signifia la fin de l'alerte, disons plutôt de notre récréation nocturne.

Tous remontèrent se coucher, dans une ambiance de fanfaronnades, sans imaginer que des centaines d'autres alertes allaient suivre et nous plonger toujours dans l'attente, souvent dans la peur, pour beaucoup dans le drame.

Le calme des sous-bois avant l'apocalypse.
(Collection de l'auteur.)

La patrouille en reconnaissance. Au même moment, les blindés de la Wehrmacht *déclenchaient la* Blitzkrieg *(« guerre éclair »).*
(Collection de l'auteur.)

La surveillance de la frontière italienne.
(Collection de l'auteur.)

L'inactivité militaire entretenait la suspicion, les bruits, surtout la propagande à l'arrière.

Des affiches nous mettaient en garde contre la « cinquième colonne ». C'était le terme qui désignait les espions ennemis, ceux que l'on ne voyait nulle part, mais qui s'infiltraient partout. Alors, les autorités ne cessaient de proclamer :

« Les murs ont des oreilles, taisez-vous, méfiez-vous. »

Les bruits les plus fous se répandaient, telle la grave maladie d'Hitler et que ces agents clandestins distribuaient à merci des bonbons empoisonnés, des stylos explosifs, voire des ballons publicitaires remplis de gaz toxique.

Heureusement, des chansons nous remontaient le moral. La chanteuse Lucienne Boyer se souvenait de *Madelon*, la belle des poilus de 1914. La grande artiste avait trouvé une autre mascotte pour nos soldats de 1939 qu'elle dénommait avec enthousiasme

Victoire. Georges Thill était du même avis puisqu'il lançait en trémolo :

« Ils ne la gagneront pas. »

Le 10 mai 1940, le réveil fut brutal. Après huit mois de guerre sans guerre, les troupes allemandes avaient attaqué la Hollande, la Belgique, et déjà ces pays appelaient la France à leur secours.

À partir de là s'enclenchait la *Blitzkrieg* (la guerre éclair). Les chars de Guderian avançaient plus vite que la plume des journalistes. Les troupes de la *Wehrmacht* se trouvaient toujours plus loin que ne l'indiquaient les journaux. Oncle Marius, qui aimait en découper les articles, n'allait pas se fatiguer du ciseau : le 12 mai, les Allemands sont à la frontière française ; le 14 mai, la Meuse est franchie à Sedan ; le 17 mai, Guderian se trouve à Abbeville ; le 22 mai, Reinhardt atteint Saint-Omer ; le 14 juin, Paris est investi ; le 17 juin, le maréchal Pétain fait « don de sa personne à la France » ; le 19 juin, les Allemands entrent à Lyon ; le 22 juin, l'armistice est signé et l'Occupation commence.

Tout avait été « torché » en quarante-trois jours.

L'occupation de Lyon par les Allemands.
(Dessin de l'auteur.)

Chapitre III

19 juin 1940, les Allemands occupent Lyon

NOTRE GUERRE LYONNAISE de l'arrière avait commencé, ce même 10 mai 1940, par une sérieuse alerte aérienne. Elle fut conforme aux directives que rabâchait le grincheux chef de la défense passive : bruits lancinants des moteurs d'avion, claquements secs des obus de la DCA suivis du grondement de l'explosion des bombes. Dans notre abri, oncle Marius rassurait les inquiets, c'est-à-dire tout le monde, en affirmant que le bombardement visait un objectif militaire. Je ne demandais qu'à le croire, mais ne ressentis pour une fois aucune envie de jouer.

Le lendemain, le journal *Le Progrès*, ne paraissant désormais que sur deux pages, dressait le bilan de l'attaque de la *Luftwaffe*. Les avions allemands avaient bombardé l'aérodrome de Bron où stationnaient une escadre de nos avions de chasse ainsi qu'un détachement polonais. Le bilan s'avérait lourd : quinze victimes, de nombreuses destructions, en particulier la route stratégique de Grenoble, devenue inutilisable à la circulation. Le journal signalait que notre DCA avait abattu un bombardier ennemi au-dessus de Colombier et capturé les quatre hommes d'équipage.

Le mois de mai 1940 ne sera qu'une suite d'autres alertes, de nouvelles du front catastrophiques, du suivi atterré de la fuite en arrière de nos troupes. Quant à moi, les seules nouvelles que j'attendais, mais qui ne venaient pas, étaient celles de mon père.

Le 1er juin, les *Stukas* allemands (type d'avion d'attaque en piqué) survolèrent le ciel lyonnais puis, sirènes hurlantes, piquèrent et jetèrent leurs bombes sur la ville de Givors. Le bilan du raid fut lourd : cinquante victimes, plusieurs usines et immeubles détruits, la voie du chemin de fer rendue impraticable. Cela déclencha un début d'exode de la population lyonnaise. Les plus riches partirent les premiers au volant de leurs belles automobiles en direction du Midi, de la mer Méditerranée, là où se trouvaient leurs résidences secondaires. Je vis avec stupeur que certaines de ces limousines portaient sur le toit un épais matelas de laine soigneusement arrimé. Le Kiki de La Villette m'en donna l'explication. Il me dit sans rire que c'était pour se protéger des mitraillages de ces fameux *Stukas*.

Le 10 juin 1940 fut pour moi un jour malheureux, nous étions collés dans notre abri par une sempiternelle alerte lorsque le voisin du deuxième, celui de « Radio Impasse », nous rejoignit porteur d'une scandaleuse nouvelle :

« L'Italie venait de déclarer la guerre à la France. »

Ainsi, Mussolini, le *Duce* en chemise noire, volait au secours de la victoire d'Hitler. Le communiqué précisait que des avions italiens avaient sans plus attendre bombardé la voie ferrée desservant Bourg-en-Bresse.

Les visages de l'oncle Marius et de mon grand-père virèrent au rouge colère. Ils quittèrent l'abri, les poings serrés sans dire un mot. Quelques minutes après, nous entendîmes des coups violents, soulignés par des imprécations, qui parvenaient jusqu'aux tréfonds de la cave.

Alors, nous tentâmes une sortie pour voir ce qui se passait. Ce que je vis m'effraya plus que les obus de la DCA en pleine action en ce moment. Oncle Marius tenait son fusil Lebel dans ses mains, celui qu'il avait ramené de sa guerre de 1914-1918. Il donnait des grands coups de crosse contre la porte d'entrée des Delvecchio.

À son côté, mon grand-père hurlait :

« Vous nous donnez un coup de poignard dans le dos ; montrez vos tronches de "macaronis" ! »

Les panneaux de la porte se fendaient, mais résistaient. À l'intérieur, rien ne bougeait, seuls les pleurs de Dani et de Zaza parvenaient à mes oreilles. L'intervention de tous ramena nos deux coqs gaulois à la raison et, fort heureusement, la sirène de fin d'alerte tout le monde à la maison.

On ne revit plus les Delvecchio ; ils partirent dans le flot des réfugiés, ce qui prouvait, diront certains, leur appartenance à

Des soldats allemands.
(Dessin de l'auteur.)

la « cinquième colonne ». Folle guerre, j'avais perdu deux bons copains, mon « vieux » Dani et Zaza ma jolie Italienne, dont j'admirais les cheveux blonds. Je crois qu'elle était mon premier amour secret d'enfant.

La guerre éclair des Allemands nous donnait le tournis. Nous apprîmes dans la douleur, le 14 juin 1940, que leurs troupes défilaient sur les Champs-Élysées à Paris.

Trois jours plus tard, le vainqueur de Verdun, le maréchal Pétain, déclarait de sa voix chevrotante qu'il fallait cesser le combat. Malgré cela, Lyon continuait de préparer la défense de la capitale des Gaules, ce qui eut pour effet de vider la ville de la moitié de ses habitants.

Le lundi matin 17 juin 1940, je compris qu'il se passait quelque chose ; les marteaux-pilons de l'usine Buffaud et Robatel, d'habitude si bruyants, restaient étrangement silencieux. Bientôt, mon grand-père vint nous informer que l'usine préparait l'évacuation des familles de ses ouvriers. Des camions se trouvaient prêts à nous conduire à la campagne. Il fallait de suite préparer une valise avec le minimum indispensable.

Eh bien ! Ma mère refusa d'abandonner notre maison et nous restâmes calfeutrés à l'intérieur de l'appartement dans l'attente de l'apocalypse. Elle commençait par un arrêt de toute activité : les écoles fermaient ; les usines mettaient les clés sous la porte ; les trains s'immobilisaient et encombraient les voies de la gare de Perrache.

Ainsi, rien ne circulait, au point qu'un Lyonnais dira que, depuis sa maison, il percevait maintenant le bruit de l'écoulement du Rhône.

Le maire de Lyon, Édouard Herriot, en concertation avec le préfet du Rhône, Émile Bollaert, décida d'empêcher une défense inutile de la ville. Une seule solution existait, celle de déclarer Lyon « ville ouverte ».

C'est ainsi qu'à Bordeaux, Édouard Herriot obtiendra, au cours de la nuit de ce tragique lundi, l'accord du maréchal Pétain encore tranquillement couché dans son lit en pyjama rayé.

Le mardi 18 juin 1940, les Lyonnais apprirent avec soulagement que leur ville se tenait à la merci des troupes allemandes, et bien peu entendirent l'appel du général de Gaulle qui, devant l'histoire, condamnait la résignation du vieux soldat.

Quant à nous, nous regardions dans l'inquiétude les énormes volutes de fumée noire que dégageait l'incendie des réservoirs d'essence du port Rambaud.

L'attente s'avérait pesante et ma mère risqua une sortie jusqu'à l'épicerie de la mère Chapelle.

J'étais seul depuis quelques minutes lorsqu'un épouvantable vrombissement ébranla les murs de l'appartement. Depuis la fenêtre de la cuisine, je vis soudain jaillir un avion de chasse allemand. L'appareil rasait les toits de l'usine Buffaud et Robatel, à la hauteur de notre étage, à une distance d'une vingtaine de mètres de la maison. C'était si près que je pus apercevoir les croix noires de ses ailes et de son fuselage. Je vis également le visage de son pilote et avais même imaginé avec terreur qu'il me regardait. Cela ne dura que quelques secondes, puis l'avion disparut en direction de Bron.

L'occupation de Lyon venait de commencer pour moi par ce boche venu du ciel.

19 juin 1940, les Allemands occupent Lyon

Le mercredi 19 juin 1940, vers 8 heures du matin, la receveuse du bureau des postes à Monsols téléphona au directeur départemental. Elle ne put que murmurer dans un souffle :

« Une colonne de motocyclistes allemands traverse actuellement le village. »

Lyon ne se trouvait plus qu'à une demi-journée d'une arrivée des « Prussiens », pour reprendre l'expression favorite de mon cher « tonton Marius ».

L'armée allemande va cependant se heurter à ceux qui refusaient la soumission acceptée par Vichy.

Un combat fut héroïquement engagé par le 25e régiment des tirailleurs sénégalais aux abords de la route nationale 6, dans le périmètre Limonest-Chasselay. Plus des trois quarts de ses hommes tombèrent au cours de ce suprême combat. Les Allemands ne firent pas de quartier ; ils massacrèrent tous les survivants noirs.

Le souriant tirailleur noir « Y'a bon Banania », celui que j'aimais tant sur les boîtes de mon cacao du matin, était en réalité un valeureux et indomptable guerrier.

Rien ne pouvait plus empêcher les Allemands de pénétrer dans Lyon. Une colonne motorisée arriva jusqu'à Caluire, puis s'engagea dans la grande rue de la Croix-Rousse, où des parlementaires français les attendaient. Sous leur conduite, les blindés de la *Wehrmacht* se dirigèrent en direction des terreaux pour prendre possession de l'hôtel de ville.

Bientôt, notre célèbre bâtiment historique s'ornait d'un immense drapeau à croix gammée.

Le commandement allemand s'installa à la préfecture, invitant six personnalités lyonnaises à y séjourner avec eux, en qualité, comme le précisait courtoisement le général en chef Henrici, d'otages garants du calme de la cité.

Ainsi, MM. Bollaert, préfet du Rhône ; Cohendy, adjoint au maire ; son éminence le cardinal Gerlier, archevêque de Lyon ; Charbin, président de la chambre de commerce ; Vicaire, secrétaire général des Anciens combattants ; Vivier-Merle, secrétaire de l'Union départementale des syndicats confédérés, furent les hôtes, certes bien traités, du général, mais qui n'aurait peut-être pas hésité à les faire fusiller en cas d'un grave attentat contre ses troupes.

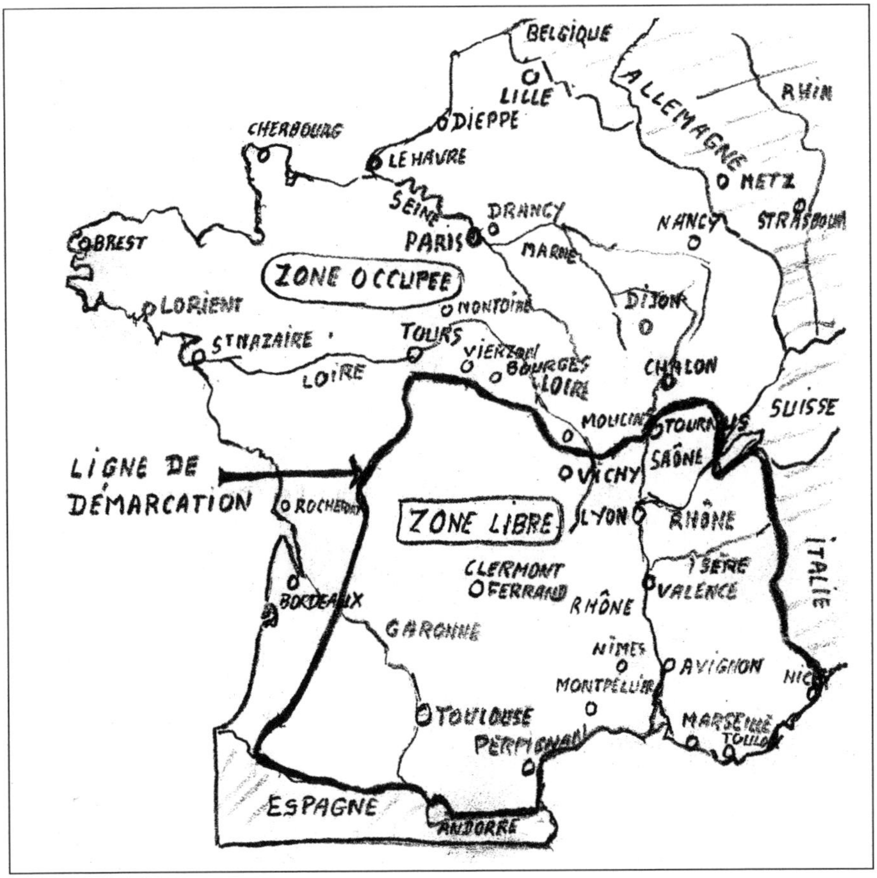

Situation de la France au mois d'octobre 1941.
(Dessin de l'auteur.)

Lyon se trouvait placé sous la botte et l'uniforme *feldgrau* (gris-vert) des armées hitlériennes.

Le lendemain 20 juin 1940, les chars « tigres », suivis par les troupes allemandes, circulaient en longues colonnes dans les rues de la ville pour aller camper sur les grandes places publiques, les quais, les casernes ou forts.

Des canons de 37 prêts à tirer, flanqués de mitrailleuses, assuraient la protection de nos ponts, principaux carrefours ou bâtiments occupés par les autorités du grand *Reich*.

Les derniers soldats français étaient pourchassés, et seuls ceux d'origine lyonnaise purent s'échapper par le dédale des traboules de la Croix-Rousse. Un couvre-feu, à partir de 21 heures, interdisait toute circulation, sauf pour les personnes prioritaires munies d'un laissez-passer. Le redouté papier de la *Kommandantur*, l'*Ausweis*, venait d'apparaître pour la première fois. Tout devenait ainsi verrouillé par la force de l'occupant.

Cela n'empêcha pas le commandant en chef de la *Wehrmacht*, le général Henrici, d'inciter la population lyonnaise à reprendre ses activités habituelles.

« Vous verrez, disait-il, que nous ne sommes pas les ennemis que l'on a décrits. »

Le besoin d'approvisionnements, puis la curiosité, firent sortir les Lyonnais de chez eux. J'accompagnai ainsi mon grand-père et l'oncle Marius parmi la foule qui descendait le cours Lafayette. C'est là que je vis les *Panzers*, des monstres d'acier dont les bruyantes chenilles jetaient sur les pavés des myriades d'étincelles. Au-dessus d'un menaçant canon, un chef de char, vêtu de noir, dépassait à mi-corps de la tourelle.

Nous serrions, ainsi que la majorité des passants, les poings de colère et de tristesse. Quelques-uns, beaucoup trop, ne tarissaient pas d'admiration sur cette force mécanique qui venait de nous écraser.

À côté de nous, une femme bien mise n'arrêtait pas de lancer des superlatifs :

« Quel matériel ! Ah ces motos ! Magnifiques soldats ! »

Oncle Marius, dont la fureur montait, ce que je vis à sa moustache hérissée, lui conseilla de « fermer son clapet ». Cela ne manqua pas de me faire glousser sous mon col roulé.

Une activité conditionnelle va alors reprendre à Lyon. Les banques, les magasins rouvrirent et les usines relancèrent les machines. Les cinémas jouaient de nouveau, seulement en matinée pour les civils, réservant la séance du soir aux officiers et soldats de la *Wehrmacht*. Les Lyonnais retrouvèrent leurs cafés et restaurants ouverts pour eux jusqu'à 21 heures.

Le mouvement de curiosité fit place à la force de l'habitude. Les Allemands profitèrent du repos du guerrier. Ils arpentèrent nos rues, l'œil aux aguets, à la recherche du souvenir de la victoire à adresser à leurs familles ou la *Gretchen* de leur cœur.

Le taux de change du mark d'occupation, des plus favorables, amena en peu de jours à l'épuisement des stocks de tous les magasins de vêtements, chaussures, bonneterie, bijouterie ou produits alimentaires.

La désorganisation du pays rendait les approvisionnements aléatoires, aussi les Lyonnais ne pouvaient que commencer à se serrer la ceinture.

Nous eûmes cependant quelques espoirs, car les journaux, qui n'avaient pas cessé de paraître, annoncèrent dans leurs éditions du 23 juin 1940 que l'armistice était signé depuis la veille, avec effet au 25 juin, à 0 h 35.

Les gones apprenaient surtout avec un égoïste soulagement que Lyon se trouvait placé dans la « zone libre ». Il en découlait le retrait des troupes allemandes de la ville de Lyon d'ici quelques jours.

Cependant, les boches, avant de partir, voulurent adoucir nos peines. C'est pourquoi leur musique militaire donna chaque matin, à grands coups de cymbales et de tambours, une aubade sur la place Bellecour.

L'arrêt des hostilités nous laissait espérer le retour de mon père. Nous étions sans nouvelles et n'envisagions pas le pire, pensant qu'il avait été fait prisonnier. D'ailleurs, une rumeur avançait que les Allemands venaient de concentrer quinze mille soldats français dans les casernes de La Part-Dieu afin de les diriger sur un camp provisoire créé à Longwy, sur la frontière de Meurthe-et-Moselle. Ma mère pensait qu'il ne pouvait qu'être là, près de nous, sans que nous le sachions.

Le Kiki de La Villette nous confirma qu'effectivement les boches conduisaient des groupes de prisonniers à la gare des Brotteaux.

Alors, nous partîmes tous deux nous poster au débouché du boulevard Eugène-Deruelle vers le cours Lafayette.

Le tuyau du tonton Marius s'avéra bon, car nous vîmes apparaître une cohorte de malheureux soldats français, gardés tous les cent mètres par un soldat allemand casqué, l'arme à la bretelle.

Notre gageure consistait à reconnaître le visage de mon papa parmi cette multitude. Je regardais avec la plus grande attention les traits de ces prisonniers en route vers l'Allemagne, sans pouvoir les dissocier tant l'infortune leur donnait la même apparence. Tous étaient barbus, ou plutôt non rasés, mal fagotés, le calot posé de travers, les musettes brinquebalant dans le dos. Leurs visages hâves reflétaient la terrible incertitude de l'avenir.

Pendant deux heures, nous regardâmes l'interminable défilé de la défaite, sans jamais y reconnaître le visage aimé. (Un million et demi de soldats va ainsi vivre pendant des années dans les *Stalags* [« camps »] d'Allemagne. Soixante-dix mille parviendront à s'évader.)

Ma déception fut grande et, pour m'en consoler, ma mère m'emmena le dimanche d'après, c'était le 30 juin 1940, respirer le bon air du parc de la Tête d'Or. J'y retrouvai avec bonheur ses allées ombragées, les bords du lac, ses cygnes, toujours aussi gourmands des croûtons de pain rassis.

Selon la tradition, l'escapade se termina par une limonade grenadine. Nous la buvions tranquillement à la buvette bordant la rive,

« "Dieu bénit les familles nombreuses..."
N'attends pas plus longtemps si tu veux faire partie de la famille... »
(Je suis partout.)

jusqu'au moment où nous aperçûmes quatre soldats allemands se diriger vers notre table.

Ils portaient l'uniforme noir des tankistes des *Panzers*. Mon cœur se mit à battre très fort car l'un d'eux venait dans ma direction. Je fis le dos rond, paralysé par la trouille, mais l'expression souriante de son regard me rassura.

Le redoutable fritz posa devant moi deux grosses barres de chocolat, assorties d'une poignée de bonbons, me tapota la joue, avant de rejoindre ses camarades.

Les quatre « tankistes de la mort » (leur surnom) reprirent leur chemin, après nous avoir adressé de la main un petit signe d'adieu.

Mon émotion laissa de suite la place à ma curiosité, puis surtout à la gourmandise. Je m'apprêtais à déchirer le papier du chocolat dont j'observais l'aigle et la croix gammée argentés qui décoraient l'emballage ; c'était du « *made in* Berlin » pur jus.

Ma mère l'avait compris et se précipita sur moi en criant :

« Malheureux, ne mange pas ça, tu vas t'empoisonner. »

Elle m'obligea ensuite à jeter les friandises derrière une haie de buis ; je fus une victime chocolatière des bobards de cette guerre. L'armistice nous avait fait retrouver le calme des nuits d'antan. Des unités motorisées allemandes quittaient déjà la ville et le bruit courait que le départ définitif des troupes d'occupation était imminent.

Ce bel ordonnancement sera bouleversé dans la nuit du 2 au 3 juillet 1940, une série de formidables explosions nous réveilla. Nous crûmes à la reprise des bombardements car, depuis notre fenêtre, nous pouvions voir les vives lueurs rouges d'un important incendie. Bien que la lugubre sirène ne se soit pas déclenchée, cela suffit pour nous faire débouler dans notre abri.

Après une heure d'attente, de guerre lasse, tout le monde retourna se coucher.

Le lendemain, les journaux commentaient l'événement : deux camions de la *Wehrmacht* chargés de munitions et remisés sur le bas port du quai Gailleton, à hauteur de la place Antonin-Poncet, avaient explosé. La version officielle avançait un malencontreux accident.

En réalité, on le dira plus tard, il s'agissait vraisemblablement d'un acte isolé de sabotage ; la volonté de résistance commença sans doute dès ce 3 juillet 1940.

19 juin 1940, les Allemands occupent Lyon

Ce sera le dimanche 7 juillet 1940 que les troupes allemandes se retirèrent complètement de la ville.

Lyon était ainsi redevenu libre, ce qui fit dire au Kiki de La Villette avec sa gouaille habituelle :

« Aussi libre qu'un prisonnier en promenade dans la cour de sa prison. »

L'État français, c'est le maréchal Pétain.
(Droits réservés.)

Chapitre IV

1940-1941, le temps des restrictions

L'ARMÉE FRANÇAISE des Alpes s'était magnifiquement comportée contre les troupes de Mussolini et allemandes à la frontière italienne ; elle demeurait intacte.

L'adversaire reconnut sa valeur, si bien que le 1er juillet 1940 au matin, nos troupes sortirent de leurs positions avec les honneurs de l'ennemi. L'armée des Alpes pouvait regagner la zone libre ; elle se dirigea alors en bon ordre sur Lyon, avec ses armes, ses canons, ses caissons nets et propres.

C'est dans ces circonstances que nous retrouvâmes mon père. Cela devait être deux jours après le départ du dernier boche que, ce soir-là, nous entendîmes frapper à la porte. À notre interrogation inquiète, une voix nous répondit :

« C'est moi ! Me voilà de retour à la maison. »

Nous vîmes entrer un soldat, le visage buriné entouré d'un collier de barbe, mais éclairé par un large sourire. Il se jeta dans nos bras, nous étions enfin réunis tous les trois.

Le 11 juillet 1940, cette dernière troupe, encore constituée, fut rassemblée place Bellecour. Elle rendit les hommages à notre drapeau tricolore qui remplaçait timidement ceux à croix gammée, puis défila par la rue de la République, où nos applaudissements résonnèrent comme un adieu.

À l'issue de la cérémonie, les régiments seront dissous pour faire place à l'armée d'illusion de l'armistice, celle de Vichy et du maréchal Pétain. Les conditions d'Hitler n'autorisaient qu'un effectif de cent mille hommes, constitué de militaires de carrière stationnés en

Les enfants du maréchal Pétain.
(Droits réservés.)

zone libre. Ses moyens s'avéraient extrêmement limités : aucune motorisation, à l'exception d'un escadron de huit autos mitrailleuses par régiment de cavalerie et d'une batterie par régiment d'artillerie, pas d'artillerie lourde ni de blindés, mais simplement des chevaux, des vieux canons de 75, modèle 1897, et surtout des bicyclettes. Une maigre aviation qui sera cependant autorisée, en juillet 1941, à fabriquer en zone sud six cents avions de guerre (en contrepartie, les usines de zone nord devaient construire trois mille avions de transport pour l'Allemagne).

La marine mieux traitée pouvait conserver soixante mille hommes et un certain nombre d'unités. Ses navires devaient rester ancrés dans les ports français. Cela signifiait aussi que tous nos armements ou matériels non autorisés devaient être rassemblés et entretenus, jusqu'à ce que les commissions de contrôle allemandes et italiennes en prennent possession.

Une toute première forme de résistance va alors s'organiser à Lyon, sous la direction du général Laffargue, qui trouva une aide efficace auprès du général Frère, le gouverneur militaire de notre région.

Il s'agissait de dissimuler de l'armement, des munitions, du matériel militaire de toutes sortes, un peu partout dans la ville ou la campagne environnante. Tout ce que l'on pouvait prélever aux Allemands se camouflait dans des garages, des caves de particuliers, des usines, des entrepôts ou autres lieux des plus inattendus.

À la campagne, les fermes, les exploitations forestières, des châteaux, voire des couvents, abritaient du matériel lourd.

On aurait pu y trouver derrière des murailles de bottes de paille ou enfouis dans des souterrains, non seulement des tonnes d'armement, mais également des chars légers, des chenillettes, des véhicules de gros gabarits, allant jusqu'à cinq camions-citernes pleins d'essence, à l'exemple de l'abbaye de Notre-Dame-des-Dombes, près de Marlieu (Ain). La réalité pouvait même dépasser la plus audacieuse des fictions.

Ainsi, la séance du 5 mai 1941 présentait, au cinéma La Scala à Lyon, un film de propagande nazie intitulé *Le Juif Suss*. Les spectateurs indignés huèrent copieusement le film et le directeur de la salle, M. Allamelle. Les Lyonnais ne savaient pas encore, et les Allemands fort heureusement non plus, que M. Allamelle s'appelait dans la Résistance « le commandant Allamelle ». Le courageux directeur cachait derrière son écran des revolvers, grenades, mitraillettes ou pièces de radio. Le commandant estimait justement que les boches ne soupçonneraient jamais une entreprise censée leur appartenir.

De nombreux officiers de l'armée fantôme de Vichy préparèrent donc un réarmement clandestin qui servira utilement la formation des premiers maquis.

Mon père fut démobilisé avec une prime de 1 000 francs, destinée à faciliter sa réadaptation à la vie civile. Les technocrates de Vichy ne croyaient pas si bien dire, car il reprit son travail à l'OTL début septembre 1940 au poste de receveur, au lieu de retrouver son emploi qualifié de mécanicien laissé à un planqué. Nous allions enfin revenir à une vie plus normale, à ceci près que se nourrir devenait un problème quotidien.

Affiche appelant à se taire et à suivre le maréchal Pétain.
(Droits réservés.)

Les fridolins embarquaient pour l'Allemagne non seulement la plupart de nos matières premières, mais aussi quantité de produits alimentaires. Vichy, qui s'en plaignait, reçut une fin de non-recevoir cinglante. Au titre de la collaboration, le gouvernement de Vichy fut dans l'obligation de créer, dès le mois de septembre 1940, un ministère du Ravitaillement. Ses services organisèrent la pénurie par l'instauration des fameux tickets de rationnement, attribués par catégories d'âges ou de pénibilité du travail.

Désormais, les Français n'étaient plus bourgeois ou prolétaires, mais classés : E, J1, J2, J3, A, T, C, V (voir illustration).

J'allai donc me serrer la ceinture qui correspondait au ventre d'un J2 (six à treize ans).

La galère commença par un quota quotidien de deux cent cinquante grammes de pain devenu aussi noir que celui des *Fritz*. Le zèle des fonctionnaires de Vichy les poussa même à interdire aux boulangers, pour une période heureusement courte, la vente de pain frais.

À ce maigre pain, il fallut ajouter le sucre, puis les pâtes. À partir du 23 octobre 1940, la liste s'allongea au beurre, fromage, viande, café, charcuterie, œufs et huile.

Je commençais vraiment à être fâché contre le maréchal Pétain quand ce fut le tour, en juillet 1941, du chocolat, de la confiture et de la pâtisserie. Suivront encore, en octobre 1941, les légumes secs, voire frais, le lait, le vin, les pommes de terre. Alors là, pour les patates, la coupe s'avéra pleine. Cela valut aux boches une nouvelle appellation, celle de « doryphore », ce petit coléoptère qui décimait nos plantations.

Les deux légumes rois de l'Occupation étaient désormais le topinambour et le rutabaga, réservés auparavant à la nourriture du bétail.

Le dimanche, la famille réunie se permettait un petit extra en les accompagnant d'une mayonnaise sans œufs ni huile.

Nous devenions au fil des jours les champions du « sans ». Nous buvions un café sans café, selon les recettes de chacun : graines de lupin ou d'églantine, glands de chêne ou de châtaignes, ou encore des racines de chou, tout cela soigneusement torréfié. À défaut de café, nous mettions de la chicorée mais sans chicorée, elle-même remplacée par des racines de pissenlit.

Bien entendu, la saccharine, pour les plus riches, ou une décoction de bois de réglisse pour les autres se substituaient au sucre.

La pénurie amenait de l'imagination et par conséquent d'étranges mets sur notre table, telles des jeunes racines de chardons, dont les feuilles ont toujours fait le régal des ânes. Au dessert, nous nous réjouissions avec un gâteau de carotte, de goémon ou de citrouille, le tout arrosé d'un petit vin de mûres.

Vichy complétait le rationnement par des interdictions de vente. La semaine comportait des jours « sans » : viande, alcool ou pâtisserie.

Les commerces alimentaires, à l'exemple des bouchers, devaient fermer les mercredis, jeudis et vendredis, jours où les restaurants excluaient aussi les produits défendus de leurs menus.

À propos des restaurants, les technocrates du ravitaillement s'étaient aussi distingués. Là, plus d'étoiles, mais des catégories où l'on mangeait chez A de 35,10 francs à 50 francs ; B de 25,10 francs à 35 francs ; C de 18,10 francs à 25 francs ; D égal ou inférieur à 18 francs.

Les Allemands et les plus fortunés, eux, bénéficiaient des « hors catégories », endroits sélects, sans restrictions, mais au prix de 100 francs.

La pénurie s'étendait à d'autres matières, tels le textile et le cuir. Il fallait des coupons pour se procurer une paire de chaussures, dont les semelles étaient en bois ou en crêpe. Nous, les J2, revenions aux galoches d'antan, à la semelle de bois épaisse et rigide, ce qui valait un sacré tintamarre à chaque récréation.

Cependant, les fabricants de chaussures ne manquaient pas d'idées. Ils inventèrent la semelle de bois articulée, faite de fines baguettes collées sur du tissu qui leur donnaient de la souplesse. On pourrait citer aussi les talons de verre moulé pour les dames et les pantoufles pour ces messieurs, composées d'un mélange de cheveux, de brins de laine et de déchets de feutre.

L'habillement dépendait des « points textiles » que délivraient avec parcimonie les mairies. Alors, on n'hésitait pas à tailler un manteau dans une vieille couverture ou à retourner un vêtement usé. À cette époque, « retourner sa veste » avait une honnête signification. Ainsi, les tickets, cartes, points, coupons, bons d'achat régissaient notre vie.

Ma mère fourrait tout ça dans un gros portefeuille noir aussi précieux que pouvait l'être une sacoche d'encaisseur de banque.

Autre calamité de l'Occupation, les interminables queues que nous devions faire devant les magasins. Cela me donnait au moins l'occasion le jeudi (jour sans école) de pratiquer un petit job lucratif, celui de faire la queue, selon un tarif « syndical », à la place d'une personne pressée par son emploi du temps.

J'avais également trouvé une combine, pas très licite, celle que j'appelais « faire sauter les tickets ». La méthode consistait à oublier volontairement de les donner au commerçant, toujours sous la pression de sa file de clients, et qu'un simple brouillamini dans le comptage de ma monnaie suffisait à perturber. Je réussissais particulièrement chez le boulanger, où la vendeuse se laissait facilement distraire.

Imaginez ma déception lorsque parfois j'entendais sur le pas de la porte :

Refrain :

« Maréchal, nous voilà !
Devant toi le sauveur de la France,
Nous jurons, nous tes gars
De servir et de suivre tes pas
Maréchal, nous voilà !
Tu nous as redonné l'espérance
La Patrie renaîtra
Maréchal, Maréchal, nous voilà ! »

Quatrième couplet :

« La guerre est inhumaine,
Quel triste épouvantail !
N'écoutons plus la haine
Exaltons le travail
Et gardons confiance
Dans un nouveau destin
Car Pétain c'est la France,
La France c'est Pétain ! »

Le refrain et le dernier couplet de Maréchal, nous voilà !.
(Droits réservés.)

« Eh petit ! Tu as oublié de me donner les tickets. »

Mais cela marchait la plupart du temps, ce qui me valait la satisfaction d'avoir gagné la ration de pain de ce jour.

Le mardi 1er octobre 1940, je repris l'école avec ma tenue habituelle de l'écolier : pèlerine bleu marine, béret, culotte courte et grandes chaussettes, le changement était pourtant passé par là, symbolisé par mes galoches, puis surtout un curieux cartable en carton bouilli.

Autre révolution, les écoliers devenaient désormais les enfants du maréchal. Son portrait officiel veillait sur nous, accroché au-dessus de l'estrade. La « maréchalite » s'étendait bien au-delà des murs de l'école. Les vitrines des commerçants s'ornaient de son portrait, ce qui consolait sans doute les chalands de la pauvreté de l'exposition des produits.

Le maréchal Pétain s'était aussi invité dans les foyers des Français par l'intermédiaire des facteurs qui se chargeaient de la diffusion

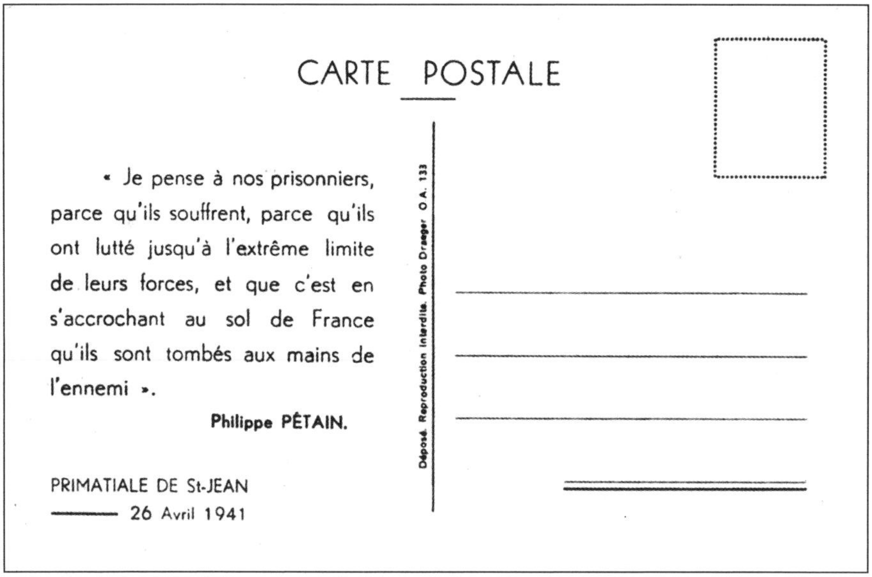

Carte postale vendue à Saint-Jean le 26 avril 1941.
(Collection de l'auteur.)

de son portrait. Au cours de leurs tournées, ils proposaient cinq modèles au prix de 5 francs l'un. Comme elle le faisait pour les calendriers, ma maman se crut obligée d'en acheter un. Ce fut moi qui choisis le numéro 3, celui en pied avec la canne.

En 1941, Vichy allait encore trouver mieux par la composition d'un hymne au sauveur de la France, un véritable tube de l'Occupation : *Maréchal, nous voilà !*. Il fut écrit par André Montagard, un auteur de chansons populaires, généralement mieux inspiré, quand on songe à ses succès précédents : *Un Pastis bien frais* ou *Une Partie de pétanque*. Un grand chanteur d'opérette l'avait lancé et enregistré sur disque Pathé ; il s'appelait André Dassary.

La presse s'ingéniait également à organiser des concours de dessins ou de lettres d'enfants en l'honneur du maréchal. Les résultats me faisaient souvent rire, car je pensais sans oser le dire que seuls des parents pouvaient inspirer de telles fadaises.

Un fructueux commerce de différents objets complétait la propagande : images, timbres, buvards, protège-cahiers, plumiers et toute une bimbeloterie à l'effigie de Pétain.

Cela n'empêchait pas les enfants du maréchal d'avoir souvent faim et toujours froid, car le charbon, principal combustible d'alors, devenait introuvable.

Le directeur de notre école de la « Cité » avait pris une initiative pour nous réchauffer. Il faisait préparer dans un grand chaudron une soupe à base de concentré de viande et de vermicelle. À la récréation du matin, nous lampions une assiette de ce bouillon très chaud qui nous revigorait.

Bientôt, je remarquais qu'il restait du rabiot, ce dont profitaient la femme de service et quelques initiés. Je décidais d'aller à la soupe moi aussi. Ainsi, chaque matin, je me munissais d'une gamelle en fer-blanc que j'accrochais à mon portemanteau. Après la classe, je m'empressais de filer à la cuisine pour faire remplir ma *berte* (lyonnais). Jamais la brave dame n'osa me refuser d'y verser deux à trois louches et j'eus la fierté, plusieurs jours de suite, de ramener la soupe du soir à la maison.

Nous eûmes un jour des œufs à gober. Cette opération « vitamines » nous fit passer un étonnant moment. Monsieur le directeur nous expliqua la façon de s'y prendre, car le geste nécessitait un peu d'habileté. Je réussis le mien, mais ce ne fut pas le cas de mon voisin de pupitre, le maladroit Jeannot. Le pauvre loupa sa bouche et le beau jaune vivifiant s'étala sur sa blouse grise. Notre rire d'écolier s'étendit jusqu'au « dirlo » et notre « instit » ; jamais récréation n'avait été aussi joyeuse.

Le gouvernement de Vichy organisa aussi quelques distributions aux écoliers : lait en poudre ou condensé, biscuits vitaminés, fruits dont beaucoup venaient d'Espagne.

Le maréchal ne manquait pas de réchauffer les cœurs par des discours que diffusait la radio. Notre voisin du deuxième nous conviait à venir les écouter chez lui. C'était devenu un rituel patriotique auquel mon grand-père et oncle Marius, encore fidèles au vainqueur de Verdun, participaient assidûment. Je les accompagnais parfois, mais tendais une oreille distraite aux paroles bienveillantes et tremblotantes du chef de l'État.

Je préférais aller le jeudi chez mon tonton Louis, rue Nazareth, écouter une autre radio plus passionnante. Le Kiki de La Villette se branchait sur Radio Londres. À midi et demi, après l'indicatif de la BBC, nous entendions au travers la cacophonie du brouillage :

« Les Français parlent aux Français. »

Suivaient des messages curieux, souvent drôles, en tout cas incompréhensibles. Tous deux, penchés au-dessus du poste, avions l'impression de berner les boches et ne manquions pas de rire lorsque des intermèdes lançaient :

« Radio Paris ment... Radio Paris est allemand. »

Je m'étais juré de le souffler à mon grand-père et l'oncle Marius. Au début, l'écoute de la radio anglaise présentait un certain risque que la BBC indiquait sur des tracts répandus par les avions de la RAF.

Ces feuillets précisaient toutes les heures d'émission (il y en aura jusqu'à douze par jour). Ils donnaient également des conseils de prudence aux sans-filistes, invités à remplacer l'antenne extérieure par un branchement sur un tuyau de gaz ou d'eau et à conserver soigneusement camouflé un poste non déclaré à la police.

En effet, les Allemands et Vichy punissaient. En novembre 1941, la cour d'appel d'Aix-en-Provence avait condamné quatre auditeurs de Radio Londres à des peines de quinze jours à trois mois de prison.

Le portrait obligatoire.
(Droits réservés.)

L'intimidation n'empêcha pas beaucoup de nos compatriotes de se mettre à l'écoute de la voix de la « France libre » dirigée par un général jusqu'alors pas très connu qui s'appelait Charles de Gaulle.

J'eus l'occasion de voir le maréchal Pétain en chair et en os le lundi 18 novembre 1940. Ce jour-là, vers 15 heures, nous étions en famille parmi la foule agglutinée le long du cours de la Liberté, impatients de voir passer le chef de l'État en visite de deux jours à Lyon. Cela me valait un jour de congé donné à tous les écoliers, ainsi qu'un petit drapeau à agiter.

J'avais trouvé le maréchal très bon grand-père, avec sa belle moustache blanche rassurante, qui saluait les Lyonnais d'une manière bonasse et savait sans doute raconter des histoires. Le Kiki de La Villette, sa casquette de côté, souligna sa prestance de patriarche à sa façon :

« Le vieux maréchal commence à sucrer les fraises. »

En tout cas, lors de ces deux jours, les cent vingt mille Lyonnais (selon la police) rassemblés autour du maréchal démontrèrent qu'à cette époque Lyon croyait au pétainisme.

Le Maréchal PETAIN à Lyon

Demain matin, les Légionnaires combattants des deux guerres prêteront serment, place des Terreaux, devant le Chef de l'Etat.

Un grand jour se prépare. Lyon a senti son cœur vibrer, le Lyon de la foi, de la tradition, le Lyon fidèle et toujours prêt à servir, à la nouvelle de l'arrivée du maréchal Pétain.

Cette nuit, des éclairages que nous n'avions pas vus depuis longtemps ont inondé le cours de la Liberté, la rue de Bonnel et les abords de la Préfecture de lumières neuves. Il s'agissait d'une avant-première et d'une répétition générale.

Bientôt la nouvelle s'est propagée comme une traînée de poudre parmi une population rayonnante et décidée à faire au chef de l'Etat une réception enthousiaste.

Les commerçants, mêlés aux particuliers, ont pavoisé leurs magasins, tandis qu'aux fenêtres de chaque immeuble surgissaient des drapeaux tricolores claquant au vent, des drapeaux tout neufs qui s'envolent et chantent l'espoir comme la certitude de la renaissance nationale.

Les écoles, les lycées, les collèges, les Facultés chômeront pour permettre aux enfants, aux étudiants, à toute la jeunesse de France d'applaudir le glorieux chef au passage du cortège officiel et de lui témoigner sa reconnaissance en lui offrant le meilleur de son cœur.

En hâte s'édifie, place Bellecour, la tribune devant laquelle défileront nos troupes d'élite, emportées dans un élan unanime, musiques en tête, sonnant l'espoir de la France impérissable.

Tous, petits et grands, enfants de notre grande cité deux fois millénaire qui fut le berceau de la nationalité française, se presseront dans nos rues, sur nos quais si nobles pour acclamer celui qui incarne notre honneur.

Le maréchal Pétain, chef de l'Etat français, sera lundi 18 et mardi 19 novembre l'hôte de la ville de Lyon.

Il arrivera à la gare de Perrache.

Une réception des autorités et des Corps constitués se déroulera aussitôt à la Préfecture.

Le Maréchal se rendra ensuite à l'Hôtel de Ville et assistera à la prestation du serment des membres de la Légion Française des Combattants, massés sur la place des Terreaux. De là, il ira s'incliner devant le monument aux morts de la guerre de 1870 et devant celui qui commémore les combattants de 1914-1918.

Après le déjeuner à la Préfecture, le maréchal Pétain assistera à une revue des troupes, place Bellecour. Il se rendra quai Saint-Clair où de grands travaux sont en cours et posera la première pierre d'un nouveau pont sur le Rhône qui portera son nom.

Cette première journée s'achèvera par une réception à la Chambre de Commerce des commerçants, industriels, agriculteurs, artisans et ouvriers. Un dîner, offert par la Chambre de Commerce, suivra cette réception.

Tous les établissements d'enseignement seront fermés lundi 18 novembre.

Le maréchal Pétain en visite à Lyon.
(*Le Nouvelliste*, 17 novembre 1940.)

La fin du sermon prononcé à la cathédrale Saint-Jean par le primat des Gaules, le cardinal Gerlier, traduisait ce sentiment :

« Pétain c'est la France et la France c'est Pétain. »

Dans son discours prononcé sur le balcon du Grand Théâtre, le maréchal avait ainsi réuni les Lyonnais autour de la nouvelle devise de l'État français :

« Travail, Famille, Patrie. »

Nous étions concernés en tant que J2 car le maréchal s'adressait aussi directement aux enfants :

« Il faut que vous sachiez que je compte absolument sur vous pour m'aider à reconstruire la France, à faire des Français un grand peuple loyal et honnête, et je ne veux pas attendre que vous soyez devenus de grandes personnes pour vous demander de le faire. »

La nouvelle devise de Vichy ne manqua pas d'inspirer le Kiki de La Villette. Il affubla Pétain d'un surnom, celui de « maréchal Trafapa » (« Tra-vail, Fa-mille, Pa-trie »).

Dans un discours à la radio, le maréchal Pétain annonça que Noël 1940 serait triste pour beaucoup de Français :

Visite du maréchal Pétain à Lyon le 18 novembre 1940.
(Dessin de l'auteur.)

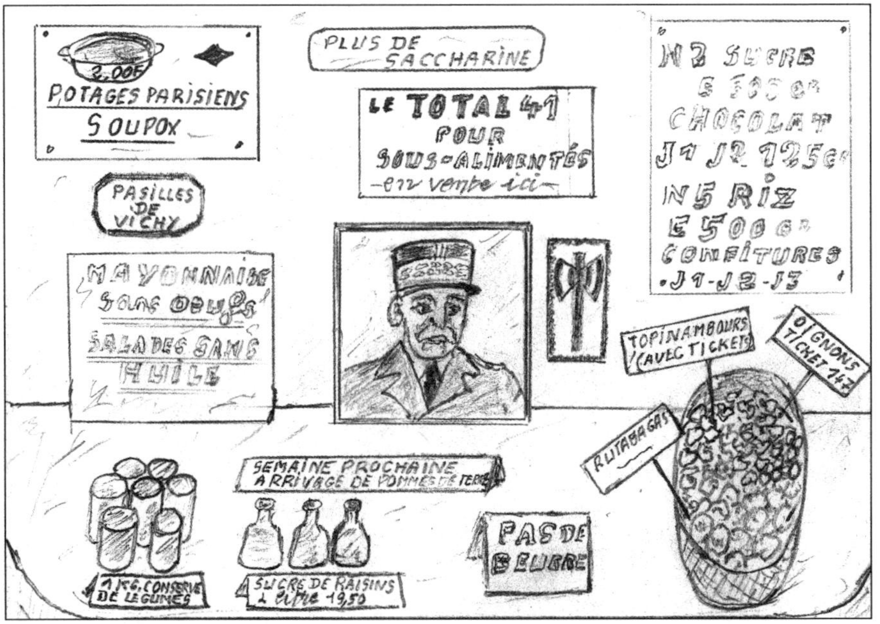

Une vitrine de magasin en 1941.
(Dessin de l'auteur.)

« Je pense à tous ceux qui souffrent, à ceux qui ne mettront dans leur cheminée ni bûches, ni charbon, à ceux qui ont entendu, jadis, parler du réveillon et qui ne savent pas ce qu'ils mangeront demain, aux enfants qui ne trouveront pas de jouets dans leurs souliers, aux réfugiés qui n'entendront plus, cette année, la cloche de leur village. »

Je retenais surtout qu'après les restrictions de chocolat ou autres douceurs, le « maréchal Trafapa » nous promettait des souliers vides. Il n'avait sans doute pas vu les vitrines des marchands de jouets. À Lyon, les grands fabricants Euréka, Jep, Meccano et Citroën exposaient encore, non seulement les enviés trains électriques ou jeux de construction provenant de leurs anciens stocks, mais aussi des étonnantes innovations guidées par l'esprit de la collaboration.

Ainsi, Jep concevait deux modèles nouveaux d'avions : un Messerschmitt et un *Stuka*, affublés étrangement de cocardes tricolores. Les jouets Citroën introduisaient dans leur gamme une Traction Avant curieusement décorée aux couleurs de l'armée allemande. Les trains électriques Marklin, marque allemande mais fabriquée par Meccano à Bobigny au titre de la réquisition, décoraient leurs wagons avec les sigles du IIIe *Reich*.

Le Kiki de La Villette répondit à mon inquiétude :

« À ta place, je mettrai quand même mes galoches. »

C'est ce que je fis le soir du 24 décembre 1940, chez mon grand-père où nous étions tous réunis dans la cuisine, autour de la cuisinière en fonte noire, le seul chauffage de tout l'appartement. Son foyer brûlait laborieusement la poussière de charbon et du bois mort qui nous restaient. Mon père avait cassé la tirelire pour dégotter au marché noir un rôti de porc et les pommes de terre de la purée.

Les tickets de rationnement nous valaient des topinambours en salade, puis le savoir-faire de ma mère une miraculeuse tarte aux pommes. Oncle Marius posa triomphalement deux bouteilles de bordeaux sur la table ; ainsi, nous eûmes notre réveillon que le maréchal Pétain évoquait comme un rêve passé.

La conversation tournait justement autour du chef de l'État. J'écoutais ce désaccord des adultes qui se manifestait par des échanges à la « Pagnol ». D'un côté, le clan des pétainistes du moment, incarnés par l'oncle Marius et mon grand-père, dont le devoir d'anciens combattants consistait à rester fidèles au vainqueur de Verdun. De l'autre, mes parents, car ils reprochaient encore au maréchal Pétain d'avoir serré la main à Hitler lors de leur rencontre à Montoire le 24 octobre 1940.

J'attendais la réaction du Kiki de La Villette, car son malicieux sourire me laissait prévoir qu'il se préparait à lancer une vanne contre « Trafapa ». En effet, mon cher tonton Louis posa sur la table un tract que les lycéens se passaient sous les pupitres. Ce libellé faisait suite à la courageuse manifestation des étudiants parisiens autour de l'Arc de triomphe le 11 novembre 1940. Ses rédacteurs se servaient avec humour de l'alphabet pour démolir la politique de Vichy. Nous pouvions lire : ABC, la Nation ; DCD, la République ; FAC, la gloire ; OQP, la France ; EBT, le peuple ; FMR, la liberté ; LUD, les lois ; HT, la justice ; LV, les denrées ; RAT, la collaboration.

Cela fit aussitôt l'unanimité du rire de la famille et nous trinquâmes à l'espoir des jours meilleurs sans les chleuhs.

Je jetai alors un œil en direction de mes galoches et m'aperçus que le maréchal avait quand même pensé au Noël des enfants. J'y trouvai le jeu de la « Francisque », édité par GP (Général Publicité). C'était un système copié sur le vieux jeu de l'oie, mais aménagé à la mode de Vichy. Les cases gagnantes portaient la francisque ou mieux un mot de la trilogie « Travail, Famille, Patrie ». Elles vous permettaient d'atteindre, à « grands pas de l'oie », la grande case gagnante, celle d'une famille réunie autour du maréchal Pétain.

À côté, un pot de confiture attendait ma cuillère gourmande et des planches de soldats en carton à découper sollicitaient l'action de mes ciseaux pour repartir en guerre.

L'heure du *Minuit chrétien* approchait, mais nous venions de mettre la dernière pelletée de notre pauvre combustible dans la cuisinière. L'hiver 1940-1941 s'avérait l'un des plus froids depuis longtemps. Les vitres de la pièce jouxtant la cuisine, sous l'effet des moins dix degrés de la température extérieure de cette nuit de la Nativité, s'ornaient d'étranges rosaces de glace. Nous ne voulions pas cependant aller nous enfouir sous les édredons et couvertures avant de célébrer la naissance du Christ.

Notre grand-père le comprit et décida de sacrifier une chaise, celle qui lui servait de fourre-tout à côté de son lit. Il prit sa scie égoïne puis transforma le vieux noyer patiné en morceaux que nous mettions dans le foyer. Les flammes repartirent ; nous pûmes chanter le *Minuit chrétien* sans grelotter.

Nous nous séparâmes dans la gaieté sur l'aparté du Kiki de La Villette lancé le plus sérieusement du monde :

« Cette nuit-là, la chaleur ne pouvait venir que du Saint-Siège. »

L'année 1941 sera marquée par l'art de se débrouiller, celui des faux tickets, du marché noir, des trocs ou recettes d'ersatz. On verra la ville à la campagne, car les élevages de poules, lapins ou autres animaux domestiques se faisaient dans les immeubles, appentis et garages.

J'entendais désormais le cocorico matinal d'un coq provenant de l'ancien local du « macaroni ». Le nouveau locataire en avait fait un poulailler. Cet adepte du commerce parallèle vendait non seulement ses œufs et ses poulets, mais d'autres produits rares à la condition que nous puissions les payer cher.

Les corbeaux en vente sur les étals des marchés lyonnais s'avéraient plus abordables, au prix tout de même élevé de 10 francs pièce. Quant aux amateurs de civet de chat, les journaux les

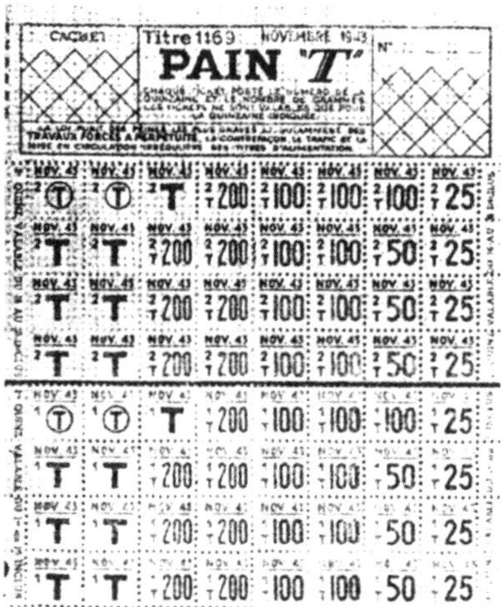

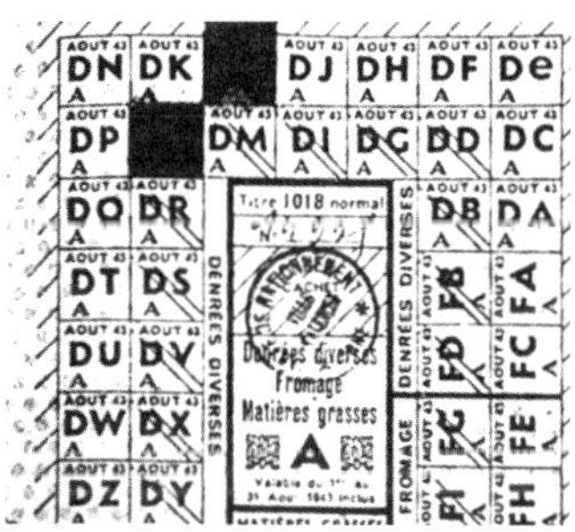

La catégorie E : comprend les enfants de moins de trois ans.
La catégorie J1 : comprend les enfants de trois à six ans.
La catégorie J2 : comprend les enfants de six à treize ans.
La catégorie J3 : comprend les enfants de treize à vingt et un ans.
La catégorie A : comprend les adultes de vingt et un à soixante-dix ans.
La catégorie T : comprend les travailleurs de force (de vingt et un à soixante-dix ans).
La catégorie C : comprend les agriculteurs (de vingt et un à soixante-dix ans).
La catégorie V : comprend les personnes âgées de plus de soixante-dix ans.

Les rations sont calculées différemment (du lait pour E-J et V, du vin pour T). Dès la fin de l'année 1942, le chocolat et la confiture ne sont remis que pour les enfants (E et J1) et à raison de cent vingt grammes de chocolat et de deux cents grammes de confiture par mois.

Les cartes de rationnement.
(Droits réservés.)

Le « Grand Loulou », photographie prise à Sétif, en Algérie, en septembre 1942. Il rallia les FFL et fut affecté comme volontaire au 1er RCP, qui fut rattaché à la 1re armée du général de Lattre de Tassigny. Il fut tué le 5 octobre 1944 pendant les combats de la libération de l'Alsace.
(Collection de l'auteur.)

mettaient en garde sur la possible nocivité de cette viande. C'est pourquoi la mère Pinchenore, une voisine du rez-de-chaussée, élevait un lapin dans le four de sa vieille cuisinière.

Un barème sous le manteau régissait le troc : un costume encore bien présentable valait un quart de cochon ou un quintal de patates, ou encore deux sacs de boulets de charbon ; un kilo de clous égalait un kilo de lard ; les paquets de cigarettes s'échangeaient contre du beurre.

J'étendis donc ma spécialité de faire « sauter les tickets de rationnement » à celle de « refiler les faux » que l'on trouvait également au marché noir. Ces imitations, quelque peu imparfaites, surtout pour les couleurs, amenaient des commerçants à prononcer des refus nets et sans appel. Ce qui était facile à dire aux adultes devenait plus délicat à faire comprendre à un J2, au teint « pâlichon », à l'air intimidé, sans doute pas dégourdi pour un sou. Alors, le brave boulanger ou épicier passait ça aux pertes et profits en enfournant, avec un soupir, le papier sans valeur dans son tiroir. Je tirais ainsi assez bien mon épingle du jeu, d'autant que le Kiki de La Villette me disait que certains commerçants n'hésitaient pas à « faire leur beurre » grâce à la collaboration.

Les ersatz se communiquaient de bouche à oreille. Ma mère utilisait pour la lessive de la cendre de bois ou une plante, la saponaire, dont la tige et la racine donnaient à l'eau une mousse savonneuse. Ainsi, nous pouvions consacrer le cube de savon de deux cent cinquante grammes, le contingent d'un mois, à mon bain de la semaine que je prenais dans une grande bassine d'eau chaude, puis aux débarbouillages du matin.

Elle avait aussi une recette d'huile sans huile : dix grammes de lichen blanc, dix grammes de graines de lin (en vente chez le pharmacien) ; ajouter un litre d'eau, faire bouillir dix minutes ; verser dans un tamis et écraser les graines au pilon. Maman obtenait ainsi l'huile qui agrémentait nos salades de topinambours.

Le jeudi, j'aidais le Kiki de La Villette à fabriquer des briquettes de faux charbon. Il s'agissait de triturer, dans un vieux baquet, de la poussière de charbon, de la terre glaise et des détritus de bois avec de l'eau. Nous bourrions ensuite cet amalgame dans de vieilles boîtes de conserve vides. Une fois séchées et démoulées, les briquettes brûlaient aussi bien que mal, nous donnant un peu de chaleur.

Bien d'autres recettes s'avéraient l'apanage des mamans. Je décernai donc un bon point au maréchal Pétain lorsqu'il instaura, le 25 mai 1941, la première fête des Mères.

Ce jour-là, je m'étais décarcassé pour prouver que j'aimais ma maman.

Malgré la pénurie de tout, certains travaux étaient réalisés à Lyon. Ainsi, j'eus l'occasion de voir, en juillet 1941, l'achèvement de la première tranche des travaux du tunnel de la Croix-Rousse, puis, en décembre, le plaisir de voyager sur le premier trolleybus mis en service sur la ligne Pont-Mouton-Trois-Renards.

Avec ma cousine Simone au temps du « tête-bêche ».
(Collection de l'auteur.)

Dès la fin de l'année 1940, Lyon ne mérita pas son appellation de « capitale de la Résistance » pour des nèfles. Les tout premiers réseaux de Résistance y furent créés.

Ainsi, le commandant de Linarès, chef du deuxième bureau de l'état-major régional, place Carnot à Lyon, avait imaginé un système d'évasion des officiers prisonniers de guerre en Allemagne.

L'organisation du commandant était très ingénieuse. Il s'assurait au préalable, par le biais de la correspondance familiale, selon un code précis, que l'intéressé possédait la ferme volonté de s'évader.

Alors, le service de l'état-major lyonnais lui envoyait une paire de sabots galoches : le pied gauche creusé renfermait *Ausweis*, certificat de travail, copie de l'horaire des trains allemands et 100 marks.

À Chalon-sur-Saône, l'évadé passait la ligne de démarcation grâce à des complicités au dépôt des locomotives, comme aide-mécanicien. Le système du commandant de Linarès permit l'évasion de deux cent trente officiers, dont cinquante-trois entrèrent dans les organisations de Résistance[1].

Un autre officier, le capitaine Henry Frenay, préparait la fondation d'un mouvement de Résistance puissant et solide.

Cela commença par la création d'un journal clandestin que le capitaine imagina à partir de novembre 1940 dans l'arrière-boutique de la Brasserie de la Couronne. Henry Frenay conçut, dans cette grande brasserie de Lyon, le premier journal clandestin intitulé *Les Petites Ailes*. Le capitaine s'entoura d'une équipe de passionnés, composée de sa secrétaire, Mme Berthy Albrecht (décapitée par les Allemands en mars 1943), de Henri Cerf (ferrière dans la Résistance), de Demachy-Fernand Laurent, Pierre Scize, Julien Pavil, Marcel E. Grancher, Henri Clos Jouve ou Haour[2].

Berthy Albrecht avait trouvé l'imprimeur en la personne d'un artisan de la bonne tradition ouvrière lyonnaise, nommée Martinet. Son atelier se situait à Villeurbanne, au numéro 5 de la rue Mozart. Cet homme modeste et généreux prit tous les risques ; il a fourni le papier, et c'est ainsi que *Petites Ailes* fut tiré à partir d'avril 1941, tout d'abord à trois mille exemplaires, puis bientôt à six mille exemplaires, avec l'objectif d'atteindre les vingt mille.

Mon cher tonton Louis connaissait bien cet attachant milieu de l'imprimerie qui fera également de Lyon la capitale de l'imprimerie clandestine. D'ailleurs, le Kiki de La Villette s'était fait le devoir, mieux le plaisir, de rejoindre ces modestes hommes de l'ombre, ceux que l'on appelait « les facteurs », dont la charge consistait à glisser dans les boîtes aux lettres ou sous les portes cochères ces journaux clandestins, où l'encre encore fraîche avait un parfum de liberté.

À propos d'imprimerie, j'eus l'occasion un jeudi où j'accompagnais le Kiki de La Villette d'en visiter une. L'entreprise s'avérait des plus légales puisqu'elle imprimait à longueur de journée des formulaires pour l'administration de Vichy. À ceci près qu'aux heures creuses, le patron, avec l'aide de quelques initiés, établissait des vrais faux papiers, car il restait sur la place

1. *Source :* A*MORETTI*, *Henri,* Lyon capitale, 1940-1944, *France Empire, 1964.*
2. *Source :* G*ARCIN*, *Paul,* Interdit par la censure, 1942-1944, *Lugdunum, 1944.*

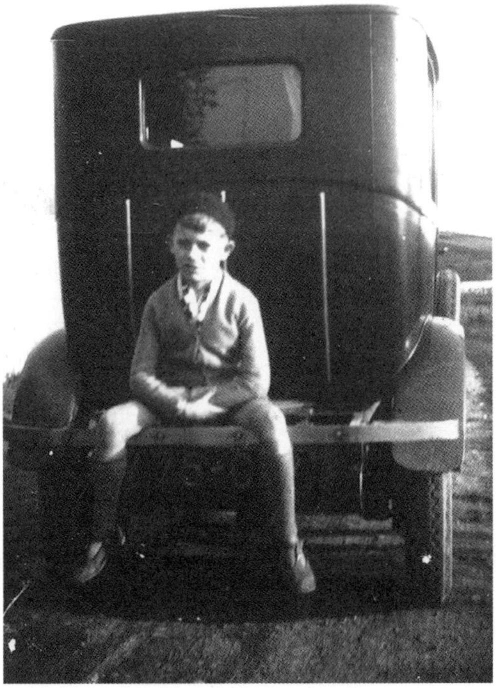

Le « Grand Loulou », 1931.
(Collection de l'auteur.)

le seul à posséder une provision d'encres allemandes vertes et bleues, indispensables pour imiter à la perfection les *Ausweis.* Je sortis satisfait de la visite, très impressionné par la dextérité des ouvriers qualifiés du nom savant de typographe, puis flatté par le patron m'affirmant que, malgré les restrictions, je conservais un « ventre de propriétaire ». J'eus enfin ma première idée d'un métier qui pouvait m'intéresser (quelques jours) celui de « typographe-propriétaire ».

Les Petites Ailes de Frenay prendront une plus grande ampleur en décembre 1941 en fusionnant avec *Liberté* du professeur François de Menton, ce qui donna naissance à *Combat.*

D'autres journaux clandestins s'étaient également créés à Lyon à l'exemple de *Libération* d'Emmanuel Astier, de *Franc-tireur,* du *Coq enchaîné* ou *Cahiers du témoignage chrétien.*

Lorsque les Allemands réoccupèrent la zone libre, fin 1942, les trois grands mouvements de Résistance lyonnais, Combat, Libération, Franc-tireur, s'unirent pour former les Mouvements de Résistance unis (MRU) qui deviendront bientôt le Mouvement uni de la Résistance (MUR).

À la fin de l'année 1941, j'eus aussi l'occasion de sortir du quotidien de mon impasse. Un accident du travail imposait à ma mère du repos et des soins. Cela m'avait valu d'être hébergé pendant un mois chez mon oncle Julien et ma tante Marie, domiciliés rue Sainte-Geneviève, dans le 6e arrondissement de Lyon.

Là, j'allais trouver un bon accueil, agrémenté par des jeux partagés avec ma cousine Simone, des aventures un peu cocasses, puis des réactions aux événements de cette époque troublée.

Le manque de place avait nécessité que je partage le lit de Simone. Les principes de Tatan Marie lui imposaient de séparer les filles des garçons. Alors, elle eut la lumineuse idée de nous faire coucher « tête-bêche ».

Cette symbolique séparation nous donna au moins l'avantage d'avoir chaque soir une bonne partie de rigolade.

Ma première préoccupation du matin consistait, en embrassant ma chère tante, à éviter l'énorme verrue noire, très poilue, qui ornait le coin de sa bouche. Elle me surveillait furtivement pour voir si j'utilisais les patins sur le beau plancher de la salle à manger. J'inventais aussitôt le jeu du patineur, entraînant Simone dans des glissades effrénées ; jamais parquet ciré n'avait autant brillé.

J'appréciais également de bénéficier d'un confort qui m'était encore inconnu, celui d'avoir les toilettes à la maison. Je pouvais évoquer une vie de château, un mot approprié puisqu'il correspondait avec leur propre nom de famille. J'aimais bien mon tonton Julien. Il ne répondait jamais aux remontrances de son épouse, qu'il appelait « ma bourgeoise » ; il se contentait d'un bougonnement réprobateur.

Tonton Julien laçait curieusement chaque matin une gaine de cuir noire sur son avant-bras gauche qui avait été grièvement atteint par une balle de fusil à Verdun. Cela lui donnait un air de pirate de l'île au trésor. On aurait sans doute pu l'appeler « Bras de cuir ».

Par contre, quand il enfilait son costume de facteur, mettait son képi, puis lissait sa moustache, « Bras de cuir » ressemblait plutôt au maréchal Pétain.

Ma cousine Simone avait un grand frère, Louis, dénommé bien entendu le « Grand Loulou ». Il faisait fi du maréchal pour se placer résolument du côté des Français libres. Le soir, dans sa chambre, nous écoutions tous les deux Radio Londres sur son petit poste à galène. C'était un moment excitant, quelque peu folklorique, car la recherche de la station ne s'avérait pas aisée. Cette vieille technique, avec un écouteur individuel, présentait l'avantage de nous mettre hors de portée des oreilles toujours ouvertes de Tatan Marie.

Alors, le Grand Loulou me parlait de ce mystérieux général de Gaulle et me laissait entendre qu'il irait le rejoindre un jour. Sa mère, maréchaliste par la force des événements, ni son père, qui ne supportait pas la collaboration de Vichy avec les fridolins, ne connurent jamais ses intentions.

Mon séjour se termina avec la guérison de ma maman ; je retrouvais mon impasse, ses toilettes communes sur le palier, équipées d'un superbe broc d'eau en guise de chasse d'eau. J'eus surtout le plaisir de récupérer au bas de l'escalier tous mes copains et notre liberté de jouer.

Quant au Grand Loulou, il tiendra parole au cours de l'année 1942 en rejoignant l'Afrique du Nord. Là, après le débarquement des Alliés le 8 novembre 1942 en Algérie, le Grand Loulou sera incorporé, comme volontaire, dans le 1er régiment de chasseurs parachutistes (RCP). Ce corps, après une campagne passant par le Maroc, la Sicile, l'Italie, puis le débarquement de Provence, fut caserné à Valence afin de se préparer à un nouveau combat décisif. Il s'agissait, dans le cadre de la 1re armée des forces françaises libres (FFL), commandées par le général de Lattre de Tassigny, de libérer l'Alsace.

Le Grand Loulou tomba sur le champ d'honneur le jeudi 5 octobre 1944, à l'âge de vingt-trois ans, dans les Vosges, lors du combat acharné qui se déroula au col du Morbieux, près du petit village du Thillot.

Chapitre V

1942, un certain esprit de résistance gagne la population

La rareté de l'essence, ne connaissant plus que les moteurs allemands, avait transformé la physionomie de la ville. Les fiacres étaient de retour le long de la place Bellecour, le crottin aussi. La « petite reine » (bicyclette) triomphait. En ce début 1942, on recensait un vélo pour quatre Français. Les taxis, leurs réservoirs à sec, faisaient place aux vélos-taxis. J'ai tout de suite aimé ce curieux attelage d'un tandem ou une bicyclette avec une caisse pour passager, protégée par une toile de tente. D'autant que les inscriptions peintes sur les côtés m'amusaient follement : « La Belle Équipe », « À la grâce de Dieu » ou « Pourquoi pas moi ».

Les boches nous laissaient fort heureusement le bois de nos forêts pour en faire un combustible propre au fonctionnement des gazogènes déjà expérimentés avant la guerre.

Berliet lança aussitôt la fabrication en série de ces étranges chaudières cylindriques qui transformaient le bois ou charbon de bois en gaz semblables à ceux des produits pétroliers.

D'autres firmes concevaient des plus petits gazogènes adaptables aux coffres des voitures. Nous n'avions plus de pétrole mais nous roulions au bois.

Le gaz d'éclairage était également utilisé en énergie de remplacement, soit comprimé dans de longues bouteilles en acier spécial forgé (nickel, chrome, molybdène), soit stocké dans des ballonnets fixés sur le véhicule.

Cela donnait un singulier aspect à nos camions et voitures, les uns avec une grosse chaudière sur le côté de la cabine, les autres portant des bouteilles sur le toit ou encore ceux qui traînaient leur énergie en remorque.

C'est pourquoi je préférais les voitures électriques de plus en plus utilisées à Lyon. Elles avaient l'avantage de se déplacer en silence, sans fumée, ni escarbilles ou pollution.

Ces voiturettes possédaient aussi des appellations curieuses que j'appréciais : *Stela* des ateliers et forges de Lyon, *L'Électro Renard* de l'électricien Renard, *L'Électrolette* de M. Meer, *La Baby Rhône* de la société Paris-Rhône ou *La Benjamin* de M. Picat. Cette importante production valut à notre ville la flatteuse appellation de « capitale de l'accumobile ».

En cette année 1942, la Résistance lyonnaise, maintenant bien structurée, devenait très active, avec les premiers sabotages,

« Voiture Citroën 11 ch légère équipée au gaz d'éclairage comprimé. Les trois bouteilles fixées sur le toit de la voiture ont une contenance de quarante litres et donnent un rayon d'action de cent soixante kilomètres. »
(*La Science et la Vie*, n° 284, avril 1941.)

« Installation de bouteilles de gaz comprimé sur un autocar. »
(*La Science et la Vie*, n° 284, avril 1941.)

attentats, atterrissages ou parachutages clandestins. C'était le début d'une véritable lutte armée contre l'occupant que symboliseront les grands maquis de la région.

Une partie de la population lyonnaise résistait aussi d'une manière moins dangereuse, mais larvée, qui consistait à manifester lors des dates commémoratives, puis plus généralement à faire des entourloupettes ou autres vacheries à l'encontre des collabos.

Des tracts encourageaient ces actions ciblées contre les commerçants complaisants pour l'occupant, les journaux germanophiles exposés en librairies, puis les salles de cinéma qui passaient des films boches.

Alors, le directeur de la salle n'arrivait pas à endiguer le chahut, ponctué par des sifflets, lorsque Gaumont présentait ses actualités à la mode de chez eux.

Le Kiki de La Villette avait choisi avec délices de participer à l'opération « Boules puantes » qu'il jetait subrepticement à l'intérieur des boutiques suspectes, d'autres y lançaient des pétards de 14 juillet. Le journal fridolin *Signal* barbotait souvent piteusement dans la boue d'un caniveau. L'opération « Salle Rameau », à laquelle participa mon grand-père, fut aussi un modèle du genre d'action astucieuse que l'on pouvait entreprendre contre l'oppresseur.

« Voiture de tourisme avec remorque à une roue portant les bouteilles de gaz comprimé. »
(*La Science et la Vie*, n° 284, avril 1941.)

L'Allemagne avait décidé d'envoyer à Lyon son meilleur orchestre, le philharmonique de Berlin, conduit par son chef Krauss.

Beaucoup de propagande se faisait autour de ce concert prévu le 18 mars 1942 à la salle Rameau.

Un groupe d'amis mélomanes, dont mon pépé, tous des anciens de « La Claque » de l'opéra de Lyon, mit au point, avec le soutien financier d'un réseau de Résistance, le boycottage de cette manifestation pro-allemande. Ils achetèrent une grande partie des billets, numérotés ou non, prenant la précaution, pour ne pas éveiller le soupçon des Allemands, de ne pas prendre plus de dix places à la fois.

Au contraire, ceux-ci, persuadés d'un succès, eurent le jour du concert une grande surprise. Ils se retrouvèrent aux côtés de leurs seuls amis français en tenue de soirée, avec autour d'eux une salle aux trois quarts vide.

La foule lyonnaise se trouvait dehors, agglutinée devant la salle, et huait copieusement ceux qui entraient.

Le chef de la police, Cussonac, dut faire charger ses gardes mobiles (GMR) qui dispersèrent brutalement les manifestants.

Des jeunes excentriques avaient trouvé une autre façon originale de s'opposer par une tenue vestimentaire extravagante, un attrait immodéré pour la musique américaine et un comportement qui se voulait insupportable ; on les appelait les zazous.

À Paris, depuis le *Pam-Pam Café* des Champs-Élysées, ils imaginaient les perturbations hilarantes qui pouvaient interrompre un discours, une conférence ou un spectacle. Cela se traduisait par des lancements d'avions de papier ou des danses ponctuées de cris d'Indiens.

À Lyon, nous avions aussi des zazous, et nous le nôtre dans l'impasse, c'était Youyousse. Il écoutait à longueur de journée du *swing*. Quand il me croisait dans l'escalier, le must pour lui consistait à me lancer :

« Es-tu *swing* ? »

« Chargement d'un autobus parisien au gaz non comprimé. À défaut de postes de compression, on peut emmagasiner le gaz, tel qu'il est débité dans les canalisations urbaines, dans des ballonnets fixés sur le véhicule. »
(*La Science et la Vie*, n° 284, avril 1941.)

Youyousse avait troqué son pantalon de golf contre une culotte étroite surmontée d'un ample veston et chaussait d'énormes souliers. Il lissait ses cheveux à l'huile et portait moustache à la Clark Gable. Un long parapluie, qu'il n'ouvrait jamais surtout quand il pleuvait, lui servait de signe de ralliement.

Youyousse ne possédait pas l'élégance des riches zazous de Paris, mais ressemblait plutôt à un *caquenano* (« benêt », en lyonnais). Cela ne m'empêchait pas de l'aimer parce qu'il s'efforçait d'atteindre le même but, celui d'*enquiquiner* (voir Cambronne) les sbires des Allemands.

Des manifestations patriotiques de la population lyonnaise inquiéteront davantage le gouvernement de Vichy.

Celle du 14 juillet 1942, devant la grande Marianne de la place Carnot, avait fait un sacré *boulivari* (« tapage »). La statue de pierre était ornée d'un drapeau français et d'un drapeau britannique que les pompiers alertés refusaient d'enlever. Les gones embouteillaient toutes les rues menant à la place Carnot aux cris de :

« Laval au poteau ! »

« *Tracteur agricole équipé d'un gazogène.* »
(*La Science et la Vie*, n° 284, avril 1941.)

« Un des deux autobus à gaz d'éclairage en service sur la ligne Rond-Point de La Villette-Luxembourg. A : le logement des bouteilles à gaz. »
(*L'Illustration*, 1935.)

Une vibrante *Marseillaise* suivra, au point que le préfet avait cru bon d'appeler la troupe en renfort, composée par le 153e RI et le 11e cuirassier qui dégagèrent avec difficultés le périmètre.

Le Kiki de La Villette nous relata la panique qui s'était alors emparée du préfet. Mon cher tonton venait de glaner l'information sur le journal clandestin *Franc-tireur* n° 9. La feuille de la Résistance citait le message que le préfet Angéli avait adressé à Vichy vers 19 heures :

« Il y a cent mille manifestants à Lyon. La police est débordée. Nous avons fait sortir la troupe. Pouvons-nous tirer à blanc ? »

Auquel il fut répondu cinq minutes après :

« Interdiction formelle de tirer. »

Les sentiments et l'action de mon grand-père lors du concert pro-allemand correspondaient sans doute à ce que pensaient et approuvaient beaucoup de Lyonnais : ils faisaient encore confiance

« La voiturette électrique Stela *(ateliers et forges de Lyon). »*
(*La Science et la Vie*, n° 284, avril 1941.)

« Une voiture entièrement construite par un artisan électricien. »
(*La Science et la Vie*, n° 284, avril 1941.)

« L'Électro Renard, *voiture électrique légère dont la consommation aux cent kilomètres atteindra tout au plus la valeur de deux litres d'essence. La photographie ci-dessus montre le premier modèle de cette voiture avec châssis à trois roues. Le châssis à quatre roues est identique. Vitesse en palier : trente-cinq kilomètres à l'heure ; rayon d'action : environ soixante-dix kilomètres.* »
(*La Science et la Vie*, n° 284, avril 1941.)

au maréchal Pétain mais ne voulaient plus avaler les couleuvres vert-de-gris des adeptes de la collaboration.

On saura aussi à la fin de l'Occupation que le drapeau français, récupéré ce jour-là par M. Mauléon, le secrétaire général de la police, mais acquis aux mouvements patriotiques, fut confié comme emblème aux résistants. Ce drapeau tricolore orna ainsi beaucoup de manifestations des maquis, puis ira figurer à Berlin dans une exposition sur la Résistance française.

L'année 1942 sera celle d'un changement dans notre vie de famille. Mon père avait quitté son poste de receveur des tramways de l'OTL pour entrer dans la police nationale. Il suivait ainsi les conseils de mon Pépé Pierre, mon grand-père paternel, qui venait de prendre sa retraite des gardiens de la paix, ceux que l'on appelait les hirondelles à cause de leur marque de bicyclette. Pendant des années, Pépé Pierre s'était employé à assurer, à grands coups de pédales, une très bonne sécurité à nos concitoyens, soucieux d'une parfaite proximité avec eux, puisqu'elle s'étendait jusqu'aux zincs des bistrots.

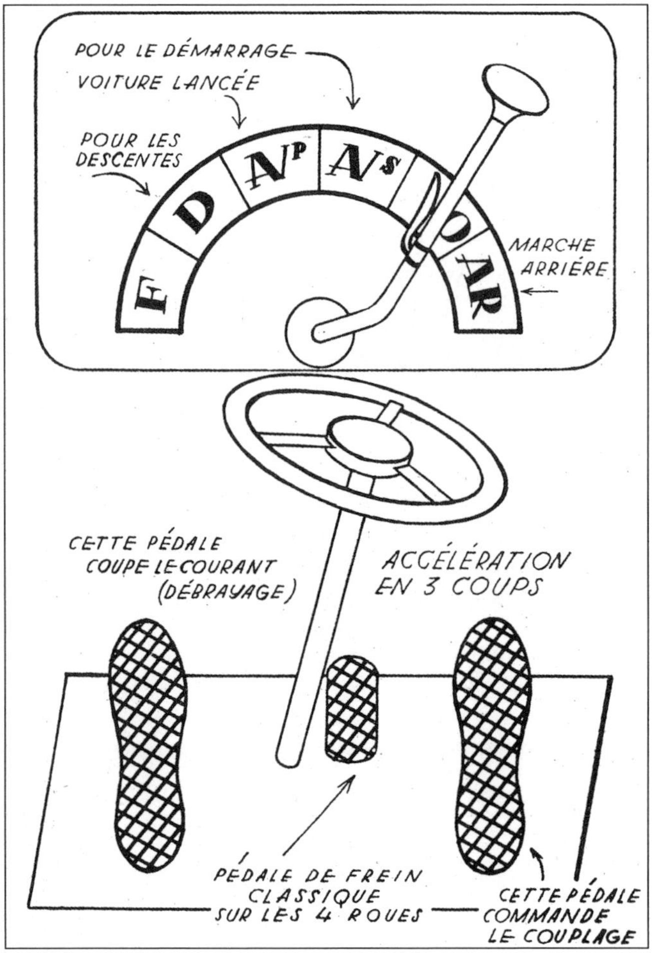

« *Les commandes de l'automobile électrique* Stela[1]. »
(*La Science et la Vie*, n° 284, avril 1941.)

---

1. « La disposition des commandes sur cette voiture permet le départ avec l'allure maximum de cinq kilomètres à l'heure, puis une accélération à quinze kilomètres à l'heure maximum en enfonçant davantage la pédale de droite et enfin, avec la pédale poussée à fond, on atteint trente kilomètres à l'heure. Ces trois positions correspondent à seize, trente-deux et soixante-quatre volts. En cas d'accident ou d'embarras de circulation, l'autre pédale de gauche, tenant lieu de débrayage, coupe le courant. Outre la pédale de droite qui commande le "combinateur batterie", le conducteur dispose sur le tableau de bord d'un combinateur moteur présentant six secteurs : 0, marche arrière, marche avant-parallèle, marche avant-série, descente et freinage. On met le levier à la position avant-série pour le démarrage, qui est ainsi plus doux. On va moins vite, mais, dès que la voiture est lancée, on met le levier à la position avant-parallèle. La conduite de la voiture présente de grandes analogies avec celle d'une voiture à essence. »

Mon père rejoignit le centre de formation de la police caserné à Albigny-sur-Saône, un village situé à quelques kilomètres de Lyon. Nous en profitâmes, ma mère et moi, pour rendre visite à mon grand-père qui vivait maintenant seul à Cuisery en Saône-et-Loire, dans l'ancienne ferme de ses parents.

Cela me donna la grande excitation de prendre, à la gare de Perrache, le train express à destination de Chalon-sur-Saône. La qualification « express » signifiait simplement moins lent qu'un omnibus et nous mîmes beaucoup de temps pour arriver à notre destination, la gare de Tournus.

J'avais pu admirer longuement la belle campagne de cette fin juillet 1942 et, surtout, en me penchant au-dessus de la vitre ouverte du wagon, me noircir le visage sous l'effet des escarbilles de la sifflante locomotive.

L'arrivée du train à la gare de Tournus nous ramena à la réalité de la guerre. Sur le quai, des soldats allemands, casqués, l'arme à la bretelle, contrôlaient les papiers, ces fameux *Ausweis*

La Baby Rhône *de la société Paris-Rhône.*
(Droits réservés.)

En 1942, on roule au bois.
(Dessin de l'auteur.)

Un vélo-taxi en 1942.
(Dessin de l'auteur.)

Affiche de recrutement.
(Droits réservés.)

(« laissez-passer »), dont on parlait souvent sans jamais les avoir vus.

Notre angoisse disparut bien vite car cela ne concernait pas les voyageurs qui sortaient de la gare.

Mon grand-père nous attendait et ce fut les embrassades des retrouvailles. Au buffet de la gare, devant un vrai café, il nous donna l'explication de ces contrôles, dits volants : la ligne de démarcation ne passait qu'à quelques kilomètres au nord de Tournus, à la hauteur de Buxy ou Saint-Rémy. Sur le plan ferroviaire, le quai de la gare de Tournus constituait le dernier point de la zone libre. Le voyageur qui montait à Tournus devait donc posséder son *Ausweis*, ce que vérifiaient les soldats boches, dans une ambiance d'ordres gutturaux, ponctués de claquements de talons.

La correspondance entre la zone occupée et la zone libre, dite la zone « nono » (non occupée) était également strictement surveillée. On ne pouvait écrire que sur des petites cartes imprimées

Mon père, à droite.
(Collection de l'auteur.)

qui n'autorisaient que quelques lignes de banales écritures, sans aucune intimité familiale, voire même parfois encore censurées d'un mot ou une phrase.

Nous avions sept kilomètres à marcher pour rejoindre Cuisery et nous partîmes de pied ferme, valise à la main, sac tyrolien au dos. Pépé Pierre évita le village par un raccourci qui consistait à traverser le « camp d'aviation ». C'était à vrai dire une grande prairie provenant de l'expropriation de terres agricoles. Le gouvernement d'avant-guerre avait en effet projeté l'aménagement d'un terrain d'aviation militaire sur cette étendue de terrain propice. Les événements dramatiques ne le permirent pas, tout resta en l'état, y compris l'appellation « camp d'aviation ». Les Anglais, eux, ne l'oublieront pas au moment des atterrissages clandestins. J'allais passer une quinzaine de jours passionnants dans cette ferme du lieu-dit « La Croix-Bouilloux ». Son style bressan, agrémenté par les épis de maïs qui séchaient sous l'avant-toit, me plaisait d'autant plus que tout suscitait mon intérêt, depuis les lapins, poules, canards, les quatre chèvres paissant sur la « Bêche » (lieu-dit devant la maison), jusqu'au cochon grognant dans sa soue.

J'avais surtout retrouvé le goût du lard sorti du saloir, des tomates du jardin, des omelettes baveuses et du lait bourru de la ferme voisine. Je ressentais aussi, chaque jour, le piment de l'aventure lors du passage d'un train sur la voie ferrée unique, située à une centaine de mètres de la maison. Ce convoi de marchandises effectuait un aller et retour entre les gares de Bourg-en-Bresse et de Chalon-sur-Saône, ce qui lui faisait franchir deux fois la ligne de démarcation. Pépé Pierre nous avait soufflé un secret : une cache se trouvait aménagée dans le tender de la locomotive, entre l'eau et la soute à charbon. Cela permettait de passer à la barbe des fridolins toutes les correspondances interdites. Une complicité

Les « hirondelles » reconstituées rue Molière, en 1945.
(Collection de l'auteur.)

Forteresses volantes B17 en route pour en bombardement.
(Dessin de l'auteur.)

entre des cheminots et postiers permettait à cette « poste libre » de fonctionner efficacement.

Le moment du retour arriva trop vite, mais nous donna l'occasion de monter « l'opération ravitaillement ».

Mon grand-père dirigea la manœuvre avec sa rigueur d'ancien gardien de la paix. Une large ceinture caoutchoutée, placée sous la robe de ma mère, dissimulait les plaquettes de beurre et les fromages de chèvre, classés produits prohibés. Mon sac tyrolien s'était alourdi, au-dessous, d'œufs et d'un filet de pommes de terre, puis par-dessus, pour cacher ces raretés, des carottes, navets ou oignons, légumes tolérés. Le rôti de porc et un gros morceau de lard se cachaient au fond de la valise au milieu des chaussettes.

Nous partîmes inquiets avec cet attirail prendre l'autocar de Bourg-en-Bresse qui s'arrêtait sur la place de Cuisery. À l'arrêt, des gendarmes soupçonneux contrôlaient les bagages des voyageurs. Les pandores, loin de vouloir vérifier nos affaires, nous firent monter en priorité puis, sur leur injonction, ma mère n'eut aucune peine à trouver une place assise dans le car bondé. Nous comprîmes aussitôt le quiproquo des gendarmes. La ceinture bien garnie arrondissait visiblement le ventre de ma maman et la maréchaussée se devait de protéger les enfants du maréchal, surtout quand ils étaient à venir.

À la gare de Bourg, nous eûmes notre correspondance sans anicroche et nous arrivâmes à la maison où ma mère put « accoucher » sans douleur de ses produits crémiers.

Mon père arriva peu après en uniforme de la police. Je lui trouvais beaucoup d'allure avec son pistolet au côté, ses culottes bouffantes enfoncées dans des leggings de cuir. Nous décidâmes de réunir la famille autour du rôti de porc qui avait bravement échappé à la sagacité des gendarmes. Joyeuse soirée au cours de laquelle nous parlâmes du Grand Loulou, en regardant sa photo en aviateur qu'il venait de nous faire parvenir depuis Sétif, en Algérie.

Le fameux chasseur anglais Spitfire, as de la RAF.
(Dessin de l'auteur.)

Bien entendu, le Kiki de La Villette se distingua par ses réparties habituelles. L'œil narquois, il nous donna la définition du *Fritz* :

« C'est un cochon maigre d'Allemagne, engraissé en France, salé dans la Manche et mis en boîte en Angleterre. »

Tonton Louis nous recommandait aussi un produit récurant :

« Si vous voulez enlever le vert-de-gris, servez-vous du brillant de Gaulle. »

En cette année 1942, la dérision devenait un autre moyen de s'exprimer contre l'occupant. On voyait partout fleurir des graffitis tracés à la craie, au crayon ou au minium, sur les murs, monuments et routes. Le V de la victoire anglaise de Churchill, puis la croix de Lorraine du général de Gaulle tenaient le haut du pavé, tandis que la croix gammée stigmatisait les collabos.

En Angleterre, Winston Churchill comptait surtout sur ses avions du *Bomber Command* de la RAF (Royal Air Force) pour trouver la clef de la victoire. Les alertes aériennes se succédaient particulièrement la nuit, ce qui, au début, nous faisait descendre dans notre abri.

Souvent, les avions survolaient simplement Lyon pour atteindre un autre objectif plus lointain, qui pouvait être le Piémont et la Ligurie en Italie, l'Autriche ou l'Allemagne du Sud, voire les pétroles roumains. Alors, l'expérience nous souffla qu'il suffisait de jeter un coup d'œil par la fenêtre car les Anglais éclairaient toujours la zone du bombardement à l'aide de fusées éclairantes (dites aussi pots), dégageant une vive lumière jaune orange. Si la nuit restait d'un noir profond, nous pouvions continuer de ronfler sinon il fallait débouler dans l'escalier, sans oublier de prendre le coffret contenant les papiers, l'argent, le livret de Caisse d'Épargne, les cartes d'alimentation, pour rejoindre l'abri.

Par contre, je profitais de l'aubaine d'un calme survol pour lire sous les couvertures, éclairé par une lampe de poche, les passionnants *Trois Mousquetaires* d'Alexandre Dumas.

Nous apprendrons bien vite à nos dépens que la France se trouvait aussi dans le collimateur des bombardiers alliés à cause de son potentiel industriel que les Allemands utilisaient à leur profit.

Le 3 mars 1942, de 22 heures à minuit, deux cent trente-cinq bombardiers, des Wellington, des Hampden ou Halifax, avaient lancé cinq cent quarante-deux bombes sur les usines Renault de

Boulogne-Billancourt, Issy-les-Moulineaux et Sèvres, faisant trois cent quatre-vingt-onze morts.

La première attaque de la RAF sur Paris démontrait que les Britanniques lançaient une guerre aérienne totale.

Les Américains, eux, choisirent Rouen comme première cible française de leurs terribles bombardements « en tapis » qui dévastaient une zone entière. Ces raids étaient effectués de jour afin de bien visualiser l'objectif sous la conduite d'un « maître de ballet », un petit avion appelé *Little Cookie* qui, à l'aide de fusées de plusieurs couleurs, dirigeait l'opération. Ce 17 août 1942, dix-huit Boeing 17E, les réputées forteresses volantes de la 7e *Army Air Force (mighty eighth)* détruisirent le triage de Sotteville-lès-Rouen, mais aussi un quartier de la ville, laissant à la fin de l'alerte cinquante-deux tués et cent-vingt blessés civils parmi les décombres.

Bientôt, ce sera pour moi un spectacle angoissant de voir, le nez en l'air, passer les vagues de B17. Ils s'annonçaient par un vrombissement des moteurs qui devenait énorme au fur et à mesure de leur approche. À leur altitude d'environ sept mille mètres, je pouvais voir distinctement les carlingues briller au soleil, m'imaginant les bombes dans les soutes, ne sachant jamais où elles allaient tomber.

Lyon se trouvait pour le moment épargné, alors mieux valait ne pas penser aux années à venir.

Chapitre VI

Fin de l'année 1942, le tournant décisif

En cette fin 1942, le gouvernement de Vichy donnait des signes de fébrilité. Un simple match d'athlétisme France-Suisse, prévu dans l'après-midi du dimanche 20 septembre 1942, au stade municipal de Gerland à Lyon, fut annulé par le préfet. La décision du magistrat tenait du principe de précaution car des tracts laissaient craindre une manifestation à la sortie du stade. Mieux, le préfet, très zélé, avait également imposé la fermeture, entre 14 heures et 21 heures, de tous les cafés et cinémas du centre-ville, de Perrache jusqu'aux Terreaux.

Le même principe s'étendit aux personnalités de la ville. On procéda le jeudi 1er octobre 1942, à 7 heures du matin, à l'arrestation de notre ancien maire, M. Édouard Herriot, à son domicile au numéro 1 du cours d'Herbouville. Le président sera astreint à une résidence surveillée dans sa villa de Brottel, près de Crémieu (Isère). Vingt-cinq inspecteurs, excusez du peu, assurèrent sa garde.

Ce même jeudi, la police, elle-même, se tenait sur la sellette. Monsieur Gauche, commissaire de police de Perrache, M. Marraud, ancien commissaire de police d'Oullins, et le capitaine Hottin, des gardiens de la paix, furent mis en état d'arrestation avec comme chef d'inculpation « propagande anti-allemande ». Le maréchal Pétain rencontrait également de grandes difficultés avec son système de « la relève » des prisonniers de guerre en Allemagne, pourtant habilement présenté par une active campagne d'affiches.

Un accord avait été signé entre Vichy et l'Allemand Sauckel, le responsable des besoins en main-d'œuvre du *Reich*, qui stipulait que trois volontaires français pour occuper un emploi en Allemagne, assorti d'un bon salaire et autres avantages, vaudraient en plus, au titre de « l'échange », la libération, puis le retour en France, d'un prisonnier de guerre.

L'étrange marché fonctionnait plutôt mal, car les volontaires ne se bousculaient pas aux portes des bureaux de placement allemands.

Alors, Vichy fut sommé, par le sinistre Sauckel, d'établir dans les entreprises françaises des listes de volontaires coopératifs, ceux qu'à l'armée on appelle « les volontaires d'office ».

Un décret du 4 septembre 1942 stipulait que tout travailleur homme de dix-huit à cinquante ans ou femme célibataire de vingt et un à trente-cinq ans pouvait être désigné au titre de travailleur en Allemagne, avec bien entendu les mêmes avantages que ceux attribués aux volontaires.

Les décisions arbitraires de Vichy amenèrent une réaction du monde du travail, celle de la grève, que le nouvel état français avait exclue de ses principales préoccupations.

Le mardi 13 octobre 1942, le mouvement de grève fut lancé par les cheminots des ateliers de la SNCF à Oullins, à la suite de l'affichage d'une liste de trente-sept ouvriers désignés pour un départ en Allemagne. Il s'agissait d'une grève perlée, ponctuée par une vibrante *Marseillaise*. La grève s'étendit bientôt aux gares de Vaise, Saint-Paul, puis Perrache. La plupart des trains restèrent à quai, donnant le prétexte à une intervention de la police qui, dans la nuit, procéda à de nombreuses arrestations.

Cela fit tache d'huile dans la zone industrielle de Vénissieux où, le lendemain, des grèves éclatèrent aux usines SIGMA, SOMUA et aux ateliers de Longwy. La cause restait la même et la police mit fin au mouvement par une très brutale occupation des usines.

Le jeudi 15 octobre, la grève toucha les usines Berliet de Monplaisir et Vénissieux. Le motif s'avérait des plus sérieux car la liste des partants pour l'Allemagne portait les noms de cinq cent soixante-dix ouvriers. Vichy apporta la même réponse policière à la légitime protestation de ceux qui contribuaient chaque jour à la renommée de notre industrie automobile.

Le vendredi 16 octobre 1942, les grèves se multiplièrent un peu partout à Caluire chez Fontvieille ou aux usines CRE ; à la

Croix-Rousse chez Marrel ; chez Pinguély et à l'usine Calor, place de Monplaisir, ou encore aux Câbles de Lyon à Gerland.

Le samedi 17 octobre, le gouvernement de Vichy porta un coup décisif contre les grévistes en procédant à de nombreuses arrestations. Les grévistes de Calor payèrent le plus lourd tribut, soixante et un d'entre eux, hommes ou femmes, furent incarcérés au fort Barraud et cent cinquante au fort du Paillet.

La Résistance lyonnaise protesta contre ce pillage de notre main-d'œuvre qualifiée d'une manière beaucoup plus fracassante.

Dans les nuits des 6 et 8 octobre, des bombes incendiaires avaient détruit le bureau de placement allemand, du 81 rue Garibaldi, et celui du quai Victor-Augagneur[1].

Ce mois d'octobre 1942 sentait décidément la poudre, ce que nous ressentions à l'écoute de Radio Londres. Le Kiki de La Villette et moi étions intrigués par les messages de la BBC où l'on citait en permanence un prénommé « Robert ».

Nous en déduisions que ce devait être une « huile » de la Résistance française en partance pour l'Angleterre. Le Kiki de La Villette avait d'ailleurs ajouté, avec un clin d'œil complice :

« Il va chercher la clef anglaise pour déboulonner "l'axe" (alliance Allemagne-Italie entre Hitler et Mussolini). »

Nous apprîmes avec satisfaction, le 8 novembre 1942, que notre héros « Robert » était bien arrivé.

Nous ne pouvions pas savoir qu'en réalité « Robert » couvrait en code l'opération *Torch*, c'est-à-dire le débarquement des troupes américaines en Afrique du Nord.

La guerre prenait un tournant décisif dont nous allions pâtir dès le 11 novembre 1942.

Hitler, en riposte aux Américains, désormais installés sur la côte algérienne, déclencha immédiatement son plan Attila. Le plan secret, élaboré dès 1940, prévoyait, dans cette hypothèse, la suppression de toute zone libre et l'occupation complète de la France jusqu'à ses côtes de la Méditerranée.

Le mardi 10 novembre 1942, Vichy se préparait déjà à la seconde occupation de Lyon. Une grande partie des troupes françaises du maréchal quitta Lyon en direction de l'Ardèche et de la Savoie sans

---

1. *Source :* GARCIN, *Paul,* op. cit.

doute pour laisser le champ libre aux Allemands que l'on attendait d'un moment à l'autre.

La seule préoccupation des autorités lyonnaises consistait à masser des forces de police pour réprimer une manifestation éventuelle le lendemain, jour de la commémoration de l'armistice de 1918.

Le mercredi 11 novembre 1942, ce furent effectivement les troupes allemandes qui défilèrent dans Lyon.

Leurs troupes avaient franchi la ligne de démarcation aux premières heures du jour. À partir de 9 heures du matin, des convois circulèrent rue de la Barre et d'autres descendirent tout l'après-midi les quais du Rhône et de la Saône en direction du Midi. Les unités destinées à l'occupation de Lyon stationnaient à la préfecture, place des Terreaux, à l'hôtel de ville, place Bellecour, ou divers autres endroits.

Le centre-ville se trouvait neutralisé, la circulation y était interdite, même aux tramways, puis la plupart des cinémas et cafés fermés.

En un tour de main, Lyon devenait allemand, car des panneaux en langue germanique indiquaient aux carrefours les principales directions, en premier lieu celle de la *Kommandantur*.

En ce jour symbolique, la *Wehrmacht* nous montra, à bruits de bottes, de quel côté se trouvait la force victorieuse, par une martiale prise d'armes au pied du cheval de bronze.

Des patrouilles allemandes sillonnaient la ville et je fus un témoin effrayé du passage, rue Masséna, d'un détachement couleur *feldgrau* marchant au pas de l'oie, en hurlant son chant nazi.

Les premières protestations contre cette rupture des conventions de l'armistice vinrent de la presse.

Le jour même, le journal *Paris-Soir* annonçait qu'il suspendait, en raison de l'occupation de Lyon, sa publication ; son numéro fut saisi.

Le vendredi 13 novembre, *Le Progrès* de Lyon ne parut pas, préférant ne pas sortir plutôt que de publier un article que la censure lui imposait. Le journal *Le Temps* prendra la même décision quelques heures plus tard, tandis que *Le Figaro* se faisait suspendre *sine die* par Vichy pour avoir simplement protesté.

Le samedi 14 novembre 1942, la direction du *Progrès* prendra une courageuse décision en suspendant la publication de son journal jusqu'à la fin des hostilités ou du moins tant que Lyon serait occupé par les troupes allemandes.

Les Lyonnais ne trouvaient plus dans les kiosques que deux journaux locaux, *Le Nouvelliste* et *Le Nouveau Journal*, respectant aux « caractères » près les consignes de Vichy.

La Résistance lyonnaise déclencha aussitôt sa guerre de l'ombre contre l'occupant.

Dès le 13 novembre, à 23 h 15, une bombe détruisit une automobile allemande stationnée rue Stella. Cela fut suivi, le mardi 24 novembre, par un autre attentat à la bombe contre le poste de brouillage des émissions radiophoniques de la BBC, installé rue du Repos. Peu après, un soldat allemand sera grièvement blessé par des balles de revolver alors qu'il passait à l'angle de la rue Victor-Hugo et de la rue François-Dauphin.

La fin 1942 enchaînait les événements dramatiques dont le plus poignant fut le sabordage, le 27 novembre, de la flotte française dans la rade du port de Toulon.

À Lyon, à la suite de l'ordre de démobilisation de toute l'armée française donné par Hitler, les derniers détachements durent, ce même jour, évacuer nos casernes ou autres lieux, dès 4 heures du matin, pour céder la place aux troupes allemandes. À Bron, où stationnaient encore quelques avions de chasse français, gardés par des sentinelles, se produisit un très grave incident. Les soldats allemands eurent la gâchette nerveuse et tirèrent sur nos soldats en uniforme et qui ne faisaient que respecter les consignes. L'un d'eux fut tué sur le coup, il n'avait que dix-neuf ans et portait le joli nom de Marcel Defrance. Un autre, grièvement blessé, mourut peu après à l'hôpital Desgenettes[1].

À cette énorme gifle donnée à l'esprit de la collaboration, Vichy n'aura qu'une pitoyable réaction.

Le samedi 28 novembre 1942, la police lyonnaise procéda à l'arrestation de trente jeunes gens qui avaient déjà été arrêtés le 14 juillet pour avoir, au cours des manifestations, simplement chanté *La Marseillaise*. Ils étaient, de ce fait, soupçonnés de gaullisme et devenaient des suspects de choix à propos des troubles actuels.

1. *Source :* GARCIN, *Paul*, op. cit.

Ainsi, Vichy laissait penser que le seul fait de chanter *La Marseillaise* s'assimilait à un délit.

Le maréchal Pétain protesta aussi, pour la forme, contre le coup de force d'Hitler, ce qui n'empêcha pas son gouvernement de continuer la collaboration avec l'Allemagne. On pourrait même dire que le zèle qu'apportait Vichy à l'accomplissement de cette politique restait intact.

Un événement lyonnais, pourtant banal, presque anecdotique, le démontra quelques jours plus tard.

Le mercredi 23 décembre 1942, à 11 heures, s'étaient réunis à la Croix-Rousse, à l'hôtel Jutard, les membres du comité qui décernait chaque année le grand prix littéraire de Lyon.

Là, sous la présidence de M. Chamaraud et du secrétaire, M. Gaston Simonet, le jury avait accordé le prix à M. J. Torris pour son ouvrage intitulé *Narwik*.

La censure, sur l'ordre de Vichy, somma aussitôt les journaux de ne pas parler, ni même de citer, ce livre considéré séditieux.

Une décision très étonnante car l'ouvrage en question, édité à Paris par Fayard, visé par la censure allemande, se trouvait en vente dans toutes les librairies.

Vichy avançait une impérative raison du fait que le livre en question portait une courte préface du général Béthouard qui venait de passer à la dissidence en rejoignant le général de Gaulle.

Voilà de quoi évoquer « les illusions perdues » de ceux qui croyaient ou rêvaient d'un accord secret entre le maréchal et le chef de la « France libre ».

Par contre, le prix André-Dahl 1942, attribué à M. Louis Walter, fut mis en exergue. L'ouvrage le méritait sans doute, bien que son titre reflétait l'humeur de l'époque, il s'intitulait *Derrière les barbelés*[1].

C'en était trop pour mon grand-père et oncle Marius qui, en cette veille de Noël 1942, perdirent définitivement leur dévotion maréchaliste. Le Kiki de La Villette traduisit cette réaction avec son langage imagé :

« Ils en ont "ras le képi" ("ras le bol") du maréchal Pétain. »

---

1. *Sources :* GARCIN, *Paul,* op. cit. ; Guignol, *n° 1472, 1er et 8 janvier 1943.*

Chapitre VII

1943, l'installation à Albigny-sur-Saône

En 1943, le cinéma se portait bien. Les salles représentaient un lieu de rencontre chauffé où l'on pouvait oublier, pendant deux heures, la dureté de ce temps.

De nombreux films étaient à l'affiche, dont certains s'adressaient à un public d'enfants. Il y en eut de bons, à l'exemple de *Nous les gosses*, *Le Voile bleu* et la célèbre *Cage aux rossignols* avec Noël-Noël (1944). C'est pourquoi mes parents me permirent d'assister à des séances du jeudi après-midi données par notre cinéma de quartier *Le Cité*.

Tout restait sous le contrôle de l'occupant et les sociétés de productions allemandes assuraient la plupart des tournages. Un boulevard s'ouvrait ainsi à la *Propaganda Abteilung* de Goebbels (service de propagande).

Elle fut parfois subtile, telle la chute du film de Marcel Pagnol *La Fille du Puisatier*, où l'on montrait une famille réconciliée communiant dans l'audition d'un discours du maréchal Pétain. La tirade d'Abel Gance à l'adresse de Pétain, lancée lors de la sortie de son film *Vénus aveugle*, avec Viviane Romance, tombait plutôt dans le style flamboyant :

« C'est à la France de demain que je voulais dédier ce film, mais puisqu'elle s'est incarnée en vous, monsieur le maréchal, permettez que très humblement je vous le dédie. »

Beaucoup d'artistes français s'accommodaient de cette situation et participaient, sans état d'âme, aux réceptions ou cocktails de l'ambassadeur allemand Otto Abetz. Ils avançaient sans vergogne que « leur art » se plaçait au-dessus de tout.

Le Kiki de La Villette s'en indignait, me citant la seule attitude d'honnête franchise, celle de l'actrice Alice Cocéa qui avouait :

« Je ne peux pas refuser une invitation de l'ambassade d'Allemagne parce que c'est là que je peux y rencontrer le "Tout-Paris". »

La *gross* intoxication restait l'apanage des actualités et documentaires qui, à cette époque, précédaient le film.

Des sifflets et battements de pieds couvraient souvent les actualités ; par contre, un documentaire « bien ficelé » influençait plus sûrement certains spectateurs.

Ainsi, lors d'une séance, le court-métrage nous avait présenté « le maquis » à l'image d'une bande de brigands vivant de rapines dans les fermes des alentours, multipliant les exactions à bord d'une Traction Avant, n'hésitant pas à gifler les enfants et à rouer de coups le paysan afin de lui voler les provisions de sa famille.

À la sortie, notre groupe de copains était interloqué par cette vision d'inquiétants maquisards et nous en discutions, pas loin de penser que cela pouvait être vrai.

Heureusement, un brave cantonnier nettoyait à proximité le caniveau de notre trottoir. Je me souviens encore de ce fonctionnaire de Vichy, appuyé sur son balai, vêtu de gros velours côtelé, le chef coiffé de la traditionnelle casquette, qui nous avait alors interpellés :

« Écoutez-moi les gones, tout cela c'est du "bidon" monté par les boches qui font jouer des figurants "collabos". »

Cet homme simple, sans doute sans histoire, venait de chasser par ses courtes paroles la crédulité qui nous tarabustait.

Cela me mettait du baume au cœur car je pensais que le Kiki de La Villette aurait sans doute dit la même chose.

Aux mensonges de Vichy, les réseaux de Résistance et les maquis répondaient par des actions de plus en plus efficaces contre l'occupant. La méthode du cycliste isolé, se faufilant après avoir commis son attentat, donnait un sentiment d'insécurité aux soldats allemands.

Ainsi, le mardi 12 janvier 1943, un soldat allemand, Karl Sommerschuh, fut abattu de trois balles de revolver, rue Villeroy, par un cycliste.

« Le village d'Albigny (canton de Neuville, département du Rhône) possède encore une ancienne maison forte qui était la demeure du mansionnaire du chapitre de Saint-Jean de Lyon dont ce petit bourg relevait. Depuis 1848, ce vieux bâtiment servit de mairie, logement d'instituteur et d'école. »
(Droits réservés.)

Le lundi 25 janvier 1943, avenue Condorcet, un autre cycliste lança une grenade sur un détachement de l'armée allemande, faisant vingt-deux blessés, dont quatre très grièvement.

Les autorités réagissaient par des opérations de police, vérifiant l'identité de plusieurs milliers de personnes. D'autre part, le préfet, M. Angéli, avait interdit la circulation des motocyclistes et des cyclistes entre 18 heures et 6 heures du matin dans toute la ville, sauf sur les quais du Rhône et de la Saône.

Une autre opération s'assimilait à une véritable action de guerre. Le samedi 16 janvier 1943, un train de munitions allemand sauta près de la gare de Reventin-Vaugris (Vienne-Isère). Le convoi fut entièrement détruit et la circulation ferroviaire interrompue entre Lyon et Marseille[1].

Le maquis commençait à prendre de l'importance dans l'esprit de la population, d'autant plus que l'instauration du STO (service du travail, cette fois devenu obligatoire) en date du 16 février 1943, va grossir les rangs du maquis par les réfractaires qui refusaient de travailler en Allemagne (de 1940 à 1944, les Allemands demandèrent un million cinq cent soixante-quinze mille travailleurs à la France ; sept cent quatre-vingt-cinq mille partiront, soit un sur deux).

Mon oncle Émilien sera bientôt du côté des réfractaires. Il avait reçu sa convocation d'avoir à se présenter au bureau de placement allemand, avenue Maréchal-Foch à Lyon, pour y prendre connaissance des conditions de travail ainsi que la date et l'heure du départ, suivaient les indications des peines prévues par la loi en cas de non-exécution de la présente réquisition.

Il décida aussitôt de tirer sa révérence aux boches et à Vichy. « Le Millien » (son surnom) vint à la maison avec ma tante et marraine, puis posa ses valises juste le temps de boire un verre. Il nous précisa que tous deux partaient se cacher dans la ferme de ses parents à Lus-la-Croix-Haute (Drôme). Sur place, il verrait le moyen de rejoindre le maquis. Nous trinquâmes à sa courageuse résolution et le Kiki de La Villette nous sortit une de ses histoires habituelles :

« Hitler, accompagné du gros Goering, visitait une usine. Il interrogea un ouvrier.

1. *Source :* GARCIN, *Paul,* op. cit.

LA LOI QUI REND IMPOSSIBLE LA VICTOIRE DE HITLER

Distribué par vos amis de la R.A.F.

Le Courrier de l'Air

10 mars 1941

No. 4

Sang-froid et confiance

A L'APPROCHE du printemps tout le monde s'attend à d'importants événements militaires. L'Angleterre est prête. Elle envisage la situation avec sang-froid, sûre d'elle-même et confiante dans sa force. Hitler nous assurait, dans ses derniers discours, que l'Allemagne n'a pas passé l'hiver en sommeil. Sans doute. Mais l'Angleterre n'a pas dormi non plus. Et les Allemands s'apercevront bientôt que le temps n'est plus où ils pouvaient rapidement abattre un ennemi par le poids d'une formidable supériorité d'armes et de moyens techniques.

QUE l'Angleterre n'a pas hiverné, Mussolini est payé pour le savoir. Alors que Hitler s'est flatté d'avoir pratiquement gagné la guerre et vaincu l'Angleterre, celle-ci, tout en défendant victorieusement son territoire, a trouvé le temps et les moyens de mener contre l'Italie une grande guerre offensive en Afrique et en Méditerranée. L'empire africain de Mussolini est en pleine décomposition. Mussolini lui-même avoue y avoir perdu un dixième de son armée et un cinquième de sa puissance aérienne. Il préfère ne pas insister sur sa flotte à moitié démolie. En même temps, l'Angleterre a porté son aide à la Grèce héroïque qui, en Albanie, inflige à l'Italie une défaite après l'autre.

MAIS Hitler lui-même se rend parfaitement compte jusqu'à quel point les défaites de l'Italie ont bouleversé les plans militaires de l'Axe. En s'engageant dans une nouvelle aventure dans les Balkans, il avoue son impuissance de vaincre l'Angleterre sur le théâtre décisif.

Il doit en fait accepter cette guerre sur deux fronts qui a toujours été son cauchemar. Une fois de plus, il s'est rendu maître d'un pays faible et mal armé : la Bulgarie. Mais ni la Grèce ni la Turquie n'entendent se soumettre. L'avance vers Salonique ne sera peut-être pas la promenade facile dont Hitler rêve.

EN attendant, grâce aux efforts de sa propre industrie et à l'aide croissante de l'Amérique, l'Angleterre est rapidement en train d'acquérir la suprématie dans l'air s'ajoutant à la maîtrise de la mer.

Autant de motifs pour nous, comme pour nos Alliés et pour tous les pays subissant le joug allemand, d'envisager l'avenir avec sérénité et confiance.

LE vote du projet Roosevelt autorisant l'aide américaine aux démocraties en guerre, constitue un événement d'une immense portée historique.

Approuvée à de fortes majorités, d'abord par la Chambre des Représentants et ensuite, le 8 mars, par le Sénat, la loi du Président Roosevelt a pour premier effet pratique de permettre l'expédition immédiate aux Alliés de matériel de guerre d'une valeur de 1.300.000.000 de dollars accumulé aux Etats-Unis. Ceci indépendamment de l'immense programme de production déjà en voie de rapide exécution.

La loi écarte pour l'avenir toute possibilité de retard pour des motifs d'ordre financier. Les armes les plus perfectionnées et les plus abondants au monde, seront livrées aux Alliés, sans que ceux-ci aient à payer comptant ni à fournir aucune garantie de crédit.

La loi ouvre les chantiers et les ports américains aux navires britanniques demandant d'être remis en état.

Elle fait, selon le mot de M. Roosevelt, de l'Amérique " l'arsenal des démocraties."

En contre-partie, la loi ne demande aux nations aux prises avec les agresseurs qu'une seule chose : que, écartant toute pensée de compromis ou d'apaisement, elles se servent de ces armes américaines pour poursuivre la lutte jusqu'à la victoire définitive.

Dans l'esprit des Américains, la nouvelle loi écarte toute possibilité d'une victoire de Hitler.

Quelques exemples

Les Américains se sont attelés résolument à la tâche, et l'on sait que ce peuple de réalisateurs, ne se contente pas de mots.

M. Knudsen, président de la commission spéciale créée pour accélérer la production de matériel de guerre, a déclaré que des commandes avaient déjà été placées auprès de l'industrie américaine pour la livraison de : 50.000 avions, 130.000 moteurs, 17.000 canons lourds, 25.000 canons légers, 13.000 mortiers, 33.000.000 obus chargés, 9.200 tanks, 300.000 mitrailleuses avec leurs munitions, 400.000 fusils automatiques avec leurs munitions, 1.300.000 fusils ordinaires avec leurs munitions, 380 navires de guerre, 200 navires marchands.

Indépendamment des avions à très grand rayon d'action qui volent d'un coup d'aile d'Amérique en Europe, des centaines et des centaines d'autres appareils (bombardiers moyens, bombardiers pour l'attaque en piqué, et chasseurs) arrivent chaque mois en Angleterre.

Le peuple américain ne s'est pas lancé à la légère dans la politique qui lui vaut actuellement les menaces coléreuses d'Hitler : il est sûr de la défaite de l'Axe.

M. Roosevelt lui-même a dit : " Je crois que les puissances de l'Axe ne gagneront pas cette guerre. Je base cette ferme croyance sur les dernières et sur les meilleures informations."

TOUTE LA CYRENAIQUE AUX MAINS DES ANGLAIS

150.000 PRISONNIERS ITALIENS EN AFRIQUE

EN Libye, en Erythrée, en Ethiopie, en Somalie, et en Albanie, c'est-à-dire dans toutes leurs possessions extérieures, les Italiens ont enregistré de durs échecs.

Les armées britanniques, sous le commandement du général Wavell, ont couronné la foudroyante campagne de Cyrénaïque par la prise de la capitale de cette colonie.

Elles ont été accueillies à Benghazi par la population, tant italienne qu'arabe, au cri de " vive la démocratie ! "

L'avance en Libye

C'est le 9 décembre que les troupes anglo-australiennes, brillamment aidées dès le début par des contingents de Forces françaises libres, ont pris le départ de Mersa Matruh, en territoire égyptien.

Le 11, elles remportaient leur première victoire à Sidi Barrani. Le 16, elles prenaient Sollum. Le 5 janvier, elles prenaient Bardia, le 12 Bomba, le 22 Tobruk, le 30 Derna. Le 3 février, les Italiens abandonnaient Cyrène et Apollonia.

Enfin le 6, Benghazi, la plus importante et la dernière base navale italienne en Cyrénaïque, était prise par les Australiens, les Anglais et les Forces françaises libres.

Le nombre total des prisonniers faits par l'armée du Nil sur l'armée du maréchal Graziani dépasse actuellement 140.000, dont 23 généraux et un amiral. Par ailleurs les pertes italiennes en tués et blessés sont, de l'aveu même de Rome, " considérables." On estime que le maréchal Graziani a désormais perdu les trois-quarts de ses effectifs.

Sur les autres fronts

Dans les autres théâtres africains, en Erythrée, en Abyssinie, en Somalie italienne les Italiens sont serrés de près par les forces britanniques dont l'avance est sur certains points extrêmement rapide. Mogadiscio, capitale de la Somalie italienne, a été prise le 26 février. Le nombre des prisonniers dépassent les dix mille.

La qualité l'emporte

Les victoires de Libye ont été gagnées sur des forces beaucoup plus nombreuses que les nôtres. Les Italiens ont appris à connaître la supériorité des Britanniques dans l'emploi des armes et moyens techniques les plus modernes, de même que leur stratégie basée sur la coopération parfaite de l'aviation, de la flotte et de l'armée. Et bientôt les Allemands auront, eux aussi, à faire face à un adversaire mieux armé qu'eux-mêmes. Ils s'apercevront qu'il y a quelque chose de changé . . .

M. CHURCHILL SUR L'EFFORT DE GUERRE BRITANNIQUE

4.000.000 D'HOMMES SOUS LES ARMES

M. CHURCHILL, annonçant le 22 janvier que l'Angleterre a à présent 4.000.000 d'hommes sous les armes, a pu également révéler que, du côté de la production de guèrre, l'effort du pays n'a pas été moins prodigieux : au seizième mois du conflit il y a plusieurs centaines de milliers d'ouvriers de plus dans les usines travaillant pour l'armement qu'au quarante-huitième mois de la guerre 1914-1918.

En [illegible] la production du matériel de guerre s'est considérablement accrue.

D'autre part, dans un discours radiodiffusé le 9 février, M. Churchill a encore dit : " Notre marine est plus puissante, nos flottilles plus nombreuses, nous sommes beaucoup plus forts, absolument et relativement, dans le ciel de Grande-Bretagne, qu'aux jours où notre aviation de chasse repoussa et abattit les avions nazis lors de leur offensive d'automne. Notre armée est plus nombreuse, plus mobile et beaucoup mieux équipée et entraînée qu'elle ne l'était en septembre et, surtout, qu'elle ne l'était en juillet . . . "

Hitler n'échappera pas à son destin

" Pour gagner la guerre, Hitler doit détruire la Grande-Bretagne. Il peut ravager les Etats balkaniques, il peut arracher de grandes provinces à la Russie, il peut s'avancer jusqu'à la mer Caspienne, il peut s'avancer jusqu'aux portes de l'Inde. Tout cela ne servira à rien. Il peut porter sa malédiction plus loin encore, à travers l'Europe et l'Asie, mais il n'échappera pas à son destin.

" A chaque mois qui passe, les nombreux pays naguère heureux et fiers qu'il tient maintenant asservis par la force brutale et par la vile intrigue, apprennent à haïr le joug prussien et le nom nazi comme [illegible] les hommes n'avaient haï dans le passé.

" Et tout le temps, maître de la mer et maître des airs, l'Empire britannique—je dirai plus, en un sens, tous les peuples de langue anglaise—le traqueront, armés de l'épée de la justice."

Un des tracts lancés par les Anglais au-dessus de la région lyonnaise.
(*Le Courrier de l'air*, n° 4, 10 mars 1941.)

"Tu aimes ton *Führer* ?

– *Ja, ja mein Führer.*

– Tu ferais n'importe quoi pour lui ?

– *Ja mein Führer.*

– C'est bien. Alors tiens, voici une mitraillette, tire sur tes camarades."

L'homme hésita, fit la grimace, refusa poliment. On ne pouvait pas lui demander ça. Hitler passa à un autre. Même réponse. À un autre encore sans davantage de succès. Enfin, il arriva devant un grand gaillard, la casquette sur l'œil.

"Tu aimes ton *Führer* ?

– *Ja mein Führer.*

– Tu ferais n'importe quoi pour lui. Alors prend cette mitraillette..."

Le gars n'attendit pas qu'Hitler eût fini de parler, prit la mitraillette et descendit toute l'équipe.

"Voilà, dit Hitler à Goering, voilà un bon Allemand. Comment t'appelles-tu ?"

Alors, le gars se redressa et claironna :

"Bébert d'Ménilmontant." »

Nos deux réfractaires arrivèrent à bon port, ce qui ne sera pas le cas pour beaucoup d'autres.

Les Allemands réagissaient brutalement à ces nombreuses défections par des rafles à la sortie des cinémas, dans les cafés ou la rue.

Le 1er mars 1943, ils frappèrent un grand coup à Villeurbanne. La *Wehrmacht* avait cerné tout le secteur dès 5 heures du matin. Toute circulation devenait interdite, nul ne pouvait pénétrer dans ce périmètre, ni quitter son domicile. Les soldats allemands, les mitraillettes aux poings, arrêtèrent sans ménagement tous les hommes âgés de dix-sept à cinquante-cinq ans, avec la mission de les conduire dare-dare dans des cafés réquisitionnés par la *Kommandantur.* Là, trois cents d'entre eux furent désignés pour une déportation en Allemagne et parqués à la gare de l'Est-Villeurbanne. À ces trois cents Villeurbannais viendront s'ajouter cinquante Lyonnais raflés le 19 février au Carillon, rue Puits-Gaillot.

Le « train de la mort » partira le soir même à 23 heures et, *via* Compiègne, ces malheureux seront dirigés sur le sinistre camp de Mauthausen dont très peu revinrent.

Gravure du général de Gaulle lancée par un avion de la RAF et ramassée par l'auteur.
(Collection de l'auteur.)

Ces effroyables représailles organisées par la Gestapo n'auront pas l'effet d'intimidation escompté.

Dès le mardi 9 mars 1943, des manifestations perturbèrent, à la gare des Brotteaux, le départ des trains du STO pour l'Allemagne. La police dut même interdire aux familles l'approche de la gare. À Valence, des manifestants allèrent jusqu'à faire dérailler le fourgon de queue d'un train qui commençait à rouler.

La plus grande inquiétude du préfet du Rhône, M. Angéli, viendra de la Savoie, où trois mille jeunes gens, désignés pour aller travailler en Allemagne, non seulement avaient refusé de partir, mais s'étaient groupés sur le plateau de Thonon[1].

Le Kiki de La Villette nous donnera bientôt des précisions sur la franche rébellion de ces jeunes Savoyards. Mon cher tonton avait, lors de ses « tournées de facteurs », glissé dans les boîtes aux lettres un tract du mouvement Libération. Voici ce que nous pûmes lire sur cette feuille de la Résistance :

« Plutôt que de répondre aux appels de départ pour l'Allemagne, des jeunes Français ont pris le maquis en Savoie. Le signal a été donné par deux cent cinquante jeunes gens de l'école d'horlogerie de Cluses qui se réfugièrent dans la montagne. Cette petite troupe a vu grandir ses effectifs rapidement à partir du 6 mars. Les deux cent cinquante sont devenus cinq mille. Ils sont rassemblés dans la région d'Annemasse-Chambéry. Bien pourvus d'armes (mitrailleuses et fusils) et de munitions, ils ont déjà rejeté l'ultimatum des autorités qui leur a été présenté par le capitaine de la gendarmerie locale. Les injonctions du préfet lui-même sont demeurées vaines. Les menaces adressées aux familles n'ont pas trouvé d'écho. L'opinion des autorités locales est qu'il faudrait une division pour réduire les “rebelles”. Honneur à ces jeunes hommes ! Que leur exemple soit suivi partout. Français, faites comme eux. Résistez ! L'heure de la lutte a sonné contre l'ennemi, pour la France. Libération. »

Le Kiki de La Villette ne manqua pas d'apporter son commentaire :

« Bravo aux gones de l'école de Cluses. Ils ont eu le courage de faire fi de l'heure allemande et de régler leurs montres sur le carillon de *Big-Ben*. »

1. *Source :* GARCIN, *Paul,* op. cit.

1943, l'installation à Albigny-sur-Saône

En ce début agité de cette année 1943, le cours de mon existence se trouva aussi changé car nous avions quitté l'impasse pour nous installer à Albigny-sur-Saône, à l'adresse du « chemin de la Montagne ».

C'était un joli libellé sur l'enveloppe, mais demandant beaucoup d'efforts pour accéder à notre logement, soit par une route au fort pourcentage de montée, soit en grimpant les deux cents marches des escaliers d'accès au château. En effet, la propriété de nos logeurs, un vieux couple de commerçants en retraite, nommés Durand, se trouvait à moins de deux cents mètres de ce château, une ancienne maison forte du Chapitre de Saint-Jean de Lyon. Depuis 1848, ce vieux bâtiment avait servi de mairie, d'école, de logement pour les instituteurs et logeait actuellement une famille nombreuse, les Canonnier, qui gardait en quelque sorte ces vieilles pierres.

Je trouvai là un magnifique terrain de jeux qui m'amena à former, avec trois de leurs enfants, « une chevalerie du château ». Nous montions en haut du donjon où, de ce remarquable point de vue, nous explorions les rives de la Saône, dans l'attente de l'arrivée des guerriers envahisseurs, les fameux « Teutons », que nous vainquions avec nos épées en bois.

J'allais aussi apprendre à vivre au bord de la rivière, m'y promener sur sa belle rive, le long du « Rigodon » (bras de la Saône entre une petite île), m'y baigner, puis d'y pêcher des rousses (gardons), des goujons, ablettes, perches soleil, voire des silures, dits poissons-chats, d'origine américaine, que les boches ne sauraient attraper. Je tenais mon habileté de la gaule de mon oncle Marius dont le grand-père avait été « un pirate du Rhône » qui pêchait la nuit les excellents poissons du fleuve que l'on retrouvait jadis sur la carte du célèbre restaurant de la mère Guy aux Étroits.

La propriété des Durand qui nous logeaient était mon « propre » château. On y pénétrait par un grand portail rouge sur lequel s'ouvraient les fentes des boîtes aux lettres. À l'intérieur, s'articulaient, autour d'une cour à l'air libre, trois maisons. La plus grande représentait le « donjon » où vivaient les seigneurs du lieu, le père et la mère Durand. La plus petite accueillait un collègue de la police et ami de mon père. La nôtre comprenait un étage, celui de notre appartement et, au rez-de-chaussée, sous des voûtes, la grande *boutasse* (« réservoir ») qui recevait les eaux de pluie.

N° 27 1° MAI 1943 EDITION SUD N° Spécial

LIBÉRATION

ORGANE DES MOUVEMENTS DE RÉSISTANCE UNIS

Un seul chef : DE GAULLE
Une seule lutte : pour nos Libertés

Notre seul but est de rendre la parole au Peuple Français Général DE GAULLE

Le 1er Mai est traditionnellement un jour de fête et de lutte pour la classe ouvrière. Que ce quatrième premier mai de guerre manifeste clairement à nos amis et à nos ennemis que le peuple français — loin d'être abattu — est plus que jamais à la pointe du combat.

Le 1er mai 1942 fut un jour de manifestations impressionnantes. Il faut faire mieux encore. L'ennemi est au bord de la défaite. Que ce dernier premier mai avant la Libération soit marqué dans les Annales de la Résistance française par une recrudescence du sabotage et des coups de main contre l'ennemi et ses valets, que la résistance à la déportation soit encore plus vive, que les travailleurs prennent conscience de leur force en agissant par tous les moyens.

Travailleurs joignez la lutte pour la libération nationale à la lutte pour vos libertés et vos salaires. Unissez-vous dans vos comités d'entreprise, dans vos syndicats, dans vos organisations de résistance. Le 1er mai 1943, vous manifesterez par tous les moyens contre l'oppression nazie, contre la déportation de vos frères en Allemagne, pour vos droits humains les plus élémentaires.

Il ne suffit pas d'être de cœur avec les Alliés. Il ne suffit ni de détester les Allemands, ni d'écouter les bonnes nouvelles de la radio anglaise. Il faut participer à la guerre, il faut que le peuple français agisse et fasse la preuve de sa force, s'il veut un jour se faire entendre. Un peuple qui attend passivement est un peuple condamné par l'histoire.

Travailleurs frappez l'ennemi et les traîtres. Frappez juste, frappez dans l'ombre, frappez sans faiblesse.

Et le 1er mai, manifestez, faites grève.

"DE L'AUDACE, ENCORE DE L'AUDACE, TOUJOURS DE L'AUDACE ET LA FRANCE SERA SAUVÉE !"

1er Mai 1943 : Fête Nationale du sabotage contre l'Ennemi

Vive le 1er Mai

En-tête d'une feuille de la Résistance qui était distribuée dans les boîtes aux lettres.
(Collection de l'auteur.)

De nos trois fenêtres, nous avions la vue sur l'immense jardin du « châtelain ». Celui-ci, malgré le poids des ans, restait vert sous son éternel canotier, sa vareuse et ses pantalons de velours côtelé soutenu par des bretelles. La mère Durand représentait la bigote, ou selon la « grenouille de bénitier », vêtue d'une seule couleur, le noir intégral.

Malgré tout, c'étaient des braves gens, près de leurs sous, maréchalistes comme beaucoup, mais généreux pour les produits de leur jardin.

À notre grande joie, la famille s'était agrandie d'une petite fille prénommée Simone, née le 12 mai 1943. J'avais désormais la responsabilité du grand frère protecteur et la fierté d'en être le parrain.

Le changement d'école me chamboula pour un temps. C'était la mairie d'Albigny qui abritait les deux écoles filles et garçons de chaque côté du grand bâtiment central, situé sur la route de Villevert-Neuville, à un bon kilomètre du centre-village. Je pouvais donc inscrire au compteur, lors de mes deux allers et retours quotidiens, huit cents marches d'escalier et quatre kilomètres, de quoi mériter des tickets pour une paire de galoches supplémentaire.

Je découvris une classe « IIIe République », meublée par des alignées de bureaux doubles, ornés par leurs encriers de faïence blanche, son tableau noir, deux armoires luisantes de patine, ses cartes géographiques accrochées aux murs et sa grande estrade, au-dessus de laquelle trônait l'inévitable sauveur de la France, le maréchal Pétain.

Derrière son bureau, le maître, M. Vernier, ne déparait pas la scène avec sa blouse grise, son œil inquisiteur et ses réprimandes sévères. Ce fut lui qui m'apprit à mieux écrire tant il veillait à la régularité du jambage des lettres et quand l'une dépassait l'autre, un tirage d'oreille ou un coup de règle me rappelait à l'ordre. Malgré cela, nous aimions bien notre maître sachant que, de son côté, il nous apportait aussi beaucoup d'attention et d'affection. Je me fis nombre de bons copains et ma nouvelle scolarité passa comme une lettre à la poste.

À l'école d'Albigny, une alerte aérienne ressemblait plutôt à « la classe aux champs ». Ici pas d'abri souterrain, mais la nature, où le maître nous conduisait près des cultures, au lieu-dit « Les Avoraux ». Là, nous écoutions assis en rond la suite de la leçon, jusqu'à ce que le lancinant bourdonnement des B17 nous fasse lever la tête. Nous étions aux « premières loges » de ce terrible spectacle aérien, égoïstement soulagés que ces forteresses volantes aillent lâcher leur tapis de bombes ailleurs. Cependant, l'angoisse nous étreignait quand même, en réaction au vieil adage : « On ne sait jamais. »

Cela se vérifia le jour où nous vîmes un petit avion tourner au-dessus de notre refuge pour délimiter sans doute la zone à bombarder. Nous en eûmes la certitude lorsque nous aperçûmes, terrorisés, quatre gros projectiles oblongs, de couleur aluminium, se détacher d'une escadrille de B17 qui survolait le périmètre. Ces curieuses torpilles tombaient en virevoltant et s'écrasèrent au sol à deux ou trois cents mètres de notre groupe, provoquant un bruit sourd, mais aucune explosion. Nous n'avions pas demandé notre reste et laissé à ces bombes à retardement le temps d'exploser sans nous.

Nous allions pouvoir approcher de nos bombes dès le lendemain car elles se trouvaient tout bonnement exposées au local municipal au centre d'Albigny. En réalité, il s'agissait de réservoirs d'essence auxiliaires qui, une fois vides, étaient largués en rase campagne. Les débrouillards en profitèrent pour soutirer les quelques litres d'essence qui pouvaient y rester.

Quant au petit avion tourniqueur, nous saurons à l'expérience qu'il portait le nom de code *Little Cookie* et que sa mission consistait à rassembler les différentes escadrilles de forteresses volantes puis de les diriger sur leur cible bien plus lointaine.

D'autres choses plus intéressantes tombaient également du ciel, à l'initiative des avions anglais de la RAF lors des survols au-dessus de la France. C'étaient des tracts intitulés *Le Courrier de l'air* qui distillaient des informations aux Français pour contrer la propagande des Allemands. Je collectais ces feuillets séditieux puis les empilais au fond d'une caissette, prenant soin de les dissimuler sous un fouillis organisé. Je pouvais ainsi les lire le soir sous l'oreiller et ne pus résister à la tentation d'en glisser un dans la boîte aux lettres du père Durand. Le pauvre homme, inquiet, n'arrêta pas, pendant deux jours, de se dédouaner en claironnant à l'envi qu'il ne s'occupait jamais de politique.

Ma plus belle trouvaille, venue du ciel, fut la photo du général de Gaulle. Je ne pouvais que la mettre à une place d'honneur, celle de ma chambre, où je la fixais, tout de même par précaution, sous le calendrier des postes, celui à l'effigie du maréchal Pétain.

Aux beaux jours, nos jeux s'étaient déplacés au bord de la Saône, sur la « plage d'Albigny » ou au-delà du « Rigodon » sur celle plus grande de Couzon. Nos barbotages du début firent place à quelques brassées encourageantes et, un jour, en rentrant à la maison, je pus annoncer fièrement :

« Je sais nager. »

Nous pratiquions également des jeux de « plein air », ne perdant jamais l'occasion de nous amuser.

Ainsi, nous participâmes, en parfaite inconscience, à une espièglerie de gones contre la marine allemande.

Au mois de juin 1943, des vedettes de combat, lance-torpilles, descendirent plusieurs fois le cours de la Saône afin de rejoindre, en meilleure sécurité, un port de la Méditerranée. À leur passage, en général par groupe de trois, nous crûmes malin d'adresser aux marins allemands des gestes moqueurs, tels un pied de nez ou un V de la victoire, puis partions en ricanant nous mettre à couvert sous les arbres. Nous ne ressentîmes d'ailleurs jamais l'impression de courir le moindre risque.

Eh bien ! Nous nous trompions, car les Allemands ne restèrent pas toujours indifférents aux provocations, certes plus significatives que nos gamineries. Leur réaction à Lyon s'avéra beaucoup plus bruyante. Nous saurons par exemple que, le mardi 8 juin 1943, des gamins avaient lancé du haut de la passerelle Saint-Georges quelques cailloux sur des vedettes allemandes qui descendaient la Saône. Les Allemands avaient alors riposté en tirant avec des mitraillettes sur la passerelle et sur les quais, n'atteignant heureusement personne. Autre incident, le dimanche 13 juin, des nageurs du cercle sportif de sauvetage poussèrent des cris hostiles et montrèrent le poing au passage des vedettes, un coup de feu partit en représailles du premier bateau allemand qui se trouvait près de la passerelle Saint-Vincent. Là non plus, personne ne fut touché.

Enfin, pour clore cette petite « bataille navale », ce furent les Allemands qui, le dimanche 20 juin 1943, tirèrent deux coups de feu sur une barque de sauvetage des sauveteurs de la Mouche, pourtant lors d'une compétition officielle de la double traversée de la Saône. Aucune victime ne fut à déplorer, ce qui laisse à penser que les marins allemands étaient décidément de bien mauvais tireurs ? Ou avaient-ils peut-être estimé que des simples tirs de sommation suffiraient à calmer ces trublions des bords de Saône[1].

Ma maman était très occupée par ma petite sœur, et cela me valut de passer mes vacances de cet été 1943 chez mon grand-père à Cuisery. J'eus l'agréable surprise d'y trouver un vélo à ma taille, d'une magnifique couleur bleue, équipé de superbes garde-boue chromés. Nous fîmes alors de longues balades à travers la campagne, entrecoupées par des parties de pêche au pont de Seille.

Un jour, nous avions poussé notre circuit jusqu'à Pont-de-Vaux. Là, j'eus l'occasion de « sentir le parfum de l'aventure ». Mon grand-père s'était arrêté à l'hôtel du Raisin pour saluer son propriétaire, M. Badez, qu'il connaissait bien et dont la spécialité du chef, le poulet de Bresse à la crème, attirait chaque dimanche tous les gourmands des alentours. Eh bien ! Son établissement venait

1. *Source : Garcin, Paul,* op. cit.

d'être fermé par sanction administrative, probablement pour une infraction banale relevée par un tatillon fonctionnaire du ministère du Ravitaillement.

Heureusement, les autorités de Vichy ne savaient pas que M. Badez ne se contentait pas de mettre trop de crème dans ses succulentes casseroles, mais prenait une part active dans le réseau Action, chargé des enlèvements par air à destination de l'Angleterre. Nous apprendrons plus tard que les quelques initiés connaissant sa courageuse implication appelaient son hôtel « l'agence Cook ».

Les prairies de Saône-et-Loire, avec leurs grandes surfaces, sans obstacles importants et bordées par la rivière la Seille qui, la nuit, servait de guide efficace aux pilotes, se prêtaient particulièrement bien à ces atterrissages clandestins. Monsieur Badez disposait, en ce mois d'août 1943, de deux terrains : l'un, « Junot », se situait à Pont-de-Vaux ; l'autre, « Aigle 8 », à Manziat. « L'agence Cook » eut un « client » de choix nommé pour la circonstance « oncle Achille », qui n'était autre que le général de Lattre de Tassigny, échappé de sa prison de Riom. Monsieur Badez hébergea le général dans son Hôtel du Raisin jusqu'à la nuit du 17 au 18 octobre 1943. Ce soir-là, un avion Lysander de la RAF prendra le général de Lattre comme passager sur le terrain « Aigle 8 » pour le conduire, en trois heures de temps, sur le terrain de Tangmere à l'est de Portsmouth, en Angleterre. La BBC avait annoncé l'opération par le message :

« L'oncle Achille a soixante-huit ans, nous disons l'oncle Achille a soixante-huit ans. Trois fois. »

La réussite du vol fut précisée par un message encore plus laconique :

« Le roi est bien arrivé[1]. »

Nous pêchions aussi plus tranquillement les tanches de l'étang situé sur la « Bêche » en face de la maison. Nous les gardions vivantes dans un bassin et mon grand-père les sortait ainsi encore frétillantes avant de les passer au four. Nous nous installions alors devant le puits et commencions par la dégustation des tomates du jardin, assaisonnées par une vinaigrette maison, où la crème fraîche se substituait à l'huile introuvable (recette cru 43 à essayer).

1. *Aujourd'hui, une plaque commémorative apposée sur la façade de l'hôtel du Raisin rappelle ce moment d'histoire.*

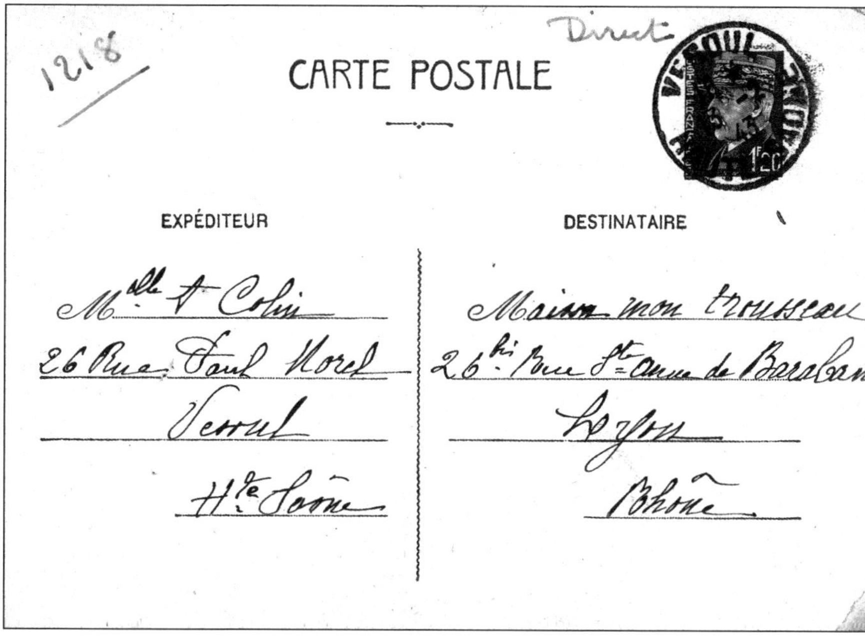

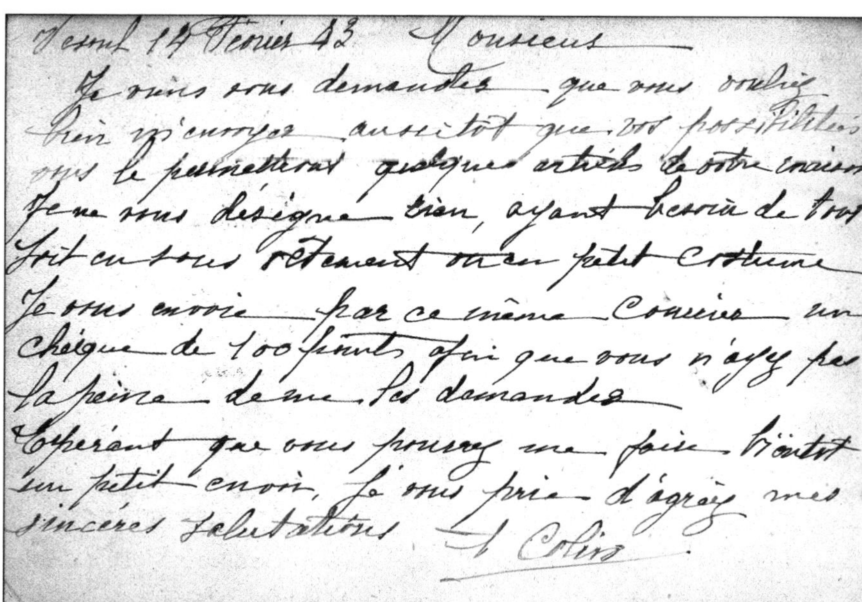

Vesoul 14 Février 43 Monsieur

Je viens vous demander que vous vouliez bien m'envoyer aussitôt que vos possibilités vous le permettront quelques articles de votre maison je ne vous désigne rien, ayant besoin de tout soit en sous vêtement ou en petit costume Je vous envoie par ce même courrier un chèque de 100 francs afin que vous n'ayez pas la peine de me les demander Espérant que vous pourrez me faire bientôt un petit envoi, je vous prie d'agréer mes sincères salutations

A Colin

Correspondance typique de 1943: « Envoyez-moi ce que vous avez ! »
(Collection de l'auteur.)

Nous avions même fait bombance lors du battage des moissons à la ferme voisine. Ce fut pour moi une première réussie, un véritable spectacle, où j'avais parfaitement tenu mon rôle, celui de verser le vin à la cantonade. Notre banquet de fin du battage soulignait l'inégalité que l'Occupation avait instaurée entre la campagne et la ville. Ce repas, dit simple et sans chichi par les fermiers, restait un rêve de citadin, à défaut de pouvoir y consacrer une fortune au marché noir.

La guerre n'épargnait pourtant pas les paysans et la sirène d'alerte de Cuisery hurlait tout aussi lugubrement qu'à Lyon. Des bombardements très précis ciblaient les usines Schneider du Creusot, les aciéries du Breuil, la station de transformation électrique de Montchanin ou la fabrique de chaudières de locomotive à Chalon-sur-Saône, ceci au prix de nombreuses victimes civiles.

Le périmètre d'environnement s'avérait très agité, ce qui amenait parfois le monde rural à s'impliquer dans de courageuses actions. Ainsi, au cours d'un de ces bombardements, un Lancaster de la RAF s'était écrasé à Écuisses, près de Tournus. Des fermiers n'avaient pas hésité à recueillir, à cacher, puis faire soigner par le médecin du village le seul membre de l'équipage resté vivant dans la carlingue en feu. Ce miraculé, le mécanicien, se nommait James Delve. L'équipage du Lancaster repose au cimetière d'Écuisses[1].

Deux maquis agissaient habilement dans ce secteur en Saône-et-Loire. L'un émanait de l'Armée secrète (AS), d'origine militaire, et dépendait de Londres. L'autre, les Francs-tireurs et partisans français (FTPF), fut fondé au début par des militants communistes, puis complété largement par un recrutement de toutes origines. Ces deux tendances montaient des opérations de concert pour devenir plus tard une seule force, celle des Forces françaises de l'intérieur (FFI). Leurs chefs profitaient de la nature du terrain, en évitant les grosses concentrations, pour constituer des unités légères qui vivaient en symbiose avec la population. La zone d'opérations se situait au nord de Mâcon, à l'ouest de Tournus, au sud de Chalon, le long de la rive droite de la Saône, à quelques kilomètres de l'importante voie ferrée Paris-Marseille et de la route nationale 6. Les maquisards avaient des appuis ou lieux de vie dans le vignoble

1. *Source : FLORENTIN, Eddy,* Quand les Alliés bombardaient la France, 1940-1945, *Perrin, 1997.*

des vins blancs mâconnais, telles les localités de Mancey, Royer, Cruzille, Échellette, Azé et bien d'autres.

Des viticulteurs s'occupaient ainsi tranquillement de leurs vignes puis, la nuit tombée, n'hésitaient pas à apporter un renfort précieux lors des atterrissages ou parachutages clandestins, voire la préparation des sabotages.

Après une opération de sabotage, l'unité impliquée pouvait regagner un lieu de repli idéal sur les hauteurs de Brançion ou du Mont-Saint-Martin, entouré de bois, de ravins, de grottes.

Le maquis venait d'ailleurs de réaliser un spectaculaire sabotage dont toute la contrée parlait. Dans la nuit du 5 au 6 août 1943, ils avaient réussi, au nord de Varennes-le-Grand, à faire dérailler un train de wagons-citernes remplis d'essence et à y mettre le feu. Le spectaculaire incendie des sept cent cinquante mille litres de carburant pour l'armée allemande dura vingt-sept heures, provoquant l'interruption du trafic pendant six jours[1].

Le ravitaillement du maquis dépendait également pour une grande part des paysans sympathisants qui osaient prendre ce risque. Mon grand-père participait quelque peu à cette chaîne alimentaire, disons d'une manière gastronomique, car il fournissait aux maquisards les lapins appréciés de son élevage, aux râbles bien dodus. Ça, je le savais que trop parce qu'il m'avait chargé de ramasser chaque jour l'herbe pour les nourrir.

Le père Vandroux, c'est ainsi qu'on appelait mon pépé dans la commune, passait pour un cabochard et tous riaient encore de son « coup de sang » à l'encontre des Allemands. Cela s'était passé lors du retour de la *Wehrmacht* en zone libre à la fin novembre 1942. Un détachement de l'armée allemande avait bivouaqué à la « Croix-Bouilloux », devant sa maison, et réquisitionné la grange afin de mettre ses soldats à l'abri de l'humidité de la nuit. Mon grand-père ne pouvait pas s'y opposer mais, très en colère, il lui prit alors la folle envie de casser son bois dans l'appentis de la grange. Il fendit des bûches à grands coups de cognée jusqu'à tard dans la nuit, certain d'enquiquiner le sommeil des boches envahissants.

À la même période, il n'avait pas répondu non plus à l'injonction de la mairie de procéder à la remise des fusils de chasse et des

1. *Source :* RÉMY *(colonel ; récits présentés par), « Chassé-croisé dans le Mâconnais », in* La Résistance dans le Lyonnais, *tomes II, Famot, 1975.*

Une vedette allemande sur la Saône.
(Dessin de l'auteur.)

cartouches, mais avait caché le tout dans le tas de fumier. Il me disait narquois, en mâchonnant sa pipe, que les gendarmes n'auraient jamais le courage d'y mettre les mains pour les chercher. Quant à sa pipe, il l'alimentait en pratiquant une culture interdite de plants de tabac qui se cachait au milieu d'une parcelle de maïs.

Cela lui valait un crédit d'estime et de confiance de la Résistance qui se manifesta une nuit de cet été 1943. Cela devait être aux alentours du 15 août que, ce soir-là, à une heure très tardive, nous entendîmes des coups frappés à la porte. En cette période troublée, seul un événement inhabituel, voire grave, pouvait justifier une visite nocturne. Mon pépé ouvrit la porte avec crainte mais, fort heureusement, reconnut un petit groupe de maquisards qui sollicitèrent son aide. Un avion de la RAF, un Lysander, venait de s'embourber lors de son atterrissage risqué sur le terrain dit « camp d'aviation », c'est-à-dire très près de chez nous. Du matériel s'avérait nécessaire pour le sortir de sa fâcheuse position, ce que prépara aussitôt le père Vandroux.

Nous partîmes alors à la queue leu leu sur le chemin terreux qui menait sur les lieux, prenant grand soin de ne pas entrechoquer les pelles, pioches, crics ou solides plateaux de bois que nous portions. Le silence de la campagne endormie ajoutait à mon angoisse et seul le joli chant des cricris me rassura quelque peu. Après vingt minutes de marche, nous vîmes avec émotion le Lysander venu d'outre-Manche légèrement penché, avec quelques personnes autour. La gravité de leurs visages reflétait les doutes qu'ils avaient sur la réussite de la mission.

Heureusement, l'avion n'avait qu'une seule roue de son train d'atterrissage enfoncée dans une ornière. Avec le matériel adéquat, le Lysander fut ainsi sorti de sa fâcheuse position en moins d'une demi-heure, ce qui nous parut une éternité. Nous nous étions alors arc-boutés pour le placer en bonne position de décollage, évitant l'aide du moteur, car le silence restait indispensable à notre sécurité.

Il nous fallait maintenant disparaître au plus vite avec le matériel. Je n'eus pas le temps d'avoir peur sur le chemin du retour, tant nous cavalions à perdre haleine. L'arrivée à la maison fut saluée de la meilleure manière par le Lysander qui venait de décoller et volait en rase-mottes au-dessus du toit, avant de prendre de l'altitude et de virer en direction de l'Angleterre. La « Croix-Bouilloux » retrouvait son calme et nous notre lit.

Je m'endormis la crainte au cœur, mais heureux d'avoir participé à cette « aventure anglaise » et reçu une amicale bourrade du pilote, une belle récompense pour un J2.

Le lendemain et les jours suivants, aucune réaction des Allemands ne se manifesta, ce qui confirmait l'efficacité des précautions prises pour ce genre d'opérations. En effet, Londres ne désignait qu'au dernier moment l'un des nombreux terrains clandestins possibles, que seuls les quelques initiés de la mission pouvaient connaître.

Nous avions repris ainsi notre tranquille vie, nos balades à vélo et nos parties de pêche.

Un jour, nous comprîmes que les boches venaient d'imaginer une parade. Ils hérissèrent le « camp d'aviation » de pieux de bois entrecroisés. Ce système préventif deviendra général sous la forme de différents matériaux et s'étendra jusqu'aux plages de Normandie, prenant la curieuse appellation d'« asperges de Rommel ». On dira aussi « casse-noisettes », « hérissons tchèques » ou « grilles belges ».

La fin des vacances approchait. Ma mère et ma petite sœur vinrent me récupérer à Cuisery, où mon séjour se termina le lundi 8 septembre 1943, le jour de la traditionnelle fête du village. Les enfants tentaient d'oublier la guerre sur le seul manège qui tournait. Cela ne les empêchait pas, malgré d'autres choix possibles, de se disputer les places sur trois avions en tôle, décorés d'une cocarde tricolore.

Le lendemain, mon grand-père nous raccompagna à la gare de Tournus. Nous étions une bonne équipe tous les deux et, au moment des adieux, je vis que le père Vandroux en « avait gros » (une expression lyonnaise signifiant « avoir de la peine ») de me voir partir.

De retour à Albigny, j'ajoutai à mes activités la fonction d'enfant de chœur. En cela, je suivais mes copains car nous aimions tous le vieux curé du village, nommé Roullet. En réalité, M. le curé était chanoine, mais n'avançait jamais son importante position dans l'église, préférant s'occuper avant tout de sa petite paroisse. On le trouvait toujours disponible dans son église et dans sa cure, ou arpentant les rues, certes courbé dans sa soutane, mais dont le regard restait vif sous son éternel chapeau carré, surmonté d'un petit pompon de soie noire. Contrairement à la position de beaucoup de membres du clergé, il n'avait pas la parole complaisante envers le maréchal Pétain et ne se privait pas, en chaire, de rappeler à ses ouailles les protestations du cardinal Gerlier contre la persécution des Juifs et de la loi du STO (messages adressés aux autorités par le cardinal le 6 septembre 1942 et le 14 mars 1943). Monsieur le curé nous rendait bien notre affection et à confesse nous donnait l'absolution de nos péchés, sachant pourtant, qu'en douce, nous lui buvions son vin de messe.

C'est sans doute pourquoi je reçus une punition venue de plus haut, celle d'être convié par le père Durand à une dégustation du vin nouveau produit par les quelques vignes maigrichonnes de son jardin.

Le Kiki de La Villette vint nous rendre visite à Albigny vers la fin novembre 1943. Ce fut un grand plaisir pour nous d'autant qu'il commença par ses réparties habituelles.

Le Lysander à Cuisery en 1943.
(Dessin de l'auteur.)

Il nous raconta l'audace folle du chansonnier Martini qui était entré sur une scène parisienne en faisant le salut hitlérien, puis gardant son bras tendu bien haut, avait lancé :

« Jusque-là ! Jusque-là ! Nous sommes dans la merde jusque-là. »

Il devait aussi s'adresser à la fin du spectacle à un soldat allemand qui n'arrivait pas à enfiler une manche de sa capote :

« Hein ! C'est difficile à passer la manche. »

Plus sérieusement, tonton Louis nous relata l'exploit des maquisards de l'Ain, dits les « Robins des Bois ». Le 11 novembre 1943, ces patriotes, conduits par le lieutenant-colonel Romans-Petit, avaient célébré l'armistice de 1918 devant le monument aux morts de la ville d'Oyonnax. Tout s'était déroulé dans les règles, avec un défilé drapeau en tête, une prise d'armes ponctuée par la sonnerie aux morts, *La Marseillaise* et le dépôt d'une gerbe en forme de croix de Lorraine. Après ce pied de nez aux fridolins, les « Robins des Bois » reprirent le chemin des forêts du Haut-Bugey, aussi bien organisés qu'un régiment régulier. Cela, la Résistance lyonnaise s'efforçait de le faire savoir, car Lyon disposait d'un réseau de petits imprimeurs efficaces et courageux.

De nombreux tracts ou journaux clandestins sortaient des imprimeries Bardet, rue de la Ruche à Montchat ; Eugène Pons, rue

Ma mère, ma petite sœur et moi le 8 septembre 1943 à Cuisery (remarquer les chaussures à semelles de bois).
(Collection de l'auteur.)

Ozanam ; Prudhomme, cours Gambetta ; Morel, 26 boulevard des Brotteaux. Quant à André Bollier, il avait créé un véritable atelier de presse, à l'intérieur d'une villa de la rue Viala, qui tirait *Combat*, *Franc-tireur*, *La Marseillaise* et *Témoignage chrétien*.

Le destin nous réservait un grand malheur en cette fin d'année 1943. Ma petite sœur mourut du croup, la forme la plus grave de la diphtérie. Elle fut enterrée le samedi 18 décembre 1943 au cimetière de La Guillotière (ancien). Je ne pourrai jamais oublier l'instant où notre médecin de famille avait prononcé ce mot terrible : « C'est le croup », ce qui équivalait pour un bébé à un arrêt de mort.

La guerre, avec ses privations et ses conditions de vie difficiles, y avait sans doute aussi contribué. Les statistiques démontrèrent que pendant cette période le poids moyen des enfants et leur taille se trouvaient, selon l'âge, réduits d'un à sept kilos et d'un à cinq centimètres par rapport à ceux de 1938. On estima également que l'espérance de vie des Français venait de perdre huit années.

Nous terminâmes l'année 1943 tous ensemble dans notre vieille impasse, mais pour la première fois sans crèche de Noël, ni « le petit Jésus ». Ce fut le Kiki de La Villette qui nous redonna quelques espérances. Il avait apporté à mon oncle Marius le journal *Le Nouvelliste* en date du vendredi 31 décembre 1943, le dernier jour de cette terrible année. Mon cher oncle regrettait son vrai journal *Le Progrès*, mais lisait « la feuille de chou » de Vichy pour ses

LIGUE DES AMIS DE LA PÊCHE
Siège Social : 305, Cours Lafayette, LYON

SIGNATURE DU TITULAIRE

Nom Vandroux
Prénoms Pierre
Année de naissance 1886
Profession Gardien de la Bourse
Adresse Lyon
123 Rue Tête d'Or

Mon pépé, le père Vandroux, retiré à Cuisery.
(Collection de l'auteur.)

Notre lieu de pêche et, plus loin, celui des atterrissages clandestins.
(Collection de l'auteur.)

seules informations véritables et intéressantes qui concernaient la vie artistique, littéraire, sportive ou locale de la région lyonnaise.

J'étais près de lui lorsqu'il s'installa, selon son rituel, dans son fauteuil voltaire, mit ses lunettes sur le bout de son nez et commença sa lecture. À son expression, je vis que cette édition devait être exceptionnelle. Oncle Marius pouvait lire en effet d'étonnants articles : « Raids massifs sur l'Allemagne », « Crimes de la milice », « Oyonnax a fêté avec enthousiasme l'anniversaire de la victoire », et autres événements qui pouvaient faire croire que Lyon était redevenu libre.

En réalité, il s'agissait d'une fausse édition du *Nouvelliste* qui avait été substitué au vrai par une opération de la Résistance lyonnaise rondement menée. Sa préparation, genre commando, avait été minutieusement préparée par ses concepteurs, Henri Jaboulay (*alias* Belleroche) et ses adjoints Charles Mohler (*alias* Duvernois) et Gilbert (fusillé par les Allemands en 1944). Il s'agissait tout d'abord de rédiger puis de mettre en page les articles du faux journal. Des journalistes lyonnais ou repliés se chargèrent de la rédaction sous la direction de

Pierre Scize du *Figaro*, tandis que Marcel Étienne Grancher, grand prix littéraire de Lyon 1936, composait l'éditorial pastiche.

L'imprimeur Eugène Pons (mort en déportation) réalisa ensuite l'exploit de procéder au tirage des vingt-cinq mille exemplaires du faux *Nouvelliste*, avec son lynotypo, Vernier, et son conducteur typo, Planchet, en moins de trois jours. Les « facteurs de l'ombre » avaient alors apporté leur aide à la confection des paquets de journaux, ceinturés par une fausse bande rouge de la censure. Dans la journée du 29 décembre 1943, tous les paquets des faux *Nouvelliste* se trouvaient ainsi stockés dans un garage, prêts à se substituer aux vrais.

Pendant cette opération, les « livreurs » s'étaient occupés de connaître à fond le mécanisme de distribution du journal, l'itinéraire des voitures de messagerie Hachette, l'horaire exact, le nombre de numéros fournis à chaque kiosque.

Le jour J, le 31 décembre 1943, à 5 heures du matin, les six fausses voitures de presse, comportant chacune un équipage de trois hommes, s'élancèrent pour réaliser cette fantastique mystification, selon un scénario des plus classiques : la voiture stoppait, un des hommes descendait, annonçait que *Le Nouvelliste* venait d'être censuré par les Allemands et qu'un autre exemplaire devait être vendu à sa place. Il ne restait plus qu'à échanger les paquets, faire un geste amical, et à disparaître en direction d'un autre kiosque.

Les courageux résistants n'eurent qu'une crainte, celle que l'alerte soit donnée rapidement. Eh bien ! Il faudra attendre 8 heures du matin avant que la police ne connaisse l'incroyable supercherie. L'opération venait de réussir pleinement, telle que l'annonçait l'édition pirate :

« Ce numéro exceptionnel du *Nouvelliste* a été réalisé par les Mouvements unis de Résistance et mis en vente par eux malgré la Gestapo et police vichyssoise, à titre de sanction contre la direction collaborationniste de ce journal[1]. »

Le Kiki de La Villette nous mit « au parfum » sur le sort réservé aux vingt mille vrais numéros du *Nouvelliste* ramenés au garage pour être détruits. Le plan d'action prévoyait à l'origine de les brûler. Mais il n'y a pas de fumée sans feu et cela pouvait attirer

1. *Source : Garcin, Paul,* op. cit.

Le Nouvelliste

5 HEURES — 14, RUE DE LA CHARITE, LYON — 5 HEURES

VENDREDI 31 DÉCEMBRE 1943 — UN FRANC

Appel à la Bourgeoisie

Raids massifs sur l'Allemagne

Plusieurs centaines de milliers de sans-abris
Des milliers d'usines rasées

COLOGNE

HAMBOURG

Oyonnax a fêté avec enthousiasme l'anniversaire de la victoire

Fermez ça, receveur !

Pour défiler !

Le délire de la foule

Aux Morts !

Le Maréchal de France, Chef de l'Etat rétablit la République

Acte constitutionnel relatif à la succession du chef de l'Etat

LES VRAIS TERRORISTES C'EST LA MILICE

qui fit dérailler les trains dans la Région de Chalon

Mobilisation totale en France

Le journaliste Pain a été assassiné par la Milice après avoir eu les yeux crevés et les membres brisés

Le Docteur Carrier de Saint-Marcellin, est assassiné sous les yeux de son enfant par les Miliciens

A SAINT-ETIENNE
Un prêtre sauvagement torturé par la Gestapo est arrêté

Arrestation imminente de plusieurs bandits en France

Alger, 10 décembre

Des ordres ont été donnés pour arrêter d'urgence et déférer aux cours martiales les membres de la Milice Française, association de malfaiteurs. Aussitôt le jugement rendu, ces terroristes seront passés par les armes.

Par votre faute, sans vous, contre vous, une élite nouvelle se sera formée.
Et ce sera justice.

Labourage et Pâturage

Le Maréchal a dit : Il faut que le paysan sache surmonter sa victoire. La bataille du pain sera gagnée le jour où, en France, la surface des emblavures compensera l'augmentation nécessaire de la natalité.

Mais pour cela, encore faut-il avoir une politique du blé. Celle que nous n'avons jamais cessé de préconiser ici est la seule désirable : vendre cher et vendre beaucoup.

Labourage et pâturage, affirmait Sully...

Labourage (de crâne) et Journalisme, dirons-nous à notre tour.

Car, suivant le vieux dicton populaire du pays normand, pour être un bon agriculteur, nous ne sommes point un mauvais journaliste. Quant à être un bon journaliste...

De toute façon nous avons trouvé une nouvelle mamelle, la troisième, plus fort en cela que ce pauvre Sully : Jadis, nous nous contentions d'engueuler quotidiennement Edouard Herriot ; aujourd'hui nous montrons au paysan quel est son véritable devoir.

Et nous méprisons ceux qui, inspirés d'une fantaisie discutable, prétendent que les initiales du signataire signifient : « Bon pour franc... ».

Tous ceux de nos campagnes savent qu'elles veulent uniquement dire : « Du blé pour la France ».

B. P. F.

La une du faux Nouvelliste *édité par la Résistance lyonnaise.*
(Collection de l'auteur.)

l'attention. Alors, mon cher tonton Louis nous déclara, avec son sourire gouailleur, que les journaux de Vichy finirent tout simplement au fond d'une fosse d'aisance. Tout un symbole !

La Résistance terminait ainsi l'année 1943 par un coup d'éclat que le sinistre chef de la Gestapo de Lyon, Klaus Barbie, ne croyait plus possible. Celui-ci, aidé par son sbire de la milice, Francis André, que le Kiki de La Villette appelait curieusement « Gueule Tordue », avait arrêté le 21 juin 1943 à Caluire (banlieue de Lyon), dans la villa du docteur Dugoujon, le redouté « Max », le chef du Conseil national de la Résistance (CNR), dépendant directement du général de Gaulle et recherché par toutes les polices depuis longtemps. Ce jour-là, Klaus Barbie, dans un crissement de pneus de ses Tractions Avant, avec de la chance, mais plus sûrement grâce à une trahison, venait de dénicher les principales « têtes pensantes » du réseau. Les curieux patients du docteur étaient en réalité Jean Moulin, dit « Max », André Lassagne, Raymond Aubrac, Henri Aubry, Bruno Larat, les colonels Lacaze et Schwarzfeld, puis le controversé Hardy. Le tortionnaire avait bien cru alors qu'il avait démantelé toute la Résistance lyonnaise.

Le panthéon de l'histoire nous apprendra qu'il n'en fut rien et que ces hommes se sacrifièrent pour que le combat contre l'occupant puisse continuer plus que jamais.

Jean Moulin subira toutes les tortures, d'abord à Lyon, puis à Paris, et mourra sur un brancard dans le train qui le transférait à Berlin, tout cela sans avoir dit un seul mot. Ses compagnons, après les terribles interrogatoires de Barbie, furent transférés à la prison de Fresnes à Paris, où la Gestapo de l'avenue Foch continua les pires sévices. Aucun d'entre eux ne donna une information qui pouvait mettre l'ensemble du réseau en péril.

Alors, les sanctions tombèrent : André Lassagne, Bruno Larat, puis le colonel Schwarzfeld connurent l'enfer des camps de concentration de Buchenwald ou de Silésie. Les autres, moins malheureux, restèrent en prison dans l'attente d'un jugement. Seul Raymond Aubrac avait pu s'échapper par une audacieuse opération de la Résistance conduite par sa femme Lucie, au cours d'un transfert.

Le courage de ces hommes n'était pas resté vain car les atermoiements des Allemands permirent à Londres de sécuriser le réseau en mettant en « sommeil » les agents menacés, puis en parachutant de « nouvelles têtes », commandées désormais par Émile Bollaert, dit « Beaudoin », l'ancien préfet du Rhône. Ainsi, la Résistance lyonnaise représentait toujours, en cette fin 1943, une efficace force de combat contre l'occupant, qui s'avéra très utile au cours de la décisive année 1944[1].

André Lassagne fut, avec son compagnon Bruno Larat, un des rares survivants des camps de la mort.

En 1945, il retrouva sa ville de Lyon, très éprouvée par les sévices et les privations. Les Lyonnais l'accueillirent en héros de la Résistance, sachant que le sinistre Barbie, le prenant pendant cinq jours pour « Max », lui avait fait subir toutes les tortures, et même un simulacre d'exécution, et que le courageux Lassagne n'avait jamais parlé.

Mes souvenirs de gone m'amènent à évoquer cette attachante personnalité car André Lassagne et mon père étaient des amis de jeunesse. Cela remontait au temps où tous deux suivaient des cours de violon dans un vieil institut de musique de Lyon. La passion de cet instrument qu'ils jouaient avec talent les réunissait dans une franche camaraderie, bien qu'ils soient issus d'un milieu différent ; l'un était Dédé, l'autre Tony.

La première fois que j'ai approché André Lassagne, c'était encore l'époque où l'on me tapotait la tête en me disant : « Comme tu as grandi », c'est-à-dire peu avant le déclenchement de la guerre. Ce soir-là, mon père avait convié son ami Dédé dans notre impasse et il était venu avec son violon. Nous eûmes alors un petit concert à la maison, composé d'un duo de violons que mon grand-père accompagnait de sa voix forte par du bel canto. J'avais même eu le droit de tremper mes lèvres dans une coupe de champagne. Vous dire que le bonheur de vivre de ces années folles était toujours là. Je ne revis André Lassagne qu'après la grande tourmente, au début des années 1950, alors qu'il cumulait bien des titres et des honneurs en tant que sénateur du Rhône, président de comités, bref « une huile », non seulement de Lyon mais de la IVe République tout entière.

Ce jour-là, j'accompagnais mon père venu lui rendre visite à son appartement lyonnais. En montant l'escalier, je m'imaginais voir un sénateur en jaquette, pour le moins en costume trois-pièces,

1. *Sources :* AMORETTI, *Henri,* op. cit. ; AZIZ, *Philippe, « Klaus Barbie, le tortionnaire de Jean Moulin »,* Histoire pour tous, *n° 22, février-mars 1981.*

Mon père jouant du violon vers 1926-1927, à l'époque où son ami André Lassagne et lui prenaient des cours dans un réputé institut de musique de Lyon.
(Collection de l'auteur.)

portant d'énormes lunettes en écaille sur le nez. André Lassagne nous ouvrit la porte lui-même, vêtu d'un pantalon de toile, d'une chemise aux manches retroussées et brandissait un pinceau enduit de peinture aluminium. Il s'en expliqua auprès de mon père :

« Vois-tu, Tony, je profite d'un moment de libre pour peindre les cornets de mon poêle. »

L'apéritif qui suivit fut des plus conviviaux, empreint de la même simplicité, l'apanage du héros.

J'ai conservé en précieux souvenir le violon de mon père. Parfois, le sortant de l'étui avec mélancolie, je me revois penché sur mon poste de radio, un jour de mai 1944, écoutant le plus étonnant des messages codés adressés par Londres à la Résistance française. Il annonçait à leurs chefs, les seuls initiés, la mise en œuvre de l'opération *Overworld*, c'est-à-dire le débarquement de Normandie.

Ce message, qui m'avait paru très bizarre, reprenait en deux temps les premiers vers du poème de Paul Verlaine intitulé *Chanson de l'automne* :

« Les sanglots longs des violons de l'automne
Blessent mon cœur d'une langueur monotone. »

N'est-ce pas la plus belle des histoires de violons ?

Chapitre VIII

1944, l'année des dangers

Au début de l'année 1944, nous reprîmes tristement notre vie à trois dans notre maison d'Albigny. Ma mère retravaillait à Lyon, mon père effectuait de fréquents déplacements, ce qui me laissait seul une grande partie de la journée. J'appris ainsi à me débrouiller, y compris à faire la tambouille de midi.

Un jour, dédaignant les sempiternels rutabagas ou topinambours, je m'étais lancé dans l'élaboration d'une recette de pâtes fraîches, puisée dans la seule rubrique non soumise à la censure du journal *Le Nouvelliste*, celle de la cuisine. Je prenais là un grand risque, car cette gastronomie nécessitait l'utilisation, voire le sacrifice, de la farine, du beurre et des œufs que ma mère venait de dégoter à grand-peine chez le père Poirier, un paysan du coin.

Très inquiet, je fis déguster le soir même, à ma maman, mon plat maison, accompagné d'un concentré de tomate acheté, autre « exploit », sans tickets chez Zanelli, l'épicier d'Albigny.

À mon grand soulagement, mes pâtes furent appréciées, mais je ne me doutais pas que ma mère étendrait ma réputation en la matière jusqu'aux voisins qui, depuis, ne cessèrent, à mon corps défendant, de solliciter mon « savoir-faire ».

Notre bande de copains ne manquait pas d'activités, entre le service d'enfants de chœur, les sorties des *Cœurs vaillants* chers au maréchal Pétain, le catéchisme des bigotes, nos jeux, baignades ou parties de pêche. J'allais oublier le grappillage des arbres fruitiers du père Poirier, ce qui nous valait des égrenages de chapelet, imposés en punition par notre brave curé.

À l'école, la multiplicité des alertes aériennes perturbait les cours de notre maître, M. Vernier. Nous étions de plus en plus souvent assis sur le chemin des « Avoraux », le nez en l'air, à regarder passer les vagues de bombardiers. Les zones de bombardement devaient se rapprocher car nous entendions maintenant quelquefois le bruit sourd des explosions.

Il s'agissait en effet de la phase aérienne que les Alliés mettaient en place dans le cadre du plan *Overlord* (code du débarquement) qui visait à détruire le potentiel industriel de la France dont bénéficiaient les Allemands.

Le début de cette offensive en région lyonnaise eut lieu dans la nuit du 10 mars 1944 pendant laquelle des Lancaster de la RAF détruisirent l'usine Nadella, située à la Ricamarie, près de Saint-Étienne (fabrication de roulements à aiguilles pour les moteurs d'avions allemands). Malheureusement, la liste des victimes venait aussi de s'ouvrir par la dispersion de plusieurs bombes au-dessus de la cité ouvrière de Montrambert au Chambon-Feugerolles, faisant cinquante-neuf morts et quatre-vingt-six blessés.

Le bombardement de notre région continua au cours des nuits des 23, 25 et 29 mars 1944, sur le complexe industriel de Vénissieux. L'ordre de mission du *Bomber Command* de la RAF indiquait : « *All bombs within the white apron* » (« Toutes les bombes dans le tablier blanc »). Le « tablier blanc » était le carré tracé sur la carte des équipages et représentait la cible principale, l'usine SIGMA, où se fabriquaient des moteurs d'avion pour la *Luftwaffe*. Ses locaux s'étendaient sur dix hectares, englobant aussi Berliet, Maréchal, la chimiotechnique et les aciéries de Longwy. Le ciblage s'avérait difficile, si bien que trois raids furent nécessaires pour détruire complètement « *the white apron* », *alias* SIGMA.

On recensait d'inévitables dégâts collatéraux : une soixantaine de villas détruites, des dégâts dans le quartier de Saint-Fons, huit cratères de bombes dans le terrain de sport de Berliet (en sursis de cinq semaines pour ses usines). Par bonheur, il y eut peu de victimes civiles, ce lieu très sensible ayant été évacué dès le début de l'alerte[1].

---

1. *Source :* FLORENTIN, *Eddy*, op. cit.

L'aérodrome de Lyon-Bron après le bombardement du dimanche 30 avril 1944 par cent quatorze forteresses volantes de la 7e Army Air Force *américaine.*
(Collection de l'auteur.)

Depuis notre maison d'Albigny, nous avions pu voir le ciel embrasé par les fusées éclairantes, puis les lueurs des incendies et entendre le grondement des explosions si fortes qu'une de nos vitres se fendit.

Une intense activité de sabotages viendra compléter l'offensive aérienne. Le bilan des actions de la Résistance, au cours de l'année 1944, sera lourd de conséquences pour l'armée allemande : trois mille cent trente-six sabotages par explosifs ; huit cent trente-quatre déraillements ; neuf cent soixante-douze sabotages divers sur le réseau ferré, avec pour résultat mille huit cent trente-cinq locomotives et cinq mille huit cent vingt-trois wagons détruits ou immobilisés.

Dans notre région, les MUR (Mouvements unis de la Résistance) menaient des opérations commandos selon les ordres de Londres. C'étaient de véritables actions de guerre, bien ciblées, sans bavures, qui touchaient des usines produisant pour la *Wehrmacht*, des garages de véhicules allemands, des installations téléphoniques et l'ensemble du réseau ferroviaire.

Ainsi, le maquis de Haute-Rivoire (Rhône) avait attaqué et incendié en gare de Reventin-Vaugris (Vienne-Isère) un train de soixante wagons-citernes contenant une des dernières réserves d'essence de la *Luftwaffe*. Quinze hommes déterminés, venus en Traction Avant, armés de deux bazookas, venaient de réussir à faire tout flamber jusqu'à la dernière goutte de carburant.

Nous ne saurons qu'après la Libération que les responsables des MUR préparaient leur coup de main au Restaurant des Îles à Albigny, un lieu bucolique situé au bord de la Saône, tout près du « Rigodon », l'endroit de nos « exploits » nautiques. Son propriétaire, le père Bourron, le roi de la petite friture qu'il pêchait lui-même, un homme des plus tranquilles, accueillait en réalité les chefs de la Résistance lyonnaise qui, à l'étage au-dessus des convives, mettaient au point les sabotages de la prochaine nuit.

À propos des citernes, avec mes copains, nous eûmes l'occasion de rigoler un bon coup. À la suite d'un déraillement, des wagons-citernes se trouvaient à demi couchés sur le ballast à proximité de la gare de Collonges. De ces wagons s'écoulait un liquide rouge que l'on pouvait prendre pour du carburant. En réalité, il s'agissait de citernes de vin à destination de l'Allemagne. Les riverains s'en étaient aperçus et nous les vîmes, un arrosoir de jardin dans chaque main, très occupés à récupérer ce bon vin de France. Jamais la déconfiture des boches ne fut aussi bien arrosée.

À la mi-avril 1944, le Kiki de La Villette nous rendit une de ses visites habituelles à Albigny. Il nous souffla que les imprimeries clandestines s'activaient aux tirages de milliers de tracts et journaux destinés à préparer l'opinion publique au « débarquement » tant attendu.

En moyen de financement, elles utilisaient un « truc » astucieux en éditant des faux timbres-poste, du type Pétain, 1,50 franc, brun, très bien imités, mais par contre sans gommage. Tonton Louis nous montra aussi un timbre très efficace au moyen de propagande, où sous son aspect habituel et le képi du maréchal Pétain, on pouvait, en y regardant bien, déceler le visage du général de Gaulle.

Le Kiki de La Villette tempéra notre jubilation en nous disant que les actions clandestines devenaient de plus en plus risquées. Des extrémistes de la collaboration avaient créé un comité national antiterroriste. Avec les moyens donnés par la Gestapo, ce comité de spadassins pro-allemand n'hésitait pas à tuer, en représailles d'un attentat, des personnalités connues pour leurs opinions favorables aux résistants, en particulier ceux catalogués gaullistes. Mon cher tonton Louis nous fit froid dans le dos lorsqu'il nous narra la fin tragique du premier de la liste, le docteur Jean Long, domicilié 18 cours Henri à Montchat. Trois de ces fanatiques étaient venus le chercher dans la nuit du vendredi 22 octobre 1943, soi-disant pour secourir un malade. On retrouva son corps sur la route de Vienne avec une lettre sur la poitrine indiquant que, considéré comme gaulliste, il avait été exécuté par des « antiterroristes » en représailles. De plus, le meurtre du malheureux médecin devait démontrer, dès le lundi 25 octobre, l'odieuse complaisance de Vichy envers ce groupe en totale illégalité. L'avis du décès du docteur Long, que les journaux devaient publier, portait la mention : « Lâchement assassiné le 22 octobre 1943. » La censure interdit ce texte et le fit remplacer par : « Décédé le 22 octobre 1943. »

À partir de là, la liste des assassinats antiterroristes n'arrêta pas de s'allonger. On pourrait citer entre autres :

« Le corps de M. Antonin Jutard, propriétaire de la brasserie de L'Étoile, 1 cours Gambetta, a été trouvé, le mercredi 17 novembre 1943, dans un fossé sur la route de Limonest, tué de plusieurs balles de revolver. Le comité national antiterroriste lui reprochait d'être gaulliste. »

« Monsieur Victor Basch, âgé de quatre-vingt-un ans, professeur honoraire à La Sorbonne, président de la Ligue des droits de l'homme, et sa femme, âgée également de quatre-vingt-un ans, qui s'étaient réfugiés à Caluire, ont été trouvés tués de balles à la nuque au lieu-dit "Le Barryl", à Neyron (Ain). »

« Des passants ont trouvé, le lundi 31 janvier 1944, à 7 h 30, montée des Clochettes, à Saint-Fons, le corps de M. Paul Goetchel, âgé de quarante-quatre ans, demeurant 84 rue Vendôme, à Lyon, qui avait été tué de plusieurs balles dans la tête. Un carton épinglé à ses vêtements portait ces mots : "Terreur contre terreur. Un juif paye de sa vie l'assassinat d'un national. Le comité antiterroriste de la région lyonnaise" », etc.

Voilà un bien étrange comité qui semblait pouvoir agir en toute impunité, avec parfois des méthodes de gangster :

Des immeubles détruits place Jean-Macé après le bombardement du 26 mai 1944.
(Collection de l'auteur.)

« On a retiré de la Saône, quai Pierre-Scize, le corps d'un homme ligoté par des cordes, des fils de fer et un câble électrique auquel étaient attachés deux supports de balcon. Il s'agit de M. Jean-Clément Greyffié, de Bellecombe, ancien chef d'escadron, qui avait été arrêté par la police allemande (21 février 1944)[1]. »

Après ces moments de gravité, le Kiki de La Villette ne pouvait que détendre l'atmosphère par quelques histoires à la mode de Vichy :

« Une longue queue s'était formée devant un immeuble en construction, au pied de ce qui devait être un futur commerce. Les nouveaux arrivants s'informaient du pourquoi auprès de la première personne de la file qui répondait, résignée : il paraît qu'il va y avoir une charcuterie ici. »

1. *Source :* GARCIN, *Paul,* op. cit.

Ou encore, s'agissant de la propagande sportive voulue par le maréchal Pétain :

« Paul Bourron, le meilleur lanceur de poids de l'époque, venait de terminer ses jets. On lui demanda alors au micro de faire un lancer supplémentaire dédié au maréchal Pétain. Bourron accepta avec fierté et projeta de toutes ses forces le poids au-delà du drapeau du record. La foule ovationna l'athlète, enthousiasmée que le maréchal puisse ainsi transcender un sportif. Seuls les initiés savaient que le lanceur avait, pour ce jet, remplacé le poids réglementaire de sept kilos deux cent dix-sept grammes par un autre de cinq kilos. »

Heureusement, un autre événement qui me concernait, celui de ma « première communion » (dénomination de l'époque), avec l'organisation que cela supposait, tomba à pic pour nous changer les idées. Le maréchal n'oubliait pas ses J2 en cette occasion et des points textiles permettaient l'achat d'un vêtement, puis d'une paire de chaussures, sans oublier l'indispensable chemise blanche.

Nous fîmes la répartition des tâches : mon père s'occuperait du marché noir, nécessaire à l'élaboration d'un bon repas, et ma mère, plus légalement, m'habillerait de pied en cape dans un « uniforme » de premier communiant.

Nous allâmes le samedi 29 avril 1944 chez Thiéry-Sigrand, place des Jacobins, choisir mon *panaire* (« habit », en lyonnais). Le vendeur, très stylé, me fit essayer plusieurs modèles dans lesquels je me trouvais *gauné* (« pas très bien habillé »). Au bord d'un proche découragement, il eut une inspiration et me proposa un prince-de-Galles. Alors là, cela provoqua un « tilt » dans mon esprit, si bien qu'entré roturier, je ressortis prince.

Nous cheminâmes ensuite dans le centre de Lyon où nous attendait une belle surprise. Dans la nuit, les plaques de plusieurs rues avaient été recouvertes par des papiers imprimés portant d'autres noms prohibés par Vichy. Ainsi, je pus jouer avec les pigeons de la place des Terreaux devenue la place du Général-de-Gaulle ou passer par la rue du Bât-d'Argent intitulée rue des Alliés, etc.

Nous passâmes le dimanche dans l'impasse, chez mon grand-père. Là, ce furent les Américains de la 7e *Army Air Force* qui nous réservèrent un grand moment de fortes émotions en choisissant ce « jour du Seigneur » pour bombarder le terrain d'aviation

LYON DANS LA DOULEUR ET L'INDIGNATION

Jamais peut-être le système nerveux de Lyon n'eut à subir une telle secousse. Dans les premières heures qui suivirent l'affreux massacre, la population tout entière fut comme étourdie et assommée. Devant l'immensité et la soudaineté du désastre, la première réaction fut un mouvement de stupeur.

Aujourd'hui, des sentiments plus nets se font jour. La douleur et l'indignation se partagent le cœur des Lyonnais. La douleur d'abord. Quel est celui qui n'a pas, parmi le millier de morts et de blessés, parmi les dix mille sinistrés, privés de toit, de vêtements, de mobilier, un parent, un ami ou un camarade ? A entendre les conversations qui s'engagent dans la rue, les magasins ou sur la plate-forme des trams, on se rend compte que tout le monde est touché par le deuil et qu'une grande fraternité unit réellement tous les enfants de la cité.

Cette douleur, cette pitié se lisent sur tous les visages de ceux qui se pressent aux portes des hôpitaux pour consulter la liste des blessés, ou qui se présentent anxieux dans les dépôts mortuaires ; qui voient, traversant la ville, les camionnettes chargées de femmes et d'enfants, de matelas, de couvertures et d'un maigre mobilier ; qui contemplent ces monceaux de ruines d'où surgissent, de temps en temps, de nouvelles victimes et que fouillent une multitude de malheureux.

Parfois, les sentiments éclatent en pleine rue. Des parents se rencontrent soudain, qui se cherchaient depuis de longues heures. Ou bien, c'est une triste nouvelle qui parvient sur-le-champ et déchire un cœur de mère ou d'enfant. Qui n'a pas été le témoin dans ces dernières vingt-quatre heures de ces longs embrassements, de ces sanglots déchirants ? Qui n'a pleuré, de sa propre douleur ou devant celle des autres ?

Mais à la douleur se joint cet autre sentiment : l'indignation. Tous les Lyonnais sont unanimes à l'heure présente pour qualifier d'acte de terrorisme et de sauvagerie un bombardement exécuté dans de semblables conditions.

Faut-il voir dans ces aviateurs anglo-américains des forces aveugles s'abattant à tort et à travers sur les gens et les choses ? ou bien faut-il croire qu'ils s'acquittent au plus vite d'une corvée qu'ils bâclent ? Dans un cas comme dans l'autre, quelle désillusion pour ceux qui avaient placé en eux leur confiance !

Quoi ! ils comptaient sur eux pour voir améliorer leur bien-être et ils apprennent que le bombardement vient — hélas ! — de brûler des sacs de blé et de farine, des tonnes de sucre, des entrepôts, des magasins où étaient accumulées des denrées destinées au ravitaillement général ; ils voient la douleur dans les foyers, dans les hôpitaux, dans les centres d'hébergement, la misère s'abattre sur des centaines de familles et sur la ville tout entière. Les asiles de la misère eux-mêmes n'ont pas été épargnés, on s'est attaqué aux sources mêmes de la consolation : des églises, des hôpitaux, des dispensaires ont été touchés ou détruits ; des laboratoires de l'Institut Pasteur et de la Faculté de Médecine ont été paralysés.

Devant tant de cruelles désillusions, puissent les Lyonnais faire entre eux l'union et ne compter que sur eux-mêmes et sur leur Chef pour se sauver.

Le maire de Lyon aux familles des victimes du bombardement

Le Maire de Lyon, la Municipalité et la population lyonnaises s'associent au deuil des familles douloureusement frappées par la perte des leurs au cours du récent bombardement.

Les funérailles des victimes auront lieu les premiers jours de la semaine, à partir du lundi 29 mai.

Elles auront un caractère collectif, le seul que permettent les circonstances. Aucune dérogation individuelle ne pourra être accordée.

La première cérémonie sera célébrée le lundi 29 mai à 9 heures, en la Cathédrale Saint-Jean. Après la messe, Son Eminence le Cardinal-Archevêque de Lyon donnera une absoute solennelle.

Les noms des victimes qui seront inhumées ce jour-là et pour qui aura été célébrée la cérémonie de Saint-Jean seront affichés, à partir du dimanche 28 mai, à midi, à la Mairie Centrale et dans les mairies d'arrondissements.

Des places seront réservées aux familles à l'intérieur de la Cathédrale. Des cartes leur y donnant accès seront tenues à leur disposition au Bureau des Inhumations de la Mairie Centrale, le dimanche 28 mai, de midi à 19 heures.

En raison de l'affluence, chaque carte ne pourra donner la possibilité d'accès à la Cathédrale qu'à quatre personnes.

Les familles sont instamment priées de rejoindre leurs places à la Cathédrale, lundi matin à 8 h. 30, au plus tard.

L'accès à la Cathédrale devra obligatoirement se faire par le quai de la Bibliothèque, la rue Saint-Etienne où un service d'ordre les canalisera vers leurs places.

Après la cérémonie, l'inhumation aura lieu au cimetière de Loyasse, en terrain réservé, en vue d'ériger les sépultures en concessions perpétuelles.

En raison des difficultés de circulation et de transport, les familles n'auront accès au cimetière qu'à partir du mercredi 31 mai.

Il leur est recommandé de remettre directement leurs fleurs ou autres signes personnels de souvenir au gardien-chef du cimetière de Loyasse, avec une étiquette portant le nom du défunt.

Ultérieurement, toutes facilités seront données aux familles qui désireraient faire inhumer les leurs dans des sépultures familiales.

En s'inclinant devant les morts, le Maire de Lyon adresse à leurs familles ses condoléances émues et l'expression de ses sentiments de profonde sympathie.

Pierre BERTRAND.

N. B. — En cas d'alerte avant la cérémonie, celle-ci sera retardée jusqu'à la fin de l'alerte.

En cas d'alerte pendant la cérémonie, la dispersion du public s'effectuera par les sorties latérales, en direction des tunnels des funiculaires Saint-Jean.

Au secours des sinistrés

Les équipes d'urgence de la Croix-Rouge ont déployé une admirable activité. Et pourtant, la tâche qu'on leur demandait paraissait impossible : dès les premiers instants il fallait secourir les innombrables blessés, enlever les morts — et certains étaient dans un état effroyable. Il fallait que ces jeunes gens fussent partout à la fois, dans tous les quartiers atteints.

4.200 garçons et filles — infirmières, secouristes, brancardiers — répondirent à l'appel de leurs dirigeants. Leurs efforts furent d'abord considérablement gênés par l'absence de téléphone, mais bientôt chaque centre put se tenir en liaison avec le siège et les équipiers furent rapidement en mesure d'opérer un travail efficace.

Dans la journée d'hier, presque sans avoir pris de repos, ils continuèrent leur tâche. Beaucoup de blessés furent encore retirés des décombres, mais hélas ! leur nombre diminuait par rapport à celui des morts. Dans les ruines on découvrait des débris humains qu'il était fort difficile d'identifier. Beaucoup de victimes avaient été surprises chez elles par la soudaineté de l'attaque et leurs corps gisaient à travers les décombres de leur logis.

Deux améliorations ont été apportées hier au fonctionnement des services de secours. C'est d'abord la constitution dans chaque quartier frappé d'un Comité, chargé en fait de toute l'action sociale et qui, muni de pouvoirs dictatoriaux sur l'ensemble des œuvres, comprend, avec l'adjoint de l'arrondissement, un représentant de chaque organisme.

C'est ensuite la décentralisation des équipes d'urgence dont des délégués responsables ont été désignés sur les lieux mêmes des bombardements.

Signalons la présence, vendredi, dès les premières minutes, sur les décombres de l'Université, de M. le recteur Gain qui tint à participer activement aux recherches entreprises pour sauver les précieux instruments de laboratoire.

On sait également que le train S. I. P. E. G. a été détruit entièrement par le feu. Peu de choses ont pu être sauvées du matériel : mais ce qui l'a été le fut grâce au courage de MM. Haag et Roy, directeurs des cabinets des préfets régional et délégué, qui n'hésitèrent pas à sauter dans les wagons en flammes et à mettre à l'abri tout ce qu'ils purent.

Le Secours National a distribué 16.000 repas dans ses centres d'Accueil. La Légion a aidé au transport des sinistrés. A la Croix-Rouge est revenu le soin douloureux de la toilette des morts. Ce fut un élan unanime autour de la misère qui s'est abattue sur notre ville.

■ ■ ■

Un appel du Secours National

Le Secours National, dès les premières heures du sinistre, se trouvait sur les lieux avec les cuisines roulantes et le personnel social pour accueillir les sinistrés. Nourriture, couchage assurés, ravitaillement des équipes de sauvetage et de déblaiement, création de centres de réconfort pour les mères et les bébés notamment à l'O. P. E., 31, place Bellecour.

Le Secours National lance un appel particulier à la population en faveur des sinistrés. Il demande des draps, des torchons et serviettes, de la literie, des couvertures, des ustensiles de ménage et de cuisine, des meubles.

Des centres de ramassage sont créés dans tous les arrondissements de Lyon et de Villeurbanne. Le public les connaîtra par voie d'affichage.

Centre de renseignements

Le centre de renseignements installé par les équipes d'urgence de la Croix-Rouge, 37, rue de la République, sera ouvert aujourd'hui toute la journée.

Édit. de LYON **Le Nouvelliste**

Dimanche 28 Mai 1944 — 65e ANNÉE — PENTECÔTE — UN Franc

RÉDACTION — ADMINISTRATION — PUBLICITÉ 14, Rue de la Charité, LYON Tél. : Fr. 56-91 — 26, Rue Feydeau PARIS

ABONNEMENT : 1 an 250 francs — Chèques postaux { Abonnements 1996 Lyon, Publicité 1155-97 Lyon

Au lendemain du tragique bombardement de Lyon par l'aviation anglo-américaine

Dans les quartiers sinistrés couverts de ruines les foyers d'incendie sont maintenant maîtrisés

La première cérémonie des obsèques des victimes aura lieu demain à 9 heures en la cathédrale Saint-Jean sous la présidence de S. Em. le cardinal Gerlier

Nous avons parcouru, dans la journée d'hier, les quartiers bombardés. Rien ne peut rendre l'aspect de désolation qui règne dans ces rues labourées d'entonnoirs, jonchées de débris de toutes sortes.

Dans un quartier, on peut, maintenant que les incendies se sont calmés, mieux mesurer l'étendue du désastre. Pas une rue n'a échappé à l'horrible pilonnage, pas une rue n'est exempte d'une ou plusieurs plaies ; l'Université a été atteinte dans plusieurs de ses laboratoires ; l'Institut Pasteur également.

Les incendies se sont maintenant calmés. Les pompiers ont pu s'en rendre maîtres après des heures et des heures d'efforts.

Nous avons joint le capitaine Ravet au milieu de ses hommes, au moment où il dirigeait la lutte contre un foyer renaissant. Des décombres noyés dans l'eau des lances, monte pourtant une fumée insistante. Sous les décombres, le feu couve toujours et est prêt à reprendre son œuvre destructrice, dès que la surveillance se relâcherait.

« Nous nous sommes rendus maîtres de tous les gros sinistres, nous dit-il, nous les avons circonscrits et il n'y a aucun danger qu'ils ne gagnent les immeubles voisins. Mais il reste de nombreux foyers que nous devons soumettre à une surveillance continue. »

Dans ce seul quartier, une trentaine d'immeubles ont été complètement détruits par l'incendie, de nombreux autres ont été endommagés à tel point qu'ils sont inhabitables, sans parler de ceux qui ont été écrasés sous les bombes sans que des incendies se déclarent.

On ne peut, pour l'instant, établir de bilan précis soit pour les immeubles détruits, soit pour le nombre des sinistrés. Ils sont, très certainement, extrêmement élevés.

Le quartier que nous avons parcouru se vide littéralement. On ne peut pas décrire ce spectacle lamentable. Des remorques à bicyclette aux lourds camions, tous les moyens de transport sont employés pour déménager les mobiliers qui s'entassent le long de rues entières. C'est que même des maisons dont la façade paraît intacte sont devenues inhabitables, les galandages, les planchers ayant cédé.

Par bonheur, l'eau n'a pas manqué. Les pompiers ont mis en œuvre tous les moyens dont ils disposaient et ils ont reçu l'appui de leurs confrères de 21 communes environnantes. Un fourgon à grande puissance a amené l'eau du fleuve voisin. Et d'ailleurs les canalisations, en se rompant, ont noyé les entonnoirs de bombes et procuré des points d'eau contre le feu.

On ne déplore pas de victime parmi les pompiers de Lyon. Il n'en est pas de même parmi le bataillon de la Défense Passive de l'Air qui, sous les ordres du commandant Miché, a coopéré très efficacement aux travaux.

Les agents de la Défense Passive aident les sinistrés à charger leur fardeau sur les véhicules. Chacun entasse ce qu'il peut, suivant la voiture dont il dispose. Dans le tas de mobilier qu'ils ont descendu sur les trottoirs, matelas, armoires, etc., les sinistrés sont souvent obligés de faire encore un choix navrant et, après un dernier regard vers ce qui fut un foyer heureux, ils partent vers le domicile d'un ami ou d'un parent ou vers le siège d'une œuvre dont les adresses sont indiquées à la craie sur les murs intacts.

Dans l'autre quartier, les incendies sont plus tenaces et une épaisse fumée se dégage encore des foyers. Une bombe a éclaté tuant un gardien de la paix et deux autres personnes dans l'après-midi d'hier.

Ici encore, les pompiers peuvent se dire maîtres des flammes.

Un foyer d'incendie s'est ranimé hier soir dans les magasins où sont conservés les décors des théâtres de la ville.

A combien se monte le nombre des victimes ? Nul ne peut le dire encore : il est soumis à des fluctuations incessantes, des blessés étant décédés pendant toute la journée d'hier. Nous publions une liste qui comprend 389 cadavres identifiés ou identifiables et, d'autre part, les services officiels déclarent avoir procédé à 489 mises en bière.

Voici les statistiques des blessés dans les hôpitaux de la ville : à la Clinique Mutualiste, 39 blessés dont un décédé ; à Desgenettes, 85 dont 7 décès ; à l'Hôtel-Dieu, 146 dont 41 décès ; à Grange-Blanche, 175 dont 25 morts ; à Saint-Joseph, 59 dont 14 morts ; à l'Antiquaille, 115 dont 7 morts ; à l'Infirmerie Protestante, 30 dont un mort.

Des mesures spéciales ont été prises pour les funérailles, et l'inhumation fait l'objet de mesures spéciales que nous publions d'autre part.

Une église de Lyon gravement atteinte par les bombes

■ ■ ■

Disparition du professeur Rochaix

On pense que le professeur Rochaix serait parmi les victimes du bombardement. En effet, l'éminent professeur n'a pas été revu depuis vendredi et il se trouvait à l'Institut Pasteur dont il dirigeait un service. La Faculté de Médecine perdrait ainsi l'un de ses membres les plus justement réputés.

■ ■ ■

Comment se fera l'inhumation des victimes

Le Maire de la Ville de Lyon, chevalier de la Légion d'honneur,

Vu la loi du 5 avril 1884 et notamment l'article 97 § 4,

Vu la loi du 28 février 1922 relative aux actes de décès des militaires et civils « morts pour la France »,

Vu le décret du 31 décembre 1941 portant codification des dispositions relatives aux inhumations.

Considérant qu'en suite du bombardement aérien de la ville, l'Administration Municipale ne dispose du temps, du personnel, ni du matériel nécessaires pour assurer à chaque victime l'inhumation en fosse individuelle,

Considérant que ces difficultés seraient tout particulièrement insurmontables s'il s'agissait de creuser des fosses de concessions particulières.

Considérant en outre que des raisons morales veulent que tous les corps des victimes soient inhumés de façon identique et qu'ils soient réunis dans un même lieu où l'hommage de la population pourra être rendu à tous,

Arrête :

Article premier. — L'inhumation de toutes les victimes du bombardement s'effectuera en sépulture générale. Aucune inhumation n'aura lieu en concession particulière.

Article 2. — Un arrêté ultérieur indiquera dans quelles conditions les restes mortels des victimes du bombardement pourront être exhumés afin d'être réinhumés en concession familiale.

Article 3. — M. le Secrétaire Général de la Ville et M. le Directeur du Service des Inhumations sont chargés de l'exécution du présent arrêté.

Lyon, le 27 mai 1944.

LE MAIRE DE LYON.

■ ■ ■

Des indemnités pour les sinistrés

Au C.O.S.I. est revenue la tâche d'aider au déménagement des sinistrés. Il le fait gratuitement, bien entendu, et, pour cela, a fait appel au dévouement des jeunes gens appartenant aux mouvements nationaux. Ceux-ci se mettent à la disposition des familles et vont avec elles dans leurs domiciles endommagés pour tâcher de sauver ce qui peut l'être encore.

C'est également le C.O.S.I. qui est chargé de distribuer des secours provisoires, en argent.

Les sinistrés peuvent s'adresser soit au siège du C.O.S.I., 26, rue Paul-Bert, soit à la permanence qui a été établie à la Bourse du Travail.

(Lire la suite en deuxième page)

Le « Nouvelliste » ouvre une rubrique gratuite pour les sinistrés

Des milliers de sinistrés sont maintenant à la recherche d'un logement ou d'objets de première nécessité ; d'autres n'ont aucune nouvelle d'un être cher, disparu depuis le bombardement.

Pour venir en aide à tous ces infortunés, notre journal ouvre une rubrique gratuite semblable à nos « Petites Annonces » qui sera publiée à partir de mardi et qui sera réservée aux sinistrés.

Ceux-ci pourront se présenter à nos guichets de publicité, 14, rue de la Charité, « Service des Sinistrés ».

Des trains de voyageurs sont bombardés

TRENTE VOYAGEURS SONT TUES DANS LE RAPIDE PARIS-ROUEN...

Rouen, 27 mai. — L'aviation anglo-américaine a bombardé ce matin près de Rouen le rapide de Paris. Selon les premiers renseignements, trente voyageurs ont été tués. On compte une quarantaine de blessés.

... ET DIX DANS L'EXPRESS LILLE-ROUEN

Amiens, 27 mai. — L'aviation anglo-américaine a attaqué ce matin, vers 11 heures, sur la ligne Amiens - Rouen, l'express Lille-Rouen. Dix voyageurs ont été tués par des balles explosives. Deux femmes sont décédées à l'hôpital d'Amiens où quatorze personnes ont été transportées.

En Italie, la lutte reste acharnée dans le secteur de Velletri

G. Q. G. du Führer, 27 mai. — Le Haut-Commandement des forces armées allemandes communique :

En Italie, le centre de gravité des combats s'est situé hier dans le secteur de Velletri. Au sud et au sud-ouest de cette localité, des attaques ennemies ont été repoussées, de petites pénétrations locales verrouillées et plusieurs bataillons accompagnés de chars dispersés sur leurs nouvelles positions de départ par un feu d'artillerie concentré.

A l'est de Velletri, l'ennemi poursuit ses attaques en direction du nord-est avec de très puissantes forces blindées. Des combats acharnés sont en cours. Des attaques ennemies entre Castro-dei-Volsci ont échoué et l'adversaire a perdu un certain nombre de chars.

Dans les combats de ces derniers jours, se sont encore particulièrement distinguées la 92e division de grenadiers cuirassés, ainsi que les formations de l'armée et de la Luftwaffe, sous le commandement du général Baade. La première avait déjà fait ses preuves près de Cassino. Le chasseur Ries, pointeur dans une compagnie de chasseurs parachutistes cuirassés, qui a détruit 17 chars ennemis en deux jours, et le caporal-chef Schrems, appartenant à la compagnie d'assaut d'un régiment de chasseurs, qui a anéanti trois chars en combats rapprochés, se sont particulièrement signalés.

On annonce maintenant qu'au cours du combat livré par les bâtiments de protection et les bateaux de combat allemands, dans les eaux de Livourne, une vedette rapide ennemie a été coulée et une incendiée, en plus de celles mentionnées au communiqué du 25 mai.

Sur le front de l'Est, on ne signale que des combats locaux sur le Dniestr inférieur, au pied des Carpathes et au sud-est de Vitebsk. Au cours d'une nouvelle tentative d'attaque d'avions soviétiques contre un convoi allemand, au large des côtes de la Norvège septentrionale, nos chasseurs, sans subir eux-mêmes de pertes, ont abattu 27 appareils.

La nuit, dans le golfe de Finlande, au nord-est de l'île Seskaer, des vedettes rapides allemandes ont coulé un bâtiment bolchevique au cours d'un engagement d'artillerie avec des unités de protection ennemies. Deux autres bâtiments ont été si gravement endommagés que l'on peut les considérer comme anéantis.

Des appareils ennemis isolés ont jeté des bombes sur des villes de l'ouest et du sud-ouest de l'Allemagne. Les forces de défense aérienne ont abattu vingt-trois appareils au-dessus du Reich, des territoires occupés et de la Méditerranée.

En raison de la suspension du service des Postes le dimanche, nous nous excusons de ne pouvoir faire parvenir ce numéro du 28 mai à nos abonnés.

Le bombardement du 26 mai 1944 fait la une du Nouvelliste...
(*Le Nouvelliste*, 28 mai 1944.)

SAMEDI 27 MAI 1944

LE BOMBARDEMENT DE LYON

AVIS A LA POPULATION

LISTE DES MORTS

Réquisition sur place de certains commerçants

Invitations officielles à la cérémonie de la Cathédrale

Avis du Maire

AUX MAIRES DE L'AGGLOMERATION LYONNAISE

Appel aux légionnaires

Centres de renseignements

IL FAUT RESPECTER LES PRESCRIPTIONS DE LA DEFENSE PASSIVE

A la population du 7e arrondissement

Avis de Cie du Gaz de Lyon

LES FUNERAILLES DES VICTIMES du bombardement de la banlieue lyonnaise ont été célébrées hier

La circulation des véhicules à moteur pendant la nuit

LISTE DES BLESSÉS

Chronique de Lyon

DÉCÈS

… qui publie en seconde page la liste des victimes.
(*Le Nouvelliste*, 28 mai 1944.)

Obsèques des victimes allemandes du bombardement américain.
(Droits réservés.)

de Lyon-Bron. Leurs cent quatorze forteresses volantes nous donnèrent l'occasion de retrouver pendant deux heures notre vieil abri refuge, puis de rentrer la tête dans les épaules aux bruits des explosions des centaines de bombes qui détruisirent les pistes et installations de l'aérodrome (voir en illustrations la photographie des résultats efficaces de ce bombardement, collection auteur).

Les Anglais de la RAF ne nous laissèrent pas le temps de souffler. Dès notre retour à Albigny, dans la nuit du 2 mai 1944, vers 0 h 45, soixante-quinze Lancaster, venant par le « couloir aérien » Poitiers-Roanne, survolèrent nos monts d'Or. Nous étions situés sous l'« *Initial Point* » (IP) et les avions se rassemblèrent en vagues au-dessus de la Saône avant de mettre le cap sur leur *bombrun*

(« cible »), en l'occurrence les usines Berliet de Lyon-Vénissieux. Bientôt, les fusées éclairantes illuminèrent le ciel lyonnais. Pendant quarante longues minutes, nous entendîmes les fortes explosions des quatre cent quatre-vingts bombes qui tombèrent sur les usines et la cité Berliet, ainsi que sur le triage ferroviaire. Nos vitres avaient encore tremblé.

Nous sûmes le lendemain que l'usine était salement endommagée (*sic* dans le rapport de la RAF). Malgré l'évacuation de la population, le bilan des victimes affichait vingt morts et soixante-dix blessés.

Une période plus calme suivit, ce qui nous permit d'apprécier les beaux jours du printemps.

J'eus surtout la satisfaction de recevoir, en cadeau de mon père, un petit poste de radio. Ainsi, depuis ma chambre, je pouvais écouter les curieux messages de Londres, dont le nombre se multipliait d'une manière inhabituelle en ce mois de mai 1944.

Les bigotes étaient aux anges et s'activaient partout dans l'église car elles venaient d'apprendre que le cardinal Gerlier viendrait, le dimanche 18 juin, bénir les « premiers communiants » de la paroisse. Les dames noires en oubliaient d'invoquer le maréchal Pétain, le chapeau de cardinal prenait le pas sur le képi.

Le jeudi 25 mai, au début de l'après-midi, les forteresses volantes de la 15e *US Army Air Force* rompirent cette courte pause bucolique en bombardant l'usine SOMUA à Vénissieux, touchant aussi les Établissements Descours et Cabaud, puis le dépôt SNCF, où un train blindé en construction fut détruit. On dénombrait malheureusement une quinzaine de morts et soixante blessés. D'importantes destructions d'immeubles s'ajoutaient à la liste des dommages de cette commune de la banlieue lyonnaise.

À la fin de la guerre, Vénissieux sera déclarée sinistrée à près de quarante-huit pour cent avec cent quarante-huit immeubles détruits à cent pour cent, trois cents détruits entre vingt-cinq pour cent et soixante-quinze pour cent, et quatre cent cinquante à moins de vingt-cinq pour cent.

Le vendredi matin du 26 mai 1944 s'avérait malgré tout radieux, d'autant qu'une journée pédagogique m'avait heureusement privé d'école. Je commençais joyeusement la matinée par une crasse au père Dudu en ouvrant la porte de la *boutasse* à Petit Bout, le canard

Edit. de LYON

Le Nouvelliste

LUNDI 29 MAI 1944 — UN Franc

LE BOMBARDEMENT DE LYON

aurait fait un millier de morts

Plus de 450 immeubles ont été détruits

Les sauveteurs poursuivent sans relâche les travaux de déblaiement

Ce matin auront lieu à Saint-Jean les funérailles de 432 victimes

Délivrance de la carte de sinistré

Après avoir visité en zone nord les populations de plusieurs villes bombardées

LE MARÉCHAL DE FRANCE

chef de l'État

est rentré dimanche à Vichy

LE VOYAGE DU CHEF DE L'ETAT A EPINAL

UNE RUE ET UNE PLACE DU MARECHAL-PETAIN A NANCY

BOMBARDEMENTS MEURTRIERS

de l'aviation anglo-américaine

SUR LE MIDI DE LA FRANCE

Plus de 1.000 morts à Marseille 300 à Avignon, 178 à Nice

A Nîmes et à Montpellier

A Forcalquier

Dans la région parisienne

A Avignon

Premières estimations du nombre de victimes du bombardement du 26 mai 1944.
(*Le Nouvelliste*, 29 mai 1944.)

qu'il engraissait pour le repas de la Pentecôte. Ce palmipède ne connaissait que moi, non à cause de ma bouille de J2, mais pour les « perches soleil » que je ramenais de la pêche et qu'il avalait goulûment. En dépit des injonctions du père Durand, Petit Bout refusait obstinément de quitter les bonnes eaux de la citerne. Le pauvre homme se résigna à faire appel à mes services et nous étions en plein « coin-coin » lorsque la sirène d'alerte aérienne se déclencha. La vieille horloge comtoise des Durand sonnait les 10 heures.

Petit Bout était à peine sorti de la *boutasse*, en secouant ses plumes de contentement, que les bombardiers lourds B24, dénommés *Liberator*, survolaient notre ciel azuré en formations serrées. Le nombre considérable d'avions, quatre cents dira le chef de la défense passive dans son rapport[1], laissait présager que Lyon

1. *Voir en annexe I.*

se trouvait concerné par ce bombardement et qu'il serait d'une ampleur exceptionnelle. La mère Durand, effrayée, nous avait rejoints et, le nez en l'air, nous regardions les escadrilles se former en vagues successives de vingt-cinq à trente appareils qui se dirigeaient ensuite sur leurs objectifs.

Une vingtaine de minutes plus tard, un énorme grondement annonçait le bombardement de la zone sud de Lyon. Pendant de longues minutes, ce fut une terrifiante succession d'éclatement de tonnerre. Une accalmie nous donna l'espoir d'une fin d'alerte. Ce n'était qu'un répit destiné à lancer une deuxième attaque ciblée sur le nord-ouest de la ville. Alors, depuis notre chemin de la Montagne, près du vieux château, nous vîmes les longues flammes et les énormes volutes de fumée noire qui s'élevaient au-dessus de Vaise et des quais de la Saône. Le fracas des explosions s'avérait si fort que le sol vibrait sous nos pieds ; l'air que nous respirions devenait chaud et sentait le soufre de la poudre.

La fin de l'alerte sonna à 11 h 15, les avions de la 15e *US Army Air Force* étaient repartis rejoindre leur base située à Foggia, dans le sud de l'Italie.

Un silence pesant avait succédé à ce bruit d'enfer et c'est à ce moment que je ressentis ma plus grande angoisse de cette guerre, j'eus peur d'être devenu orphelin.

Nous ne savions rien sur l'importance des dégâts, ni le nombre des victimes, pas plus que sur les lieux touchés par ce désastreux bombardement. J'ignorais le sort de ma maman partie ce matin au travail, celui de mon père en service ce jour à la préfecture, bref de toute ma famille, et aussi de ma vieille impasse. Heureusement, ma mère pourra quitter son travail, rentrer à Albigny, et ainsi me rassurer ; ni notre quartier de La Villette, ni la préfecture ne se trouvaient concernés.

Le journal *Le Nouvelliste* titra :

« Le bombardement de Lyon aurait fait un millier de morts. »

Le bilan officiel annonça sept cent dix-sept morts et mille cent vingt-neuf blessés. Les zones dévastées par quatre cent quatre-vingt-quinze tonnes de bombes incendiaires s'étendaient sur dix kilomètres carrés situés en partie sur Vénissieux, puis dans les 2e, 4e, 5e et 7e arrondissements de Lyon[1].

Nous n'étions pas les seuls à avoir souffert ce matin du 26 mai 1944. Saint-Étienne subissait sept cents morts et mille deux cents blessés ; Chambéry, quarante tués ; la région de Grenoble, cinquante-sept morts. Les bombardements de ce « vendredi rouge » coûtaient très cher en vies humaines, au point de motiver une protestation de la Résistance auprès des autorités de la France libre à Alger. Le colonel Alban (Vistel), le chef des FFI de la région lyonnaise, faisait savoir au général de Gaulle :

« Bombardement Lyon et région effet moral plus désastreux encore qu'effet matériel : population douloureusement indignée. Répétons sacrifices énormes pour résultats insignifiants. Bien des objectifs visés par l'aviation alliée pouvaient être sabotés plus efficacement par la Résistance. »

Le lundi 29 mai 1944, jour de la Pentecôte, se déroulèrent les premières funérailles. Le cardinal Gerlier bénit les trois cent quatre-vingt-cinq cercueils de bois blanc alignés autour de la place Saint-Jean. De larges tranchées, creusées au cimetière de Loyasse, les attendaient pour une triste sépulture collective.

Nous eûmes l'occasion de constater l'étrangeté des aléas de la guerre. Je me souviens encore d'un immeuble coupé en deux par l'explosion d'une bombe. La partie étrangement restée debout montrait, à la hauteur du quatrième étage, un lit bien fait, une table de nuit à son côté, une chaise en équilibre au bord du vide et, au-dessus, accroché sur un pan de mur intact un tableau.

L'imprécision du bombardement touchait même les morts. La boutique du cimetière de La Guillotière (ancien), où nous achetions les fleurs, s'était volatilisée. Dans les allées, d'énormes cratères de bombes avaient avalé des carrés entiers de tombes. À mon égoïste soulagement, je pus déposer mon bouquet sur la tombe de ma petite sœur restée en place, au milieu de ce qui ressemblait à un champ de bataille.

Le Kiki de La Villette nous révéla d'autres drames. Ainsi, les abris refuges semblaient marqués par le destin. L'entreprise Olida, les fameux jambons, perdit soixante-trois ouvriers tués par la seule

1. *Voir en annexe I le rapport de la défense passive.*

bombe qui tomba sur l'abri de l'usine situé 99 rue de Gerland. Marius Vivier-Merle, le délégué de la Résistance, était arrivé le matin même à Lyon pour y tenir une réunion clandestine. À la fin de l'alerte, on avait découvert son corps écrasé dans un abri.

Justice de l'histoire, des bombes détruisirent l'école de santé, siège de la Gestapo de Lyon, tuant la plupart des officiers allemands, en particulier leur commandant Knab, le capitaine Hollert, son second, et le sinistre *Doktor* Schauber. Le signe du destin voulut que les prisonniers enfermés dans les cachots du sous-sol, dans l'attente d'un terrible interrogatoire, fussent, eux, épargnés par l'épaisseur des voûtes.

Les boches n'avaient plus qu'à enterrer leurs morts lors d'une cérémonie que mon cher tonton prédit :

« Sans pleurs, ni couronnes. »

Le lundi 5 juin 1944, le maréchal Pétain rendit une visite de compassion à Lyon. Il parcourut les quartiers sinistrés puis exprima, dans les hôpitaux, sa sympathie aux blessés. La maréchale l'accompagnait, faisant de son mieux pour réconforter les malheureux Lyonnais. Nulle part sur le parcours ne se manifesta l'enthousiasme des précédents voyages. Cela n'empêcha pas le maire, le professeur Bertrand, de garder la même phraséologie ampoulée. Depuis le balcon de l'hôtel de ville, il s'adressa au maréchal :

« En ces minutes si cruelles, devant ces ruines accumulées, Lyon reçoit en vous le père douloureux mais confiant de la France blessée et en larmes. »

Le maréchal Pétain répondit dans la même envolée :

« J'ai vu vos quartiers bombardés, j'ai vu des destructions abominables, j'ai déploré l'attitude de nos anciens alliés ; ils se conduisent comme des adversaires qui, sans hésiter, massacrent des villes et leurs habitants dans une France sans défense. On peut écraser le pays, mais on n'écrasera jamais l'âme de la France. »

La visite continua après le déjeuner par un parcours des ruines de Vaise, suivi par un recueillement en compagnie du cardinal Gerlier, devant l'église Saint-Pierre complètement détruite.

De là, le maréchal se rendit à Collonges-au-Mont-d'Or, où il fut reçu par de vieux amis, en leur château du Tourvéon, pour y passer la nuit.

Dans ce beau château, reconstruit en 1854, entouré d'un parc de vingt-trois hectares, le maréchal et son épouse passèrent une soirée agréable et une nuit tranquille. Le lendemain matin 6 juin 1944, le réveil fut brutal car une estafette spéciale venait lui annoncer que les Alliés avaient engagé, à l'aube, les opérations d'un gigantesque débarquement sur des plages de Normandie.

On saura que Pétain était alors rentré dans une folle colère, au point de faire renvoyer les enfants des écoles venus pour lui chanter *Maréchal, nous voilà !* ; le vieux maréchal n'aimait plus ses J2, cela sentait la fin de Vichy.

La vie reprenait comme toujours le dessus ; ainsi, l'organisation du repas de ma « première communion » revint dans notre esprit chamboulé par cette tragédie. Ma mère me confia l'importante mission d'aller me procurer des produits dits « introuvables » chez un ami de mon père qui tenait une grande épicerie rue Masséna, à Lyon.

Je partis ainsi un matin, sac tyrolien au dos, prendre le « train bleu » à Neuville-sur-Saône. Cela devait être le vendredi 9 juin 1944, le jour du marché hebdomadaire. La mère Durand ne le manquait jamais et j'avais fait la route avec elle. C'était d'ailleurs curieux de la voir déambuler avec un landau d'enfant qui lui servait à transporter ses achats. Tout le monde savait aussi qu'elle faisait deux kilomètres à pied uniquement pour ramener des rutabagas et des topinambours, les seuls légumes que son mari ne plantait pas dans son immense jardin.

Je souriais à la pensée de ce ragot de village, assis dans le « train bleu », attendant le proche départ lorsque monta, à grand cliquetis de fusils, un peloton de miliciens. Bientôt, ils occupèrent la moitié de la voiture, s'installant leur fusil entre les jambes. Leur chef se campait au milieu du couloir, curieusement accoutré car, à la place du béret de la milice, sa tête grassouillette s'ornait d'un chapeau *borsalino*, semblable à celui d'un gangster de la prohibition. Un énorme revolver était enfoncé dans son ceinturon dépourvu de l'étui de cuir réglementaire.

Il prit un air de matamore pour mieux claironner, tout le long du trajet, que le débarquement des troupes américaines ou anglaises serait un échec sanglant. Ce fanatique affirmait surtout qu'Hitler ne pouvait pas perdre la guerre et, pour mieux en convaincre les voyageurs, se promenait de long en large dans le wagon en brandissant son revolver jusque sous leur nez.

Combien nous fûmes soulagés d'arriver au terminus du quai de La Pêcherie. Nous vîmes alors partir les miliciens au pas cadencé, avec en tête leur *Gauleiter* (chef), sans doute un des plus purs produits engendrés par les extrémistes de la France de Vichy.

Un événement tragique bouleversa peu après notre bande de lascars de la « chevalerie du château ». Cela devait être le 14 juin 1944. Une rumeur se propageait ce jour-là ; les Allemands auraient fusillé la veille, dans une clairière de Marcilly-d'Azergues, le papa de mes copains Canonnier. Imaginez ma grande émotion ! Ainsi, cet homme gentil, discret, très peu connu, était sans doute un héros du maquis de l'Azergues. L'histoire nous apprendra plus tard que, ce même jour, les boches fusillèrent également douze résistants à Neuville-sur-Saône, vingt près de Montluel et dix-neuf à Villeneuve-sur-Ain.

Le maquis de l'ombre payait ainsi un lourd tribut, ce qui devait être le même sort réservé, quelques jours plus tard, à la presse

Sept hommes, des israélites, abattus à coups de mitraillette le long du mur du cimetière de Rillieux le 28 juin 1944.
(Droits réservés.)

L'exécution de vingt-sept otages le 22 octobre 1941 au camp de Châteaubriand. Parmi eux se trouvait Guy Mocquet.
(*Combat*, n° 83, 7 novembre 1943.)

clandestine. En effet, le 17 juin 1944, une trentaine de miliciens et de nombreux soldats allemands investirent, à 13 h 30, l'imprimerie la plus importante de la Résistance lyonnaise, celle de la rue Viala, d'où sortaient les journaux *Combat*, *Action*, *Franc-tireur* et *La Marseillaise*. Les imprimeurs de l'ombre présents, leur chef, André Bollier, dit « Velin », Francisque Vacher, Paul Jaillet, Désiré Chatin, Lucien Gros et une femme, Marie-Catherine Servillat, dite Lucienne, se défendirent héroïquement les armes à la main. Tous furent tués, sauf Lucienne qui, grièvement blessée, sera conduite à l'hôpital Édouard-Herriot. Ce magnifique courage de ces Français libres méritait l'admiration et tous les honneurs, mais comme si cela ne suffisait pas, la Résistance parviendra, le 7 juillet 1944, à faire évader Lucienne de l'hôpital et à la mettre à l'abri. Alors, là, on ne peut trouver de mots assez forts pour souligner cette action, le plus simple est de n'en employer qu'un, mais de le crier bien haut :

« Chapeau ! »

Ma « première communion » viendra au bon moment me faire oublier pour un temps tous ces malheurs.

Le dimanche 18 juin 1944, Albigny fêta ses communiants, accueillis sur le parvis de la vieille église par les sons joyeux de sa cloche. La cérémonie fut célébrée par une grande messe dite par notre brave curé, exceptionnellement paré des riches habits sacerdotaux. Nos dames patronnesses chantèrent si bien les cantiques que je les pardonnais presque d'être, comme toujours, vêtues en noir.

Viendra ensuite le moment fort où nous reçûmes la bénédiction au pied de la madone d'Albigny, datant du XIVe siècle, restaurée et intronisée en 1941, ce qui nous assurait sa sainte protection. Notre vieux curé montra alors sa dimension de chanoine par sa détermination et son courage. Sa voix résonnait gravement sous les voûtes de l'église lorsqu'il implora, disons plutôt engagea, la madone d'accorder aussi sa protection à tous les autres enfants malheureux, en particulier les enfants juifs que les Allemands déportaient cruellement.

Les murmures d'effroi des pantouflards de l'Occupation seront vite couverts par les joyeuses envolées de la cloche qui annonçaient le moment de se rendre au traditionnel repas de famille.

L'église et les restes du vieux château d'Albigny.
(Collection de l'auteur.)

Le « marché noir » avait fait des prodiges et notre tablée se régala au point que je me permis le luxe d'une indigestion de vraie mayonnaise. À la vue de cette abondance, le Kiki de La Villette sortit une de ses habituelles réparties :

« Un couple rondouillard, attablé au restaurant, se désolait devant un simple plat de purée que venait d'amener le garçon. Ce dernier s'empressa de leur souffler : "Dans la purée, vous trouverez l'oie qui contient les biftecks qui enrobent les grives farcies aux champignons". »

Nous trinquâmes au mousseux puis je reçus en cadeau la traditionnelle montre de gousset en argent. Je la plaçai de suite, trouvant avec fierté qu'elle s'accordait très bien avec mon prince-de-Galles. Mon cher tonton Louis, lui, m'avait glissé en douce une carte de Normandie, made in Résistance, accompagnée de petits drapeaux, ce qui me permettrait, quelque peu, de suivre l'avancée du front.

Nous redescendîmes au village pour assister aux vêpres qui, grand événement, seraient honorées par la présence du cardinal Gerlier. Les communiants furent réunis devant l'église, autour de la grande croix de pierre, en formation carrée, genre « jeune garde » de Napoléon. Là, nous attendîmes impatients l'arrivée de son éminence. Bientôt, les bigotes à l'affût eurent un frémissement ; la limousine noire du cardinal s'annonçait par un long coup de klaxon. Je trouvai qu'il avait beaucoup d'allure dans son rouge cardinalice. Son éminence s'arrêta un instant devant chacun d'entre nous, disant un mot gentil, avant de tendre sa bague au baiser du chrétien. Je remarquai la grande proximité qui existait entre le cardinal et notre brave curé, disons plutôt le chanoine Roullet. Tous deux devaient bien se connaître et abordaient sans doute des problèmes bien plus importants que les charmantes vêpres de cet après-midi.

Nous étions encore imprégnés de l'odeur de l'encens lorsque nous nous attablâmes à nouveau devant les restes du festin de midi, accompagnés par les dernières bouteilles à déboucher.

Le moment s'avérait propice aux commentaires. Mon grand-père et l'oncle Marius, plutôt anticléricaux troisième républicaine, s'accordaient sur la vertu et le courage de notre curé. Nous pâtissions tous sur les malheurs des enfants juifs. Le Kiki de La Villette souligna alors l'action que menait le cardinal Gerlier pour essayer d'en

En costume prince-de-galles et montre de gousset à l'occasion de ma première communion.
(Collection de l'auteur.)

sauver le plus possible. Dès 1942, le cardinal avait fondé l'association Amitiés chrétiennes, patronnée par lui-même, avec l'aide du pasteur Boegner, du maire Georges Villiers et du général Saint-Vincent. Le but officiel était d'assurer la distribution de secours aux réfugiés nombreux dans la région de Lyon.

En réalité, l'objectif secret consistait à soustraire le maximum d'enfants juifs aux déportations allemandes assurées avec le concours de Vichy. Le cardinal n'hésitait pas à tenir tête au gouvernement du maréchal Pétain. La Résistance venait de le faire savoir et mon cher tonton Louis sortit un tract de sa poche qui s'intitulait « Vous n'aurez pas les enfants » et ainsi rédigé :

« Sur l'ordre des Allemands, le préfet Angéli exige qu'on lui livre cent soixante enfants juifs de deux à seize ans. Ces enfants ont été confiés au cardinal Gerlier par leurs parents que Vichy a déjà livrés à Hitler. Le cardinal a déclaré au préfet : "Vous n'aurez pas les enfants." Le conflit est ouvert ; le conflit est public. L'Église de France se dresse contre l'ignoble tartarin. "Français de toutes opinions, de toutes croyances, écoutez l'appel de vos consciences, ne laissez pas livrer des innocents aux bourreaux." »

Voilà qui pouvait expliquer les quelques mystérieux entretiens auxquels s'étaient livrés le cardinal et notre bien aimé curé.

Mon père renchérissait, soulignant les rafles de juifs que multipliaient les autorités de Vichy en région lyonnaise. La police française servait pour cela de supplétifs aux boches. Il nous souffla aussi qu'un réseau, issu de la Résistance, intitulé le NAP (Noyautage des administrations publiques), s'était infiltré dans les services de la police. Cette organisation clandestine avait la charge

Son éminence le cardinal Gerlier.
(*La Vie lyonnaise*, n° 884, 2 avril 1938.)

d'avertir le plus grand nombre possible de personnes placées sous la menace d'une prochaine arrestation. Ainsi, avec l'impulsion du secrétaire de la police, M. Mauléon, des commissaires Triffe, Gauche, Marraud, Miquet ou Kubler (mort en déportation), puis du capitaine des gardiens de la paix Hottin, le NAP réussira à sauver trois mille juifs de la déportation.

La même méthode s'appliquait aux maquis qui, prévenus, pouvaient disparaître de leurs campements avant l'arrivée des miliciens ou des troupes allemandes.

Mon papa ne nous dira pas ce soir-là qu'il faisait partie des équipes de la police qui se chargeaient d'informer discrètement les personnes concernées.

Le Kiki de La Villette détendit l'atmosphère par des historiettes de son cru. Il nous définit la collaboration vue par les Allemands :

« Donne-moi ta montre, je te donnerai l'heure. »

Puis il fit mine de nous interroger :

« Vous savez ce qui s'est passé l'autre soir, près du Luxembourg ?... Eh bien, il était 21 h 15, un individu a tué un soldat allemand, l'a éventré et lui a mangé le cœur. C'est doublement impossible parce qu'un Allemand n'a pas de cœur et, à 21 h 15, tout le monde écoute la radio anglaise. »

Il est vrai que les émissions françaises de la BBC étaient particulièrement écoutées à 12 h 30 et 21 h 15. Ses curieux messages diffusés sur les ondes restaient parfaitement incompréhensibles pour les non-initiés. Malgré tout, je les notais avec passion sur un petit carnet tant l'opération *Overlord* donna lieu à une profusion de ces étranges directives à la Résistance.

Nous connaissons tous les historiques vers du poème de Paul Verlaine, intitulé *Chanson de l'automne*, qui annoncèrent le débarquement aux combattants de l'ombre. Pourtant, ceux de mon calepin rouge avaient tout autant d'importance, mais restent aujourd'hui oubliés dans la poussière des archives.

Ce 18 juin 1944, j'en avais déclamé quelques-uns à ma famille réunie autour du dernier verre, choisissant les plus étonnants : « Demain la mélasse sera au cognac » ; « Jean a de longues moustaches » ; « Sabine vient d'avoir la rougeole et les oreillons » ; « Lechapeau de Napoléon est dans l'arène » ; « John aime Mary » ; « Ma femme a l'œil vif » ; « À la fin de l'envoi, je touche. »

D'autres nous parurent tout aussi d'une grande banalité mais, aujourd'hui, en connaissant la signification, nous constatons que tous évoquent la verdure, c'est-à-dire en code la couleur verte. Ils donnaient aux maquis de différentes régions l'ordre d'appliquer le plan vert, celui du sabotage des chemins de fer et du réseau ferroviaire : « Mathurin adore les épinards » ; « Nous nous roulerons sur le gazon » ; « Le bétail va paître au pré » ; « Je cherche des trèfles à quatre feuilles » ; « Il est sévère mais juste » ; « Les reinettes sont mûres » ; « Dans ma forêt normande est un grand livre » ; « Le sapin reste toujours vert » ; « Je porterai l'églantine » ; « Le premier accroc coûte 200 francs » (il s'agit du tapis vert d'un billard et ce que cela coûtait au joueur maladroit).

Nous terminâmes ainsi ma « première communion » par un large sourire car il était temps que ma famille regagne Lyon avant le couvre-feu qui devait être fixé à cette époque à 23 heures.

Je m'endormis vite, fatigué et satisfait, malgré le gargouillement de mon estomac victime de mon trop-plein de mayonnaise.

Chapitre IX

Après le 6 juin 1944, le sauve-qui-peut et la libération

MON CARNET rouge portait deux messages du 5 juin 1944, « Il fait chaud à Suez » et « Les dés sont sur le tapis ». Nous apprendrons après la guerre que le premier avait déclenché le « plan vert », c'est à dire le sabotage des chemins de fer ; le second, le « plan rouge », réservé à la destruction des moyens de communication, tels les signaux, câbles téléphoniques ou lignes électriques.

La Résistance recevait ainsi, par les ondes de la BBC, l'importante mission d'empêcher, à défaut de retarder, l'acheminement des renforts allemands sur le front du débarquement de Normandie.

Je m'en rendis compte de visu en allant me baigner au « Rigodon » au début d'un après-midi de juillet 1944. Un train de la *Wehrmacht* se trouvait immobilisé par un sabotage de la ligne de Paris, à la hauteur du pont de chemin de fer d'Albigny. Le convoi transportait, sur des wagons plateforme, des tanks et des automitrailleuses, défendu à chaque extrémité par une batterie de DCA, la fameuse *flack*.

Autour de la locomotive déraillée s'agitaient des ouvriers, au milieu de vociférations gutturales, protégés par des soldats armés de mitraillettes, le doigt sur la détente. Bref, un dispositif très inquiétant qui m'incita à filer au plus vite sur ce qu'on appelait « la plage ».

Là, j'entrepris, selon mon habitude, une traversée aller-retour du large bras de la Saône, ce qu'ignorait ma maman dont les recommandations m'incitaient à ne pas m'éloigner à plus de vingt mètres du rivage.

Après cet exercice, mes copains et moi étions en plein farniente, allongés au soleil, parmi beaucoup de monde que la lourde chaleur d'été avait attiré.

Nous en oubliions presque le détachement de la *Wehrmacht* pourtant stoppé par un sabotage à deux pas de la Saône lorsque ma vision au ras du sol me fit d'abord entrevoir une alignée de paires de bottes. Je levai la tête et alors se profilèrent les uniformes *feldgrau* de quatre officiers allemands.

Le bourdonnement des conversations s'était arrêté, laissant place à un silence inquiet. À notre stupéfaction, les redoutables *Fritz* se déshabillèrent pour apparaître en caleçon de bain, dont la couleur tirait sur le vert camouflage, à croire qu'il faisait partie de leur paquetage. L'un d'eux garda les vêtements, son arme à portée de main, tandis que les autres se jetèrent à l'eau, nageant, s'aspergeant en riant. Eux aussi oubliaient, aux bords de notre tranquille rivière, la tragédie qui les attendait au bocage normand. Ils s'allongèrent ensuite au soleil, sans doute heureux de cette inattendue pause guerrière.

Celui qui devait être le *Hauptmann* (le capitaine) engagea alors la conversation avec une jeune femme qui bronzait près de nous, il s'exprimait dans un français correct et nous étions tout ouïe, fâchés contre cette collabo. L'échange se faisait sur le déroulement du débarquement, ce qui révélait le pessimisme du capitaine sur l'issue de la bataille. Il mit plus de conviction à parler de sa région, la Bavière, puis de sa famille, montrant une photo de ses enfants.

Bientôt, les officiers renfilèrent leurs bottes et allèrent à la rencontre de leur destin. Le soir, en rentrant à la maison, je vis que le train était parti et roulait en direction de l'irrémédiable défaite allemande. Quant à la jeune femme, je me mis à penser qu'elle avait peut-être fait, au contraire, un acte de résistance en cherchant à se renseigner. Allez savoir ! À l'époque, on soupçonnait tout et son contraire.

Ce même début juillet 1944, nous eûmes ma maman et moi ce que l'on appelle une belle trouille. Nous revenions de Neuville-sur-Saône par la route de Villevert, en passe de traverser le pont surplombant la gare, lorsqu'un des mythiques trains blindés des Allemands arriva. L'impressionnant convoi s'arrêta le long d'un quai dans un puissant crissement de freins.

Retour à l'envoyeur!
(Dessin de l'auteur.)

La curiosité nous poussa à regarder la scène, accoudés à la balustrade, dans une solitude complète, car aucun passant ne se manifestait. Nous vîmes alors une espèce de *briefing* mené par les officiers qui donnaient des ordres, réceptionnés par des claquements de talons, des « *Ja ! Ja !* », voire quelques « *Heil Hitler* », des soldats disciplinés. Ce tintamarre nous fit revenir à la réalité de la situation. Nous eûmes conscience des risques que nous prenions, car ce train blindé présentait une cible idéale pour une attaque aérienne. Nous prîmes aussitôt nos jambes à notre cou sur la route d'Albigny, avec l'objectif de nous éloigner le plus vite possible de ce monstre d'acier.

L'intermède de la distribution des prix tombera à pic pour me changer les idées. Je ne me souviens plus quelle performance scolaire me valut un dictionnaire Larousse modèle 1940. Cela me convenait et je pris plaisir à lire chaque soir quelques pages de cette source de savoir.

Nous avions aussi joué, devant les notables, encouragés par nos parents très indulgents, une parodie du *Lycée papillon*. Autre changement, nous avions transformé nos jeux de « chevaliers du château » pour entrer « dans la Résistance ». Nous donnâmes naturellement à notre « réseau » le nom de « Bayard ». Cette activité collait mieux à la brûlante actualité. Cela consistait à nous réunir dans ma chambre pour positionner les petits drapeaux du front de Normandie, écouter Radio Londres, collecter les tracts du « Courrier de l'air » de la RAF. Nous décidâmes aussi de pratiquer des opérations extérieures, telles inscrire à la craie le V de la victoire, la croix de Lorraine ou « Vive de Gaulle » sur quelques murs des environs. C'était beaucoup plus excitant que de manier nos anciennes épées de bois.

Après une accalmie, les bombardements reprirent avec une grande intensité. Les Alliés se heurtaient en Normandie à une farouche résistance des Allemands, facilitée par la configuration du bocage. Ils activaient par conséquent l'ouverture d'un second front de Provence sous la forme d'un débarquement sur les côtes varoises, opération franco-américaine intitulée « Dragoon ». Des raids aériens massifs sur le sud de la France préparaient cette deuxième grande offensive.

Cela nous vaudra de retrouver des nuits et jours agités, on pourrait citer en exemple l'épouvantable nuit du 25 au 26 juillet 1944 où, vers 1 h 30 du matin, au cours d'un fort orage, cent soixante-dix-huit Lancaster et neuf Mosquito venant du Lincolnshire bombardèrent les gares de triage de Badan et Chasse-sur-Rhône, ainsi que la zone de Givors, Grigny ou Flévieu. Ce fut apocalyptique car le tonnerre et les éclairs se mêlaient aux fusées éclairantes, suivis par les explosions des bombes incendiaires. Il y eut de nombreuses victimes, dont certains périrent atrocement. La direction des hauts-fourneaux de Chasse avait cru bon d'aménager un abri en utilisant un ancien égout de quatre-vingts mètres de long, qu'une voûte en béton de deux mètres cinquante d'épaisseur était venue renforcer. Cette nuit-là, deux bombes tombèrent à l'extrémité est de ce petit tunnel considéré sûr par la défense passive. La déflagration produisit un effet de souffle semblable à une immense flamme de chalumeau qui carbonisa les quatre-vingt-sept malheureux réfugiés dans cet abri. Les mauvaises conditions atmosphériques

Les Allemands en retraite (ici, l'autocar des « souris grises ») empêtrés sur le chemin de la Montagne à Albigny.
(Dessin de l'auteur.)

rendirent le retour des avions très difficile, au point qu'un Mosquito de la RAF, frappé par la foudre, s'écrasa à Ternand, un village de la région de Villefranche-sur-Saône.

Le 6 août 1944, les Américains entreprirent à leur tour un raid d'envergure visant à la destruction de cinq ponts sur le Rhône. Les forteresses volantes B17 et B24 *Liberator* décollèrent de la base de Gioia del Colle, près de Bari (Italie du Sud) en direction de la région lyonnaise. Ce fut là aussi un sacré charivari car l'objectif du bombardement concernait les ponts de Givors, Grigny, et particulièrement celui de Chasse-sur-Rhône, dit « pont de la Méditerranée ».

La bonne réussite de la mission sera entachée par deux erreurs de visée qui provoquèrent de nombreuses victimes parmi la population civile. Un groupe de 35 *Liberator* avait largué trop court près du canal de Givors et leurs bombes détruisirent le hameau de Flévieu, près de Ternay (est du Rhône). Une autre vague, au contraire, visa trop long, touchant les moulins Moiroud, puis des immeubles de l'impasse du Bief à Givors.

La gigantesque opération s'étendait à d'autres vagues d'appareils qui bombardèrent les dépôts de carburant du port Rambaud à Lyon, puis celui de Saint-Rambert-l'Île-Barbe. Là aussi, des bombes s'égarèrent sur la Croix-Rousse, Saint-Didier-au-Mont-d'Or où même jusqu'à Champagne-au-Mont-d'Or. La journée s'avéra rude car la défense passive devait évaluer qu'un millier d'avions américains avait survolé notre ciel[1].

Depuis Albigny, le sol et nos vitres avaient encore tremblé ; tout cela laissait présager une autre opération d'envergure.

D'autant que plusieurs bombardements complétèrent, les 11 et 14 août 1944, cette offensive aérienne, toujours axés sur Lyon, Grigny, Givors et l'infortunée commune de Chasse-sur-Rhône.

Mais ce seront surtout les messages de Radio Londres qui me mirent la puce à l'oreille. Mon carnet rouge s'enrichissait de ces curieux messages qui précédaient souvent des événements importants :

« La burette coule » (exécution du « plan vert ») ; « Ce bourdonnement étourdit » (exécution du « plan violet ») ; « Nancy a le torticolis » ; « Le chasseur est affamé » ; « Gaby va se coucher sur l'herbe. »

Ainsi, bien que ne connaissant pas leur signification, je m'étais persuadé qu'ils activaient un « grand coup ».

Effectivement, la BBC annonçait le 15 août 1944, dans une émission du soir, que le « débarquement de Provence » avait commencé à l'aube, avec un grand succès, sur des plages varoises, celles qui aujourd'hui font rêver les vacanciers.

Ce second débarquement était placé sous le commandement en chef du général américain Alexander P. Patch, célèbre par ses campagnes dans le Pacifique, surtout auréolé par sa victoire à Guadalcanal. Le général Patch, « un dur à cuire », ce que soulignaient ses yeux bleu acier, disposait de forces considérables : la 7e armée américaine avec trois divisions et une division aéroportée anglo-américaine, d'un effectif de trois cent trente-sept mille hommes, commandés par le général Lucian K. Truscott. À leurs

1. *Sources :* FLORENTIN, *Eddy,* op. cit. ; *GILONNE, Georges,* Lyon de guerre, *Bascou frères, 1945.*

côtés, les FFL de « l'oncle Achille », ou plutôt le général de Lattre de Tassigny, l'échappé de Pont-de-Vaux en *Lysander*, mais qui revenait en force avec cinq divisions d'infanterie française et deux divisions blindées françaises, d'un effectif total de deux cent trente-huit mille Français, pour « botter » les Allemands hors de France.

Ce fut à 2 heures du matin que soixante-sept marins français du groupe naval d'assaut eurent l'honneur d'être les premiers à fouler le sable de notre Côte d'Azur. Leur mission consistait à s'emparer de « la pointe de l'Esquillon » pour couper la corniche de l'Esterel et ainsi protéger le flanc droit du débarquement.

Peu après, d'autres marins français sécurisèrent le flanc gauche en prenant pied au cap Nègre. Tous réussirent leur primordiale mission au prix de pertes sévères.

Les forces spéciales américaines occupèrent sur la lancée les îles de Port-Cros et du Levant, tandis que leurs troupes aéroportées étaient lâchées autour du Muy, à l'intérieur des terres.

Le véritable débarquement commença à 8 heures du matin sur les plages les plus prisées par les aoûtiens de notre époque : la 1re division américaine débarqua sur la longue plage de Pampelonne ; la deuxième (dite la 36e) sur les plages du Dramont (Saint-Raphaël) et

Le pont Lafayette sur le Rhône détruit.
(Collection de l'auteur.)

de La Nartelle (Sainte-Maxime) ; la troisième au Lavandou, sur les plages de Cavalaire-sur-Mer et de Cavalière au cap Nègre.

Le lendemain 16 août 1944, le gros des troupes du général de Lattre de Tassigny, la 1re division française libre (DFL) du général lyonnais Brosset, celles des généraux de Montsabert et Magnan, prit pied dans le golfe de Saint-Tropez, sur les plages de Sylvabelle et de la Foux.

Les Alliés venaient de lancer cinq cent soixante-quinze mille hommes puissamment armés avec la maîtrise du ciel, contre les défenses allemandes très affaiblies.

En effet, le général Friedrich Wiese, commandant la 19e armée allemande, ne disposait que de deux cent cinquante mille hommes qui n'avaient que cent dix bombardiers et cent vingt chasseurs en appui aérien.

Le général Wiese, aguerri par bien des batailles, comprit très vite qu'il ne fallait pas sacrifier ses troupes dans une coûteuse, mais vaine, résistance. Dès le 20 août 1944, il donna l'ordre d'une rapide retraite et l'évacuation du Midi de la France.

Les Allemands formèrent simplement deux poches défensives à Toulon et Marseille, destinées à couvrir le repli de leur armée en direction de Lyon.

La *Wehrmacht* va alors mener des combats d'arrière-garde à Montélimar, puis dans notre région à Anse, avec le seul objectif de protéger leur fuite sur Dijon et au-delà Belfort, où se constituerait une solide ligne de défense.

Les Lyonnais verront ainsi dévaler à toute allure, sur les quais du Rhône et de la Saône, d'interminables convois motorisés.

Derrière suivirent les inévitables traînards, sous la forme de charrettes hippomobiles chargées d'un butin hétéroclite ou de soldats à pied, voire à bicyclette, dont certains n'hésitaient pas à arrêter des motocyclistes pour réquisitionner, disons plutôt voler, leurs engins. Cela prenait l'allure d'une troupe en débandade dont les regards restaient fixés sur la ligne bleue des Vosges.

Ma maman et moi fûmes les témoins à Albigny de ce sauve-qui-peut, cela devait être le samedi 26 août 1944. Ce matin-là, vers 9 heures, nous étions dans le carré des salades du potager des Durand. Cette partie surplombait notre « chemin de la Montagne », une voie difficile à la circulation, d'autant qu'elle débouchait sur la petite route menant à Curis-au-Mont-d'Or.

Aussi, notre surprise s'avéra grande lorsque nous entendîmes des bruits de moteurs, puis des claquements de portières, suivis par quantité de jurons en allemand. Nous écartâmes avec précaution les feuillages des acacias couvrant la dénivellation du terrain. Nous vîmes alors un étonnant spectacle : un convoi de véhicules de la *Wehrmacht* s'était engagé sur notre route pas du tout appropriée à de tels gabarits.

Juste au-dessous de nous stationnait un autocar, moteur tournant, dont le toit contenait, fixé par un filet, un tas d'objets hétéroclites qui faisaient penser à un étal de brocanteur. Une quarantaine de « souris grises » (femmes auxiliaires de l'armée allemande aux uniformes gris) attendaient assises à l'intérieur. Des officiers, descendus de leur *command-car* orné du fanion hitlérien, commençaient à hurler des ordres. Derrière, des soldats sautaient des camions arrêtés en enfilade, faisant claquer leurs crosses de fusil sur le bitume, tandis que des side-cars tentaient de remonter la colonne.

Bref, des boches de la 19e armée allemande en plein repli stratégique venaient de s'empêtrer sur une petite route de village. Ils n'avaient qu'un seul moyen pour sortir de ce mauvais pas, celui du demi tour qui les obligea à de longues et difficiles manœuvres, en utilisant, tout un symbole, la route du cimetière comme moyen de dégagement. La chance devait être avec eux car le convoi ne sera pas repéré par les avions américains.

Peut-être était-elle aussi de notre côté, si l'on réfléchit à notre imprudente curiosité qui nous amena à nous tapir, pendant de nombreuses minutes, derrière de simples feuillages, afin de lorgner des soldats à la gâchette réputée facile. Quant aux circonstances qui les conduisirent à Albigny ? Nous ne les connaîtrons jamais. Les Allemands voulaient sans doute éviter les grandes routes exposées aux mitraillages ou alors s'agissait-il, tout simplement, d'une erreur d'itinéraire. Nous pouvons aussi penser à un faux renseignement qui aurait pu les attirer dans un piège mortel.

Cela restera dans le domaine des hypothèses mais, en tout cas, pour nous un bon motif de jubilation.

Le pont Wilson sur le Rhône détruit.
(Collection de l'auteur.)

Lors de ces terribles jours de la fin août 1944, Radio Londres nous apprit une merveilleuse nouvelle, celle de la libération de Paris. Nous eûmes même en fond sonore le carillon joyeux des cloches de Notre-Dame. Je mis ainsi un petit drapeau tricolore « en plein dans le mille » sur ma carte du débarquement de Normandie.

Malheureusement, les Lyonnais, eux, restaient encore sous la botte et vivaient sans doute leurs pires moments de la guerre.

Le général Wiese avait donné l'ordre, avant d'évacuer complètement Lyon, de procéder à un maximum de destructions. Un bataillon de spécialistes de la *Wehrmacht* mit en œuvre ses moyens de raser ou d'incendier les points stratégiques : gares de Perrache-II, Brotteaux, Part-Dieu, Guillotière et Vénissieux, caserne de La Part-Dieu, magasins généraux ou ateliers d'Oullins[1].

Les FFI et FTP avaient déclenché une courageuse insurrection pour tenter de s'y opposer. La lutte fut chaude à Oullins,

1. *Source :* GARCIN, *Paul,* op. cit.

à Villeurbanne, aux Charpennes, dans la banlieue où le canon tonna sur la colline de Sainte-Foy. Lyon brûlait et des Lyonnais mouraient, souvent des civils innocents, que des boches fanatiques abattaient en représailles. Ainsi, les Allemands commirent, le 24 août 1944, un massacre dans les locaux de l'école de la rue Tronchet. L'édifice avait été réquisitionné par la *Wehrmacht* qui venait de l'évacuer. Des riverains, affamés par le manque d'approvisionnement, en profitèrent pour récupérer des produits alimentaires abandonnés par l'occupant et, par conséquent, perdus. Une patrouille allemande alertée s'était alors dirigée sur les lieux puis, sans sommation, avait ouvert le feu sur tous ces pauvres gens, faisant vingt-cinq morts et autant de blessés graves, tout ça pour quelques boîtes de conserve.

Le vendredi 25 août 1944, même drame et mêmes effets rue Tête-d'Or, où des Lyonnais, hommes, femmes et enfants, ramassaient, devant une infirmerie allemande, des couvertures, du sucre et du savon oubliés par les *Fritz* en débandade. Par malchance, des soldats allemands passèrent aussi et tirèrent à coups de mitraillettes.

Le viaduc du chemin de fer sur le Rhône détruit.
(Collection de l'auteur.)

Le pont d'Ainay sur la Saône détruit.
(Collection de l'auteur.)

Il y eut quarante-six morts et une centaine de blessés, surtout des femmes et des enfants[1].

Les Allemands prirent la terrible décision de détruire tous nos ponts. Le 2 septembre 1944 au matin, commença le dynamitage des ponts du Rhône, dont les explosions secouèrent la ville à la façon d'un tremblement de terre. Les maisons en bordure des quais subirent de multiples dégâts : fenêtres arrachées, vitres brisées (quatre cent mille mètres carrés), rideaux de fer des devantures déchiquetés.

À partir de midi et jusqu'à la nuit du 2 au 3 septembre, les ponts sur la Saône subirent le même sort, à l'exception du pont de l'Homme-de-la-Roche, puis de la passerelle Saint-Vincent.

Cette désastreuse semaine mobilisa les postes de secours de la Croix-Rouge qui furent exemplaires. On peut citer en exemple le bilan du poste Edgar-Quinet : cent soixante blessés à secourir, deux cents pansements plus légers, mais aussi malheureusement cent trois tués à enlever.

1. Sources : GARCIN, *Paul,* op. cit. ; FARGE, *Yves,* Mémorial de l'oppression : région Rhône-Alpes, *fascicule n° 1, Commissariat de la République, avril 1945.*

Pendant cette souffrance, les collaborateurs ou les miliciens importants abandonnaient Lyon meurtri, après avoir brûlé les dossiers de leurs permanences. Des trains les emportaient avec les familles vers Nancy, voire au cœur du *Reich*.

Plus près de nous, le pont de Neuville-sur-Saône avait sauté le samedi 2 septembre 1944, vers midi, ce qui nous valut une drôle d'équipée dans la nature.

Tôt le matin, le bruit avait couru que le pont allait être détruit d'ici quelques minutes. C'était d'ailleurs prévisible car les artificiers allemands venaient d'installer les caissons de dynamite à la hauteur de l'arche centrale, sous les yeux des riverains qui reçurent l'ordre d'évacuer leurs habitations. L'irrationalité de cette guerre fit que nous nous crûmes concernés, malgré notre éloignement de la zone de risque.

Nous partîmes à grandes enjambées, avec tous nos voisins, nous réfugier sur les hauteurs dominant la Saône, sans oublier d'ouvrir toutes les fenêtres, puis d'emporter l'argent, le livret de

Le pont de Neuville, détruit le 2 septembre 1944.
(Collection de l'auteur.)

Caisse d'Épargne et les tickets de ravitaillement. Là-haut, installés au milieu d'un pré, nous restâmes dans l'attente de l'explosion, les doigts près des oreilles. Rien ne se produisait, si bien que les papotages ou jeux prirent le pas sur la crainte. Le soleil montait à l'horizon, midi approchait, alors nous redescendîmes en haussant les épaules, riant de cette fausse alerte.

Le pont sauta au moment précis où nous étions en train d'entrer dans la maison, faisant trembler les murs, ce qui cassa tout de même une vitre. Nous vîmes une colonne de fumée s'élever dans la direction de Neuville, puis ce fut tout.

Voilà une équipée parfaitement inutile qui s'ajoutait aux autres fausses alertes, fausses nouvelles ou bobards de tous genres, spécifiques à cette époque troublée.

L'après-midi, poussé par la curiosité, j'ai tenté une prudente sortie pour voir le résultat du dynamitage. J'étais donc passé par le petit tunnel traversant sous la voie ferrée qui aboutissait sur la grande route du bord de Saône, à mi-chemin de Neuville-sur-Saône. La vue s'avéra impressionnante : la travée centrale du pont gisait, coupée en deux, dans l'eau de la rivière (voir illustration). Nous étions complètement isolés de l'autre rive. Je compris à l'instant l'utilité de savoir nager car cela restait présentement le seul moyen de traverser.

Je regardais, tranquillement assis sur le parapet, l'ouvrage mutilé lorsqu'un énorme bruit de moteur me fit tressauter. Quatre avions de chasse portant l'étoile américaine rasaient les eaux de la Saône en direction du pont. Deux ou trois secondes après, les salves du mitraillage s'ajoutèrent au vacarme. Les quatre chasseurs, probablement des *Mustang* P-51, au long rayon d'action (trois mille cinq cents kilomètres, vitesse maxi sept cent dix kilomètres à l'heure), venaient de s'attaquer à Villevert-sur-Saône, au niveau entrée rive droite du pont, aux derniers véhicules allemands qui fuyaient en direction d'Anse, où se livra l'ultime combat avant la libération de Lyon. J'eus l'occasion de voir peu après que les aviateurs US avaient laissé en souvenir de leur passage de nombreuses traces de balles sur la façade de l'infortuné buraliste installé juste en face.

Cela me suffisait en émotions du jour, alors je repris à grands pas le chemin de la maison. Le soir, je m'endormis bougon à la pensée que le lendemain, dimanche 3 septembre 1944, M. le curé m'avait

« Albigny-les-Flots » en 1944, au bord de la Saône.
(Collection de l'auteur.)

porté sur la liste de service des enfants de chœur pour la messe de 6 heures du matin.

Ainsi, ce matin-là, je participais à la toute première célébration du jour du Seigneur. La messe fut dite devant quelques ombres des éternelles bigotes, si bien qu'à ma sortie sur le parvis de l'église, le village dormait encore. La cloche sonna 7 heures et l'habitude me fit jeter un regard sur le chemin de mon école. Ce que je vis me stupéfia ; un convoi militaire stationnait sur le côté de la route, à la hauteur de la mairie et de nos classes. Ma première réaction sera de penser à une nouvelle exaction des boches. Malgré l'éloignement, je m'aperçus bien vite que la couleur des uniformes ne tirait pas sur le *feldgrau*.

Surmontant ma trouille, je décidai aussitôt d'aller voir de plus près ces très étranges soldats, ce qui me permettra de vivre mon plus palpitant moment de J2 de la guerre.

Une Jeep, avec une étoile blanche sur le capot, celle que je connaissais par les tracts de la RAF, tenait la tête de la colonne. Derrière s'alignaient des automitrailleuses, des *half-tracks* ou camions GMC, tous marqués du célèbre signe de la liberté. L'heure matinale faisait que peu de monde entourait les véhicules des soldats tant attendus. J'étais d'ailleurs le seul enfant, et tous m'accueillirent amicalement. Ma première question fut de demander l'origine de leurs curieux casques à emboîtement. Un officier me répondit dans un français bien de chez nous :

« Des casques américains. »

Ma joie s'avéra encore plus grande de savoir que sous l'uniforme des GI (soldat américain) se tenaient des soldats des FFL, ceux de « l'oncle Achille », plus exactement le général de Lattre de Tassigny, au sein desquels combattait mon cousin le Grand Loulou. J'eus ensuite le plaisir de recevoir des produits ou friandises encore inconnus des Français de l'Occupation, sous la forme d'une boîte de ration *US Army*, suivie par mon premier *chewing-gum*, puis par la découverte du Coca-Cola qui me fit grimacer quelque peu.

J'allais de l'un à l'autre en mâchouillant, ma mythique bouteille de *coke* à la main, plus heureux que le roi d'Angleterre.

La suite dépassa toutes les espérances d'un gone. Le chef du détachement venait de constituer une unité chargée de la reconnaissance de la route qui menait à Lyon par la rive droite de la

Le « train bleu » à Neuville-sur-Saône.
(Collection de l'auteur.)

Saône. Il m'avait alors fait signe de monter à côté de lui et de l'accompagner jusqu'au bord de la rivière que je me vantais de bien connaître. Ainsi, j'eus la fierté de traverser le centre d'Albigny avec les soldats du général de Lattre. Ma plus grande satisfaction sera de voir la physionomie stupéfaite du cordonnier le père Dabois qui, ouvrant ses volets à ce moment-là, vit passer un briseur de galoches assis dans la Jeep des libérateurs du village. L'officier me déposa au pont du chemin de fer, à l'intersection du CD 51, et la patrouille s'élança pour aller libérer Lyon à son tour.

Alors, je partis en courant, montant à perdre haleine les escaliers du château, ma boîte de ration sous le bras, afin de raconter mon aventure à ma mère. Il était 8 heures du matin, le tout Albigny sortait dans les rues et la cloche de l'église n'avait pas attendu la messe de 10 heures pour sonner à toutes volées.

Je ne sus pas à l'époque à quel régiment appartenait ce premier détachement des FFL, ni le nom de celui qui les commandait. Aujourd'hui, mes recherches me permettent d'avancer une sérieuse hypothèse : il s'agissait vraisemblablement du 1er régiment de fusiliers marins et l'officier de la Jeep devait être Stanislas Mangin, fils du général et beau-frère du général lyonnais Brosset.

Un extrait d'un chapitre de l'ouvrage de M. Henri Amoretti, *Lyon capitale, 1940-1944*[1], semble le confirmer :

1. Op. cit.

« Dimanche 3 septembre 1944, à 8 h 30 du matin, une Jeep montée par quelques marins et commandée par Stanislas Mangin, beau-frère du général Brosset, traversa le pont de l'Homme-de-la-Roche en reconnaissance sur la Saône. Vers 9 heures, d'autres éléments de la 1re division blindée (DB) pénétraient dans les quartiers de Vaise, Saint-Paul, Saint-Georges et gagnaient la presqu'île. »

Ainsi, l'horaire et le cheminement de ce détachement coïncident parfaitement avec les souvenirs que j'ai pu garder de cet instant d'exception de ma vie de J2.

La jonction se fera avec les Français de la 1re DFL, déboulant sur les derniers Allemands par les monts de l'ouest lyonnais, et la 36e division américaine qui arrivait de la plaine de l'est.

De leur côté, les FFI avaient occupé l'hôtel de ville.

Lyon était enfin libéré au milieu d'une liesse populaire sans retenue ; toutes les filles embrassaient et couvraient de fleurs les soldats de légende. La presse retrouvait tous ses droits. Dès l'après-midi de cet historique dimanche 3 septembre 1944, le premier journal de la Libération parut sous le titre de *Lyon libéré*. Il avait été imprimé rue Villeroy, dans l'ancien atelier de *Paris Soir*. D'autres suivront, tels *La Liberté*, *Les Nouvelles*, *La Marseillaise*, *Le Patriote*, *La Voix du peuple* et un journal du soir *Lyon libre*.

Le Progrès, lui, reprendra bientôt sa place dans le cœur des Lyonnais qu'il méritait par son courageux sabordage en 1942, tandis que la presse collabo disparaissait dans la honte, à l'exemple du *Nouvelliste*.

Le lundi 4 septembre 1944 fut le jour des retrouvailles avec mon père, dont nous étions sans nouvelles depuis plusieurs jours. Avant ce bonheur, une curieuse circonstance me valut la peur que les boches pouvaient encore traîner dans le coin. Ce matin-là, revenant du jardin une laitue sous le bras, j'eus l'insolite vision de deux grenades allemandes, au long manche caractéristique, posées en évidence sur la table de la cuisine. J'aurais peut-être dû crier « Au secours » mais, la curiosité aidant, je m'apprêtais plutôt à en soupeser une. Il s'agissait en réalité d'une « prise de guerre » car, au même instant, mon père sortit d'une pièce en compagnie de ma mère.

Après nos joyeuses embrassades, je m'aperçus qu'il portait le brassard des FFI. Mon père nous expliqua que, dans le cadre

« GI, it's the day of freedom ! »
(Dessin de l'auteur.)

du Mouvement intérieur de la police, chargé de renseigner la Résistance, il avait reçu la mission de prévenir le maquis de l'Ain qu'une de leurs caches d'armes était sur le point d'être découverte par la milice et les Allemands. Il participa ainsi au déménagement hâtif de ces munitions stockées clandestinement dans le secteur de Villars-les-Dombes. Ce faisant, il se trouvait « grillé » car la Gestapo cernait de plus en plus ce type d'action, ce qui l'obligea à rejoindre les maquisards avec quelques autres policiers de sa section.

La libération de Lyon se fit peu après et, à l'heure présente, la réorganisation des FFI venait de l'incorporer dans le « régiment de Lyon », 7e compagnie, commandée par le capitaine Gay. Ce corps devait se mettre en route d'ici quarante-huit heures en direction du front des Alpes pour chasser définitivement de France les dernières forces allemandes.

Ainsi, mon papa, à peine arrivé, repartit deux jours plus tard. Nous décidâmes alors de nous rendre à Lyon au sein de la famille, ce qui représentait une véritable gageure.

Lyon n'avait plus de ponts, ni gaz, ni eau, et subissait de fréquentes coupures d'électricité. Les transports en commun restaient rares ; le ravitaillement s'avérait insuffisant. Des escarmouches contre des miliciens rendaient, ici où là, la situation dangereuse pour les passants. Ainsi, le 4 septembre 1944, une fusillade incontrôlée provoqua l'incendie du dôme de l'hôtel-Dieu. La débrouillardise était de mise. On installait des câbles provisoires sur le pont Wilson pas complètement détruit et des passeurs en barques offraient leurs services pour vous faire traverser le fleuve. Les Jeeps ou autres véhicules militaires n'hésitaient pas à s'arrêter à votre signe, et c'est ainsi que nous descendîmes en ville. Nous vîmes que cette galère n'altérait pas la joie des Lyonnais qui se pressaient autour des chars de la 1re DB sur lesquels grimpaient les filles à la rencontre de nos soldats libérateurs à embrasser.

Notre impasse aussi affichait sa liesse. Mon grand-père avait ressorti son vieux drapeau tricolore des 14 juillet d'avant-guerre pour

La libération d'Albigny-sur-Saône le dimanche 3 septembre 1944 à 7 heures du matin.
(Dessin de l'auteur.)

le mettre en évidence à sa fenêtre. Oncle Marius jubilait dans son fauteuil voltaire à la lecture de son journal *Le Progrès* ressuscité.

Youyousse, notre zazou, ne détonnait pas avec le blouson américain qu'il portait désormais à la place de sa veste à grands carreaux. Quant au Kiki de La Villette, il allait nous apprendre des faits passionnants sur les derniers jours de l'Occupation.

Mon cher tonton commença par l'exploit du lieutenant de réserve du génie Joseph Laval (sans rapport avec le collabo Pierre Laval), ce très bon technicien, membre des FFI, avait été chargé, lors des combats de la Libération, d'investir le fort Saint-Jean à la tête d'une vingtaine d'hommes armés de revolvers, deux mitraillettes et quelques grenades.

Depuis ce fort dominant le quai rive gauche de la Saône, Joseph Laval vit, au cours de l'après-midi du 2 septembre 1944, les Allemands préparer la destruction de tous les ponts de la rivière. Il décida de sauver ceux qui se trouvaient près du fort : le pont de l'Homme-de-la-Roche, le pont de Serin, puis la passerelle Saint-Vincent.

L'emploi de la force s'avérait impossible vu la faiblesse de son armement. Le lieutenant utilisa alors une « ruse de Sioux ». Joseph Laval avait parfaitement visionné le système de mise à feu qui servait à déclencher l'explosion des caisses de poudre placées aux clés des arches. Le cordon se montrait bien visible et il suffisait de le tirer de quelques centimètres pour désamorcer les détonateurs. Le lieutenant profitait surtout d'une incroyable imprudence des Allemands qui n'avaient placé qu'une sentinelle à chaque entrée des ponts, laissant encore passer les rares piétons.

Joseph Laval se transforma en simple piéton et, comme il pleuvait, traversa les trois ouvrages engoncé dans un imperméable, un parapluie au-dessus de lui, tirant au passage les fatals cordons. Ainsi, une habile astuce, sans un seul coup de feu, évita la destruction du pont de l'Homme-de-la-Roche et de la passerelle Saint-Vincent.

Le pont de Serin ne sera pas épargné car les Allemands décelèrent le sabotage et remirent en place le dispositif avant de déguerpir[1].

Le Kiki de La Villette continua par un autre fait d'armes plus anecdotique, mais combien symbolique, celui de la libération de la Brasserie Georges. Là, mes oreilles s'ouvrirent en grand, tant

1. *Henri Amoretti, dans son ouvrage* Lyon capitale, 1940-1944 *(*op. cit.*), relate effectivement ce fait de guerre.*

j'aimais cette immense salle, ses alignées de tables et parce que l'on me permettait d'y boire un panaché, mi-bière mi-limonade ; déjà pointait en moi un amateur de bière. La brasserie avait été réquisitionnée par les Allemands et servait de foyer à ses soldats. Eh bien ! Cette institution de la bière lyonnaise fut libérée par une opération des FFI, commandés par Charles Hernu, qui bouta les derniers boches de la célèbre brasserie. Dans l'affaire, notre ancien ministre de la Défense brisa une des belles glaces murales par un tir de sa propre mitraillette, un événement que mon cher tonton traduira par :

« La seule glace brisée qui peut nous valoir sept ans de bonheur. »

Le Kiki de La Villette nous apporta plus gravement son éclairage sur l'insurrection de Villeurbanne menée par les FFI du 24 au 26 août 1944. Il avait contribué, au préalable, à la diffusion d'un tract adressé au « peuple de Villeurbanne », intitulé « Villeurbanne libre ». L'appel incitait les hommes non armés à contribuer au montage de barricades et portait la signature du « Comité de la libération de Villeurbanne ».

Alors, au moyen de tramways, de véhicules renversés, d'arbres coupés ou de pavés, des barricades s'étaient élevées rue Paul-Bert, place de la Cité, rue d'Alsace, route de Crémieu et place des Maisons-Neuves. Tous croyaient à la réussite du soulèvement, si bien qu'aux fenêtres apparaissaient déjà des drapeaux tricolores.

Sur le plan stratégique, les résistants occupèrent sans coup férir la mairie et le commissariat de police.

Cela ne sera qu'une illusion car les forces allemandes s'avéraient encore trop fortes. La *Wehrmacht* pratiqua, le 26 août, une rude répression, parcourant avec leurs blindés les artères de la ville, tirant des rafales de mitrailleuses contre les façades des immeubles. Des maisons furent incendiées, puis des hommes, voire des femmes, pris en otage. Les boches menaçaient même de détruire les gratte-ciel, plaçant pour cela, bien en évidence, deux pièces d'artillerie sur la place de la Cité. Le médecin de famille de mon cher tonton, le docteur Bujadoux, se trouvait parmi les otages, et son témoignage restera bouleversant :

« Vers 18 h 30, on nous amène place de la Cité à coups de crosses. Un immense boche se précipite sur moi qui n'avance pas assez vite et, m'empoignant par la peau du cou, il m'envoie rouler dans

La brasserie Georges, libérée fin août 1944.
(Collection de l'auteur.)

le caniveau d'en face. Les camarades ne sont pas plus épargnés. Sur la place, toute la population du quartier, sept cents à huit cents personnes, est employée à démolir les barricades, à enlever les arbres coupés et à replacer les pavés. Après la remise en état de la place de la Cité, les femmes sont renvoyées chez elles, les hommes sont placés en colonne derrière un tank. De chaque côté, en file indienne, les soldats allemands progressent. Tout ce qui bouge derrière les fenêtres est salué d'une décharge de mitraillette ; c'est ainsi que beaucoup de personnes furent tuées ou blessées. Le tank tire continuellement en avançant vers la place de l'ancienne mairie (Grandclément). Nous démolissons la barricade du 156 cours Tolstoï. À ce moment, un petit Allemand, d'une quarantaine d'années, qui paraît de la Gestapo et diriger en second l'expédition, nous fait rassembler : “À 20 heures, ce soir, plus de barricades ou bien tout le quartier sera brûlé !”. On nous ramène à la Cité et là, sans un mot, les Allemands s'en vont. Nous sommes libres et saufs. Arrivent alors les ambulances qui vont ramasser les blessés et les morts[1]. »

Le Kiki de La Villette nous donna enfin une bonne nouvelle familiale.

Mon cousin le Grand Loulou, après avoir débarqué en Provence, se trouvait à Valence où son régiment, le 1er RCP, stationnait quelques jours, avant de se remettre en route en direction de la frontière allemande. Ses parents en avaient profité pour lui rendre visite dans cette cité de la Drôme, malgré les péripéties de voyage que cela représentait. Ils eurent la joie de retrouver leur fils en pleine forme, bronzé par ses campagnes du désert et le soleil d'Italie, qui se préparait au combat décisif, celui de la libération de l'Alsace.

Mon cher tonton ne manqua pas de détendre l'atmosphère par une de ses habituelles histoires, cette fois axée sur les difficultés du ravitaillement qu'accentuaient les événements de la Libération :

« Dupont en avait assez de cette guerre et décida de se suicider. Il prit du poison, mais ne mourut pas. Ce que le pharmacien lui avait donné était un produit de guerre. Dupont décida alors de se pendre ; mais la corde, une corde de guerre à base de papier, cassa. Alors, Dupont se jeta dans le Rhône mais son costume, qui était de mauvaise qualité, n'absorbait pas l'eau et Dupont resta à la surface. Dupont rentra chez lui, ouvrit le robinet de gaz de ville et se mit au lit. Il n'y avait pas de gaz et la mort ne venait pas. Dupont en conclut qu'elle ne voulait donc pas de lui et se dit-il : "Je suis bien obligé de vivre de ce que le ravitaillement me donne." Huit jours plus tard, Dupont était mort. »

Le lendemain, oncle Marius nous proposa de rendre visite aux cousins de Pierre-Bénite, les descendants des « pirates du Rhône ». Le Kiki de La Villette nous accompagna dans ce qui fut, non pas une tranquille promenade, mais plutôt une équipée aventureuse. Le franchissement du Rhône s'avéra risqué car les bacs guidés par câble ne fonctionnaient pas encore. Nous traversâmes sur une barque, debout, serrés les uns contre les autres, secoués par les remous, tous à la merci de la dextérité du batelier. Le passage de la Saône s'assimila à une acrobatie que nous pratiquâmes sur le viaduc du chemin de fer de la Mulatière, resté sur ses piles mais

1. *Source :* FARGE, *Yves*, op. cit.

tordu, écartelé et fortement penché. Seuls les piétons pouvaient y cheminer, à pas prudents, sur des plateaux de bois posés sur le tablier déchiré par l'explosion.

L'absence de tramways nous obligea ensuite à une longue marche pour rejoindre la demeure des cousins à Pierre-Bénite. Nos efforts furent récompensés par un chaleureux accueil de ces rudes pêcheurs professionnels du Rhône. Cela nous valut le privilège de déguster une superbe matelote de poissons du fleuve, celle que l'on trouvait avant-guerre sur le menu du restaurant de la mère Guy aux Étroits.

L'après-midi, j'eus le plaisir d'être convié à une partie de pêche à bord du traditionnel bateau, équipé de son curieux filet carré. Chaque remontée était une surprise où l'on pouvait voir frétiller les différents poissons de notre fleuve fascinant.

Nous rentrâmes tard le soir, certes fatigués, mais sous un ciel étoilé, dans un calme absolu et, pour la première fois, sans la menace du couvre-feu.

De retour à Albigny, j'avais constaté qu'un bataillon de la 1re DB cantonnait au village, dans l'ancien casernement de la police de Vichy. Cela amenait une animation militaire importante qui me passionna tout le long de ce mois de septembre 1944. Avec quelques copains, nous prîmes l'habitude de passer des journées entières à proximité des soldats, tourniquant autour des Jeeps ou blindés, assistant au lever des couleurs. Une fraternelle amitié s'instaurait entre ces baroudeurs du général de Gaulle et les J2 de l'Occupation qui avaient tant besoin de savoir et d'admirer.

Nous leur rendions des services, en particulier un approvisionnement en canettes de bière du café Nadin ou quelques bouteilles de vin de derrière les fagots du bar-tabac Pifférini. Nos récompenses étaient des boîtes de ration de l'*US Army* ou une variété de *chewing-gum* : Charms, Candy, Wrigley's Spearmint, Wrigley's Double Mint.

Quant aux cigarettes, elles servaient de monnaie d'échange dont la cote variait surtout en fonction des emballages colorés des marques Camel, Lucky-Strike, Pall Mall et Philip Morris. Bien entendu, nous trinquions à la victoire, entrechoquant nos bouteilles de Coca-Cola, cette étrange boisson brune, pétillante, dont le goût particulier nous surprenait encore.

Nos regards intéressés se fixaient le plus souvent sur l'activité des spécialistes chargés de la réparation des blindés, de l'armement ou autres vérifications nécessaires à une totale remise en capacité de combat.

Lors des pauses cigarettes, notre attention montait d'un cran. Nous les écoutions, assis près d'eux, raconter leurs campagnes du désert de Libye, de la Tunisie, de Corse, le tout premier département français libéré (5 octobre 1943). L'Italie venait ensuite, puis le débarquement sur nos plages de la grande bleue, la mer Méditerranée. Nous, les gones, ne l'avions encore jamais vue, si ce n'est sur les belles affiches du PLM.

C'étaient des leçons d'histoire sur le tas qui nous apprirent cette guerre mieux que des livres.

Ces récits de batailles me donnèrent l'envie de collectionner des munitions de toutes sortes. Un adjudant chargé de l'armement facilita ma nouvelle passion en me refilant des cartouches de différents calibres allemandes ou américaines, considérées défectueuses. Je constituais ainsi un petit « arsenal » rangé dans une caissette et, réflexe de l'Occupation oblige, je les dissimulais dans une niche du mur de notre cave.

Un matin, l'adjudant me réserva une surprise de taille. Il me fit cadeau « d'une prise de guerre », en l'occurrence un fusil Mauser de la *Wehrmacht*. À midi, je remontai quatre à quatre les escaliers du château, portant fièrement mon fusil en bandoulière, sans que cela surprenne les passants qui me croisaient. La réaction de ma maman s'avéra très différente. Elle ne me permit pas de conserver cette arme, sans doute interdite, et m'ordonna de la restituer sur le champ.

C'est ainsi qu'avec regret je perdis mon important souvenir de guerre.

Mon plus étonnant souvenir de la Libération, je l'eus peu après à Neuville, où se déroula une espèce de mise au pilori de trois jeunes femmes, désignées à la vindicte populaire « putains de boches ». Une foule avide de spectacles assistait à la tonte de leurs cheveux, suivie par la peinture au minium d'une croix gammée sur leurs crânes rasés. On les fit monter ensuite dans la caisse d'une moto afin d'effectuer un circuit de la honte à travers la ville, sous les quolibets de la population, parmi laquelle se montraient beaucoup

Transformée en foyer du soldat allemand, la brasserie Georges fut libérée par des FFI, avec à leur tête le futur ministre de la Défense Charles Hernu. Il y cassa une grande vitre d'un coup de mitraillette.
(Collection de l'auteur.)

trop de brassards FFI. Mon regard de gonc y décelait de curieux patriotes, hier maréchalistes bon teint, aujourd'hui gaullistes fervents, et qui avaient pris pour seules armes une paire de ciseaux, puis la tondeuse.

Certes, je criais moi aussi collabos mais cet acharnement dépassait la compréhension d'un J2. En réalité, je n'avais que la hâte de retrouver à Albigny mes copains soldats, ceux que j'appelais les guerriers du désert et que j'admirais tant.

Le moment redouté par mes camarades et moi se produisit un matin de ce mois fou. Les soldats de la 1re DB reprirent la route en direction du Rhin, un dernier *rush* qui les mènerait à la victoire. Nous étions postés au grand portail pour les voir sortir et agitions nos mains en signe d'un au revoir, sachant très bien qu'il s'agissait d'un adieu. Nous savions surtout que certains d'entre eux allaient mourir afin que leurs potes J2 aient une vie meilleure.

Un silence pesant succéda au brouhaha du départ ; alors, nous les bravaches, nous aperçûmes que nos yeux se remplissaient de

Les blindés de la 1re DFL du général Brosset traversent la ville, acclamés par la population.
(Droits réservés.)

larmes, celles des enfants que nous étions encore, malgré la rude écorce que cette foutue guerre nous avait gratifiés.

J'eus un réconfort à la lecture du journal *Lyon libre*, dont le titre portait en gros caractères : « Lyon capitale du gaullisme. » Ce quotidien du soir relatait la visite que le général de Gaulle avait rendue à notre ville le 14 septembre 1944. On y voyait une photo du général descendant de son avion *France* à l'aérodrome de Bron. C'était un document d'histoire. Je m'empressais aussitôt de le découper pour le placer dans ma chambre, à côté de la gravure tombée du ciel lors d'un raid de la RAF.

Le 1er octobre 1944, l'école d'Albigny reprit normalement ses cours mais, événement remarquable, le portrait du maréchal Pétain ne trônait plus au-dessus de l'estrade. Seules les traces noires du cadre rappelaient les quatre douloureuses années du régime de Vichy. L'hymne *Maréchal, nous voilà !* se trouvait également jeté aux orties, remplacé par des vibrantes *Marseillaise*.

Le Kiki de La Villette nous apporta des précisions sur le sort du maréchal. Les Allemands avaient mis fin au gouvernement de Vichy dès le 19 août 1944 et engagé le maréchal Pétain à se replier sur

Belfort sans délai. Ils procédèrent ensuite à son installation avec Laval à Sigmaringen en Allemagne, où il se trouvait présentement en qualité de réfugié, pour ne pas dire prisonnier. Ses partisans de la « Légion des combattants » montrèrent à l'occasion un tardif et tragi-comique opportunisme à l'antique en « déclarant la guerre à l'Allemagne ». Ce fut fait sous la forme d'un appel affiché sur les murs de Vichy, pourtant déserté par beaucoup :

« Pour les légionnaires,

Le maréchal est prisonnier des Allemands. De ce fait, l'armistice est rompu. Nous sommes en guerre avec l'Allemagne. Quel est votre devoir ? Il est impératif. Le maréchal nous le dicte dans son message. Groupez-vous autour de ceux qui vous donneront la garantie de vous conduire dans le chemin de l'honneur et la voie de l'ordre. C'est la mobilisation générale de toutes les volontés que le maréchal a décrétée par ces paroles. Ralliez donc sans arrière-pensée ceux qui, dans le mouvement de résistance, n'ont qu'un seul amour : la France (*sic*). »

La vie lyonnaise reprenait peu à peu un cours plus normal. La lecture des deux petites pages du *Progrès* était instructive. Ainsi, nous sûmes que l'on passait de nouveau sur notre vieux pont de la Guille grâce à la construction, en quarante-huit heures, d'un pont du génie américain, type *Bailley*. Là, je fus admiratif car les pièces de ce matériel s'assemblaient comme celles de mon jouet Meccano. La nouvelle technologie de l'*US Army* permettait de suppléer la travée détruite avec une capacité de charge de trente tonnes, un beau pied de nez aux fridolins.

Les tramways recommençaient à circuler sur la rive gauche du Rhône. J'appris surtout avec plaisir la reprise du service aux voyageurs depuis Neuville-sur-Saône, par le « train bleu », jusqu'ici réquisitionné pour le transport des farines alimentaires.

À peine croyable, la rubrique cinéma du quotidien présentait déjà des films américains. La pellicule suivait les chars libérateurs de près et l'on pouvait voir *Pacific Express* au Majestic, *La Ruée sauvage* à l'Alhambra, *Justice du ranch* au Studio 83 puis, à ma grande satisfaction de J2, *Donald et Cie* au Modern 39 ou *La Grande Parade Walt Disney* au Cinéjournal.

Tout ne s'avérait pas aussi rose. Nous subissions des coupures d'électricité et de gaz. Les problèmes de ravitaillement subsistaient avec les mêmes tickets de rationnement. La viande, dont la portion ne dépassait pas quatre-vingt-dix grammes, restait toujours un produit rare. Nous notions toutefois une amélioration dans le circuit des fruits et légumes qui venaient par camions depuis Chalon-sur-Saône, Saint-Marcel ou Louhans.

Le Progrès relatait, à propos d'alimentation, une curieuse anecdote. Dans leur fuite rapide, les Allemands avaient abandonné des marchandises de toutes sortes, pillées de toutes parts et concentrées au palais de la foire. Cela permit aux FFI de faire distribuer par la Croix-Rouge plusieurs camions de victuailles. Les résistants découvrirent aussi un étonnant stock de mille sacs d'avoine. Dans cette affaire, nos valeureux combattants n'oublièrent pas les animaux du parc de la Tête-d'Or. De nombreux sacs firent les délices des bêtes affamées, les volailles en particulier qui, à la joie des enfants, se requinquèrent goulûment[1].

Notre vie redevenait normale, sans alertes aériennes, sans couvre-feu, surtout sans boches aux coins des rues. La guerre n'était cependant pas terminée. Ainsi, *Le Progrès* citait un récent engagement entre Beaune et Dijon où des Allemands, sans doute peu désireux d'abandonner notre vignoble des grands crus de Bourgogne, avaient résisté pendant plusieurs heures.

Nous pouvions le voir aussi par les nombreux convois de l'armée américaine qui traversaient Lyon en direction du nouveau front dont la ligne partait de l'embouchure du Rhin jusqu'à la trouée de Belfort.

Cela nous donnait, à mes copains et moi, l'occasion de côtoyer les GI de l'*US Army* lors de leurs arrêts ravitaillement. Nous tourniquions autour des véhicules, admirant les équipements, en particulier la fameuse carabine US, restant à l'affût des *chewing-gums* ou autres friandises.

La première semaine d'octobre 1944, mon père, à notre grand plaisir, reçut une nouvelle affectation. Le gouvernement du général de Gaulle avait besoin de reconstituer une police républicaine et réintégrait les policiers incorporés dans les armées des FFL. Il venait d'être ainsi rattaché dans la brigade cycliste de la rue Molière avec le grade de brigadier. Cela signifiait la fin des déplacements et le

---

1. Le Progrès, *n° 30040, 11 septembre 1944.*

retour à une vie de famille régulière. Nous restâmes à Albigny, ce qui valut à mon père de prendre chaque jour le « train bleu » à Neuville avec sa superbe bicyclette pour se rendre à son poste du quartier de la préfecture.

Tout allait vers le mieux, sauf qu'un soir, en rentrant, mon papa nous apprit une terrible nouvelle : le Grand Loulou avait été tué le 5 octobre au cœur des Vosges, lors du furieux combat de la prise du col du Morbieux, au village du Menil-Thillot. Ainsi, mon « complice » du début de Radio Londres des années sombres venait de tomber, à l'âge de vingt-trois ans, au champ d'honneur pour la libération de l'Alsace. Il reposait au cimetière militaire avec une marraine qui se chargeait de fleurir sa tombe car les combats en cours ne permettaient pas à sa famille d'aller s'y recueillir.

Nous pûmes simplement nous réunir lors d'un service funèbre célébré en son honneur, le samedi 18 novembre 1944, en l'église de Notre-Dame de Bellecombe. Je me souviendrai toujours de ce moment de tristesse, du chagrin de tous, et que mes regards se portaient souvent sur mon tonton Julien Château. « Bras de cuir »

Un groupe de femmes qui vont être tondues place Bellecour.
(Collection de l'auteur.)

La carte d'identité FFI de mon père.
(Collection de l'auteur.)

avait laissé une partie de son bras à Verdun mais voilà que, maintenant, une autre guerre lui prenait son fils.

Notre école de cet automne 1944 s'était mise à l'« heure américaine ». On plaçait quelques mots anglo-américains, tels *okay*, *bye-bye*, voire *shit* (« merde ») puis, à tout bout de champ, l'expression « *Let's go* ! » (« Allons-y ! »). La mode imposait des chemises taillées dans la toile de parachute, un savoir-faire réservé aux mamans. L'idéal exigeait le port d'une casquette de toile ou, mieux, un calot de l'*US Army*. Quant à la musique, c'était le *jazz* qui accompagnait la joie de la Libération.

Les GI l'avaient apporté dans leur paquetage sous la forme de *V discs*, ces fameux disques de soixante-dix-huit tours de trente centimètres, appelés V pour *Victory*. Cette musique se propageait par l'intermédiaire de diffusions radiophoniques de l'*American forces network* (AFN).

Notre radio nationale, la TSF, devenue libre, eut la bonne initiative de relayer ces émissions destinées aux soldats du front et de l'arrière. Alors, l'écoute de *jazz band* ou *jam session* avait pris la place de la BBC de Radio Londres. Il en restera des airs typiques de la Libération, tel *In the mood* de l'orchestre de Glenn Miller.

Nous trouvions également de bonnes lectures, agrémentées par d'intéressantes photographies, dans le magazine d'information des armées *The Yank, the army weekly* diffusé en dix-sept langues. Cela nous fit connaître les *pin-up* chères au moral des GI, un mot que nous ne tardâmes pas à employer à la sortie de l'école en faveur des filles les plus chouettes.

La technologie américaine nous épatait de plus en plus. Avec eux, nul besoin d'une immense colonne de camions-citernes car l'essence suivait la progression des unités combattantes dans un *pipe-line*. Nous vîmes le montage de ce ravitailleur de carburants. C'était très impressionnant de voir s'allonger à perte de vue les deux canalisations, l'une de six pouces de diamètres (quinze centimètres vingt-quatre), l'autre de quatre pouces (dix centimètres seize), sachant qu'elles acheminaient cent vingt-cinq mètres cubes à l'heure, à la vitesse de dix kilomètres à l'heure. Le *pipe-line* partait de la source de l'approvisionnement près de Marseille (Berre, Lavéra, La Mède), passait à Lyon, longeait les berges de la rive gauche de la Saône, continuait sur Saint-Jean-de-Losne, Sarrebourg, puis aboutissait à Mannheim. Il franchira ensuite le Rhin le 14 avril 1945[1].

La seule grande difficulté consistait à assurer la sécurité de ce complexe pétrolier. La garde de l'immense « pompe à essence » fut confiée à la gendarmerie française, qui assura de son mieux la difficile, pour ne pas dire l'impossible mission.

Nous allions bientôt nous en rendre compte, un jeudi matin, alors que mes copains et moi étions réunis sur l'esplanade du vieux château d'Albigny.

Nous vîmes soudain s'élever un très haut rideau de flammes depuis les berges de la Saône. Le *pipe-line* venait de prendre feu au niveau de Fleurieu. Le bruit terrifiant s'accompagnait d'une

1. *Source technique : AMORETTI, Henri,* op. cit.

« Septembre 1944. Le général de Lattre de Tassigny, accompagné des généraux Brossette, de Monsabert et de M. Yves Farge, commissaire de la République, passe les troupes en revue, en présence du colonel Descour, gouverneur militaire de Lyon. »
(GILONNE, Georges, *Lyon de guerre*, Bascou frères, 1945.)

chaleur si intense qu'elle parvenait jusqu'à notre chemin de la Montagne.

Nous pensâmes aussitôt à une opération commando des Allemands et regardions dans l'inquiétude brûler le carburant nécessaire à la victoire définitive. En réalité, l'alimentation avait été coupée et l'incendie s'éteindra dès l'épuisement du combustible. Cela laissait toutefois une désolation du rivage de la Saône, devenu aussi noir que du charbon.

L'enquête révéla qu'il s'agissait de l'action de voleurs d'essence qui, après avoir percé une canalisation, puis rempli leurs bidons, s'étaient enfuis sans se soucier des conséquences de leur acte. Heureusement, on ne déplora pas de victimes à la suite de ce minable brigandage.

Les Américains profitaient de notre engouement pour leurs films et présentaient ceux que la censure de Vichy avait interdits. Dès octobre 1944, la magie d'Hollywood entrait chez nous. À l'affiche, on proposait un film de 1941 intitulé *It started with Eve* (titre français : *Ève a commencé*) avec les acteurs Deanna Durbin et Charles Laughton. Ironie de l'histoire, c'était un long-métrage produit par le cinéaste allemand Henri Coster, réfugié aux États-Unis.

Nous, les J2, pouvions rire aux éclats pendant les gags du film *Air raid wardens* (Laurel et Hardy chefs d'îlots) réalisé en 1943 par le duo désopilant de cette époque. Les Britanniques, plus réalistes, montraient un film de guerre, presque un documentaire, tourné en 1942, au titre évocateur *One of our aircraft is missing* (*Un de nos avions n'est pas rentré*).

De quoi nous replonger dans le drame, d'autant que les actualités de la semaine, présentées au début de la séance, nous donnaient plutôt des sueurs froides. On y revoyait les bombes volantes sans pilote V1, l'arme secrète d'Hitler, tomber ici où là. Une nouvelle génération de fusées V2 venait même d'apparaître, plus puissantes, propulsées à grande vitesse depuis le centre de Peenemüde, au cœur de l'Allemagne.

Autre inquiétude, les boches commençaient à faire voler les tout premiers avions à réaction, des Messerschmitt 262, dont la vitesse de neuf cent cinquante kilomètres à l'heure surpassait celle des appareils alliés.

Malgré leur débandade, les Allemands semblaient conserver des capacités de combattre.

Il courait surtout une effrayante rumeur, celle à laquelle on commence à ne pas croire, puis qui s'insinue dans les esprits et finit par devenir une certitude. Il se disait qu'Hitler pourrait disposer dans quelques mois d'une bombe extraordinaire capable de détruire une ville entière à la dimension de Paris (la rumeur n'était pas complètement infondée, mais ce furent les Américains qui mirent au point la « bombe atomique A » et l'expérimentèrent pour la première fois le 16 juillet 1945 au Nouveau-Mexique, avant de bombarder la ville d'Hiroshima, au Japon, le lundi 6 août 1945).

Nos angoisses étaient irraisonnées par rapport à la situation des fronts car la *Wehrmacht*, qui reculait partout, avait sans doute déjà perdu la guerre. Alors, nous revenions à nos préoccupations quotidiennes. Bien que nous ayons maintenant des pommes de terre sur notre table, beaucoup de produits restaient rationnés. Nous nous attendions à retrouver le pain blanc d'avant-guerre, mais la pénurie de farine de froment nous valait

N° 1 — DIMANCHE 3 SEPTEMBRE 1944 Prix : 1 fr. 50

LYON LIBÉRÉ

La Liberté
La Marseillaise
Le Patriote
Le Progrès

LYON EST LIBÉRÉ !

PROCLAMATION de M. Yves FARGE
Commissaire régional de la République

Proclamation de M. Yves Farge, commissaire de la République des départements de l'Ain, de l'Ardèche, de la Drôme, de l'Isère, de la Loire, du Rhône, de la Savoie et de la Haute-Savoie.

CITOYENS,

Parce que, le 16 juin 1940, le général de Gaulle a refusé le déshonneur ; parce que les pays libres ont réuni toutes leurs forces contre le nazisme ; parce que les victorieuses armées russes, britanniques, américaines et françaises étranglent l'ennemi ; parce que les Forces Françaises de l'Intérieur combattent avec le plus magnifique héroïsme ; parce que les milliers de Français ont accepté la torture et la mort,

NOTRE REGION EST LIBEREE

Les armées allemandes défaites sur tous les fronts sont en déroute ;

Les instruments de domination d'Hitler : la Gestapo et la Milice sont brisés. L'usurpateur qui a signé à Montoire le pacte de la collaboration dans le meurtre ne peut plus tromper, mentir et trahir.

Vous allez retrouver vos libertés publiques, le droit de penser librement, de parler librement, de vous associer librement. Vos franchises communales seront promptement rétablies.

Non seulement la France retrouve la liberté, mais elle reprend sa place dans le monde en retrouvant ses alliances. Cela, nous le devons au gouvernement provisoire de la République.

CITOYENS,

Votre devoir est d'agir de telle sorte que l'Histoire puisse enregistrer que le droit et la justice ont été, à cette heure de la délivrance, inséparables de la liberté.

Les Tribunaux militaires vont juger les traîtres. Tous ceux qui ont servi l'ennemi, tous ceux qui ont assassiné, déporté, pillé le peuple de France, tous ceux qui par la délation ont contribué au martyre du pays, vont rendre des comptes.

Mais gardons-nous des jugements prématurés et des égarements de la passion. N'oublions pas, notamment, que dans la grande majorité, les fonctionnaires français ont fait tout leur devoir et que souvent ils ont dû vêtir leur pensée pour servir.

J'entends qu'aucune défaillance ne vienne entraver le cours de la justice ; mais aussi qu'aucun acte individuel ne vienne troubler sa sérénité.

Si, à Vichy, quelques félons ont fait du crime un moyen de gouvernement, à Alger, capitale provisoire de la France, des hommes groupés autour du président Charles de Gaulle ont travaillé pour restaurer la Loi Républicaine.

Derrière le Commissaire de la République, dépositaire des pouvoirs du Gouvernement dans cette région, vous allez forger dans la Liberté, les disciplines sur lesquelles reposera la France de demain.

Avec le Conseil National de la Résistance et les Comités de la Libération, expression de la France Combattante, vous allez aider la Nation à retrouver son équilibre politique en bâtissant les fondations d'une République pure et dure.

Des tâches écrasantes s'imposent : la mise en ordre du ravitaillement, des communications, des finances publiques ; la remise en marche des usines ; et aussi la restauration de ces valeurs morales — vertus chrétiennes et vertus civiques — qui furent méprisées pendant cette nuit de 4 ans.

Aidez-nous, en maintenant l'ordre — l'ORDRE REPUBLICAIN — à démontrer que les habitants de cette région, qui ont été à l'avant-garde du peuple français dans la lutte pour la Libération entendent devenir les pionniers de la reconstruction française.

Vive la République.
Vive la France.

Lyon, le 3 septembre 1944.

Le Commissaire régional de la République :

Yves FARGE (Grégoire).

Les réceptions du général de Gaulle

Le général de Gaulle a conféré hier à Paris avec M. Le Troquer, commissaire des Régions libérées, avec M. Serat, commissaire aux Régions occupées, et M. Massigli, commissaire aux Affaires étrangères.

Le général Juin est arrivé à Paris, venant d'Alger.

Hier le général de Gaulle a reçu, à Paris, les représentants de la C.G.T. Le général a réaffirmé la volonté du gouvernement de rétablir les libertés syndicales et de permettre la reprise de l'activité des syndicats dès que possible.

Ce journal rassemble aujourd'hui les quatre journaux qui paraîtront demain. **La Liberté, La Marseillaise, Le Patriote, Le Progrès.** Cette réunion est due, certes, à l'impossibilité de faire paraître les journaux dans la presqu'île, mais elle marque aussi l'unité de la Résistance **après** comme **avant** la libération. Elle signifie que les combattants de la Résistance continueront, dans l'avenir, à lutter côte à côte pour rendre à la France, sous la direction du Gouvernement Provisoire de la République et de son chef le général de Gaulle, son indépendance et sa grandeur.

Proclamation de M. Justin Godart
mairé provisoiré de Lyon

CITOYENS,
LYON EST LIBERE !

De nos cœurs montent d'ardents sentiments d'*admiration* et de *reconnaissance* vers tous ceux qui, de près ou de loin, ont contribué à briser nos chaînes.

Que ce soit la démocratie parlementaire traditionnelle de *Grande-Bretagne* qui, dans le désastre général, seule et sans armes, est restée face à l'ennemi et a rallié les peuples qui n'ont point voulu s'avouer vaincus,

Ou celle des *Etats-Unis* qui a compris que si la tyrannie l'emportait sur un point du monde, la Liberté serait partout en péril et qui a fait le plus prodigieux effort militaire et industriel de l'Histoire,

Ou celle des *Soviets* qui a forgé au peuple russe une âme invincible de patriotisme et d'indépendance,

Les *démocraties* triomphent enfin des dominations qui n'ont que la brutalité, le pillage et le crime pour idéal.

Malgré le régime de complicité avec l'ennemi, de mouchardage, de prévarication et d'assassinat qui a tenté de ligoter la Nation, la *résistance* de celle-ci s'est affirmée dès la première heure. Patiemment, elle a fait se lever les *Forces Françaises de l'Intérieur* qui ont frayé les voies aux libérateurs et maintenu, latentes mais bien vivantes, les institutions républicaines.

Le *Général de Gaulle*, dont le nom signifie *Salut, Renaissance, Grandeur de la Patrie*, a ramené la victoire sous nos drapeaux qu'aux pires heures d'avilissement des usurpateurs du Pouvoir devant l'ennemi, il avait redressé fièrement dans l'*Honneur*. Il a, au milieu de quelles difficultés ! de quelles intrigues ! eu le souci intransigeant de la *Souveraineté nationale*. C'est pourquoi, tandis que la guerre continue, tandis que les armées alliées sont sur notre sol, grâce à sa volonté clairvoyante obstinée, le Gouvernement provisoire de la République prend partout en main, sans tarder, l'administration des territoires purgés de l'ennemi.

Votre municipalité, émanation du Comité de la Libération et du Commissariat de la République, a donc reçu de suite la mission de gérer provisoirement les affaires de la Cité en attendant la consultation électorale.

(Suite en deuxième page)

LE COUVRE-FEU
Le couvre-feu est fixé ce soir à 23 heures

Les huit derniers jours

Mercredi soir, le 23 août, Paris s'était libéré dans un élan admirable de patriotisme et de courage.

Réunis dans la nuit, les membres du Comité de Libération du Rhône, représentant toutes les organisations de résistance, partis politiques résistants et la C. G. T. clandestine, quelque part dans la nature, près de Lyon, lançaient l'ordre d'insurrection générale et de grève totale. Le jeudi ces ordres étaient admirablement exécutés. Aucun tramway ne circulait plus en ville. Toutes les usines et les magasins avaient fermé leurs portes et la guerilla se déchaînait.

Chaque jour des faits nouveaux nous parvenaient. Dits de bouche à oreille, puis bien vite propagés dans la ville. On se bat à Villeurbanne, à Oullins, à Tassin-la-Demi-Lune, Craponne. Morceau par morceau toute la périphérie lyonnaise était libérée par les F.F.I. ; les convois et les détachements allemands, sans cesse attaqués à la grenade. Presque sans armes, les admirables soldats des F.F.I., aidés des Milices Patriotiques et des Forces Unies de la Jeunesse Patriotique (F.U.J.P.), sont arrivés à investir Lyon et à créer chez l'occupant un climat d'angoisse qui, les derniers jours, avait atteint son paroxysme. Les soldats, affolés, tiraient en enfilade dans les rues : nombreux sont les civils qui ont payé de leur vie la rage des vaincus. Obligés d'ouvrir les portes de Montluc et de libérer les patriotes emprisonnés, ils en ont massacré sauvagement plus de 400 avant de quitter ce fort où ont souffert tant de martyrs de la cause de la libération.

Avec une anxiété émue, les Lyonnais attendaient les F.F.I., dont les exploits devenus déjà légendaires se répétaient à tous les échos.

La sauvagerie allemande

Depuis mercredi, les signes du départ prochain des occupants se faisaient toujours plus nombreux. Une volonté froide de destruction multipliait les ravages. C'étaient les gares, livrées aux explosions et aux incendies : Perrache II, la gare des Brotteaux. Dans la soirée de vendredi, l'arsenal de la Mouche sautait à son tour et le fracas des explosions, sous un ciel orageux, obscurci encore par la fumée, donnait à cette soirée un aspect particulièrement sinistre. Puis c'étaient les bâtiments de la caserne de la Part-Dieu. Enfin, dans la matinée de samedi, Lyon allait assister, avec une horreur indignée, à la destruction des beaux ponts dont elle était si justement fière. La première victime fut le pont Gallieni. Ce fut ensuite le tour du pont de l'Université, puis du pont de la Guillotière, le vieux pont de la Guille, si cher aux Lyonnais. Puis le pont Wilson, le pont Lafayette, la passerelle du Collège, le pont Morand. Enfin, longtemps après les autres, le pont de la Boucle, qui servait à évacuer les dernières troupes allemandes. Presque en même temps sautaient les ponts de la Saône, que la rage ennemie n'avait pas épargnés.

Ils étaient solides, nos ponts. Il fallut aux Boches de nombreuses charges d'explosifs pour en venir à bout. Après la première tentative, le pont Wilson avait son parapet à peine écorné, tandis que le pont Lafayette semblait encore intact. Pour la passerelle du Collège, les vandales utilisèrent en deux fois quatre caisses de dynamite.

Aucun avertissement n'avait été donné par les autorités occupantes ; aucune mesure n'avait été prise pour atténuer les effets de l'explosion. En plusieurs points des passants ont été tués et les dégâts causés aux immeubles, sur les rives des deux fleuves sont encore impossibles à évaluer. L'ennemi est parti la rage au cœur, nous laissant ce dernier souvenir où se résume toute sa barbarie.

Les F.F.I. de Lyon nettoient la ville

Samedi matin, l'état-major des F.F.I. de la ville décidait d'en finir. Ordre était donné de détruire les derniers détachements allemands subsistant à l'est du Rhône. Avec un courage tranquille, les groupes des F.F.I., des Milices Patriotiques, des Forces Unies de la Jeunesse Patriotique pourchassaient les éléments ennemis et réduisaient peu à peu les derniers îlots de résistance autour de la préfecture où étaient amenés les prisonniers allemands. Vers midi étaient tirés les derniers coups de feu. La partie est de la ville était libre.

Aussitôt la population hissait nos trois couleurs aux fenêtres et acclamait nos soldats porteurs du brassard. Le Commissaire de la République se rendait à la Préfecture avec le nouvel Intendant de Police, les chefs des Mouvements de Résistance et le Comité de Libération.

(Suite en deuxième page)

L'épuration de la France se poursuit

Dans tous les milieux le nettoyage se poursuit. Voici quelques noms nouveaux de personnes arrêtées ou suspendues de leurs fonctions.

Ordre financier : Bréart de Boisanger, gouverneur de la Banque de France ; Villard, sous-gouverneur ; Ardan, président du Comité d'organisation de défense ; Jardel, sous-gouverneur du Crédit Foncier ; Ducommun, receveur central des finances ; du directeur adjoint à l'administration centrale des finances ; du directeur de la Commission économique ; Guimier, conseiller-maître à la Cour des Comptes ; Francis Milon, conseiller-maître à la Cour des Comptes ; Sabot, commis principal d'ordre et de comptabilité.

Ordre juridique : Ont été arrêtés : J.-Ch. Legrand, avocat à la Cour d'appel ; Juliette Goublet, avocate à la Cour d'appel ; Corvisi, conseiller à la Cour de cassation ; de Mougeolle, avocat général à la Cour de cassation ; trois avocats : Saret, Jacquinot et Berthon.

Ordre militaire : Le général Herbillon ; le général Huvieu ; le vice-amiral Bouzgnac et l'amiral de Laporte.

Aucun milieu n'a été épargné ; parmi les journalistes : Lucien Pamjean, Em. Filloux ; des policiers ; des artistes de cinéma : Dita Parlo et Arletty.

Tous sont internés au Vélodrome d'Hiver.

Environ 4.000 hommes sont détenus à la Santé, au fort de Romainville, à l'Université, à Fresnes et à Drancy.

On communique que la première Cour martiale de l'Isère s'est réunie au Palais de Justice de Grenoble et a prononcé les condamnations suivantes :

Six membres de la milice fasciste ont été condamnés à mort ; deux autres aux travaux forcés à perpétuité et deux autres à cinq ans.

A Nîmes, neuf traîtres français ont été fusillés publiquement.

LIBERATION

LIBRES !... L'étreinte qui nous poignait le cœur, d'un coup, s'est dénouée. L'allégresse nous soulève, la ferveur nous embrase. La résistance dépouille le mystère du maquis pour le panache des trois couleurs déployées au plein vent de la ville délivrée. Et cette fleur de jeunesse qui passe, creuse dans la foule citadine un sillage frémissant de drapeaux, de « Marseillaises », de baisers...

Nul pourtant d'entre nous n'ose se livrer tout entier à cette joie. Trop de sang, trop de deuils l'ont payée. Les meilleurs de nos camarades sont morts pour nous la donner. Leur mémoire domine ce jour, leurs voix celle de la liesse populaire.

Comment ne pas écouter cette voix, comment ne pas obéir à ceux qui pour nous ont affronté la prison et la torture, accepté le sacrifice suprême ?

Ils crient vengeance, ils appellent le châtiment sur les coupables. L'épuration qu'ils réclament, on ne veut pas douter qu'elle soit déjà en marche, sous l'impulsion même des chefs, dans l'ordre et la sérénité de la justice.

Mais, pour urgente qu'elle soit, cette œuvre ne suffirait pas encore à l'apaisement de ces mémoires glorieuses. Nos patriotes ne se sont pas battus seulement pour nous rendre d'anciennes libertés aliénées depuis quatre ans. Ils veulent, ils exigent plus et mieux ; un nouveau départ vers de nouvelles conquêtes sociales, la réalisation de toutes leurs aspirations vers une république plus large et plus haute, plus généreusement humaine.

Demain, une date historique tombera des éphémérides : le 4 septembre, l'anniversaire de la formation de la République. Eh bien ! il ne faut pas que ce jour s'écoule sans que chacun ait senti que la France vient de passer un nouveau tournant de son histoire et qu'elle reprend, accordée toujours au pas des dirigeants qu'elle s'est choisis, son élan traditionnel à l'avant-garde des nations démocratiques.

Les fonctionnaires révoqués par Vichy vont réintégrer leur poste

Le secrétaire général du ministère de l'Education nationale a donné l'ordre de rendre leur emploi à tous les fonctionnaires révoqués par Vichy pour des motifs d'ordre racial ou politique.

Laval n'attend qu'une occasion pour « filer » en Suisse

D'après les nouvelles reçues de source sûre du nord de la France, les gens de Vichy ont été reçus très froidement à Nancy par les Allemands.

Les ministres de Vichy et leur suite sont partis vers le nord-est avec leur réserve d'essence, mais ils ont eu affaire au maquis. Six personnalités officielles de Paris, arrivées Nancy, s'en furent voir le commandant militaire allemand de la place et lui demandèrent un moyen de transport pour Strasbourg.

Le commandant leur répondit : « Strasbourg est en Allemagne et votre présence y est indésirable. »

Les Parisiens objectèrent alors que leur vie était en danger et il leur fut répondu : « En temps de guerre, toutes les vies sont en danger. »

Le 18 août, Laval, accompagné de trois ou quatre ministres et de l'ambassadeur Abetz, arriva à Nancy. Le lendemain, Darnand et Déat dînèrent dans un restaurant de cette ville et filèrent vers l'est.

De Brinon passa également, en route vers Mulhouse.

Doriot et Luchaire s'en furent vers Strasbourg.

Laval s'est entretenu pendant une heure sans témoin avec le préfet de Nancy. Il porte toujours sa cravate blanche. Il paraît qu'il prépare tout un dossier devant prouver qu'il est innocent et qu'il a toujours été prisonnier des Allemands.

De Brinon et lui voudraient bien passer en Suisse.

Le premier journal de la presse libre à reparaître...
(*Lyon libéré*, n° 1, 3 septembre 1944.)

CONSEILS aux Lyonnais

A l'immense joie que nous ressentons devant la libération de notre ville, se mêle la froide détermination de châtier tous ceux qui ont trahi notre Patrie.

Dans la ville même, des éléments ennemis sont restés : des Allemands en civil, des miliciens, des traîtres. Tant que nous ne les aurons pas mis dans l'impossibilité de nuire, nous n'aurons pas fait notre devoir, nous n'aurons pas le droit de nous réjouir.

Lyonnais, c'est à vous de déceler ces traîtres. A vous de les livrer aux Tribunaux populaires qui redeviennent maîtres de la justice.

Mais il importe que l'ordre soit maintenu scrupuleusement. Organisez-vous donc en Milices Patriotiques de quartiers, d'entreprises.

Ces Milices Patriotiques doivent donner l'exemple de l'organisation et de la discipline.

Les patriotes, groupés par 8, autour de leur chef doivent agir sous ses ordres.

4 à 5 groupes forment une section ; 4 à 5 sections une compagnie.

Les chefs de groupe nomment un chef de section ; les chefs de section nomment un commandant de compagnie.

Les Compagnies sont groupées par secteurs, les chefs de Compagnie désignent un chef de secteur.

Trois militants éprouvés de la Résistance forment, pour chaque section un Conseil local de Milice Patriotique qui doit comprendre également dans son sein un représentant du Comité Local de la Libération.

La tâche des Milices Patriotiques est de poursuivre impitoyablement l'épuration. Ce sont elles qui sont le mieux placées pour frapper sûrement les coupables. Elles doivent aussi aider le gouvernement dans son œuvre de reconstruction du pays, d'instauration d'une véritable démocratie par la stricte application des principes républicains.

Un travail immense reste donc à accomplir.

Ce sont les Milices Patriotiques qui, par leur action vigilante et soutenue, assureront l'indépendance du pays.

N'oubliez pas, Lyonnais, que le départ des Allemands en uniforme, ne signifie pas la disparition de l'ennemi. N'abandonnez pas trop vite vos habitudes de prudence. Restez toujours en éveil.

Bientôt la vie normale reprendra.

Bientôt notre ville retrouvera dans la joie de la victoire totale, une vie meilleure, dans une société plus juste et plus libre.

Attention aux tanks !

Communiqué militaire : La population doit veiller à ne pas se faire écraser par les tanks américains par excès d'enthousiasme.

FORCES FRANÇAISES DE L'INTERIEUR

Port de l'uniforme

Il est apparu que depuis la libération d'une partie du territoire nombre d'anciens officiers et sous-officiers avaient repris l'uniforme. La question nécessite impérieusement une mise au point.

L'armée de l'armistice avait cru pouvoir défendre l'unité nationale. Mais cet espoir s'est effondré le 11 novembre 1942 et depuis cette date aucune équivoque n'est possible. Tous ceux qui avaient à cœur l'honneur de la Patrie sont entrés dans la Résistance qui pouvait s'exercer par les armes, par la parole et par l'action secrète.

Ceux qui n'ont pas compris leur devoir ne sauraient, actuellement, revendiquer une place d'honneur à la tête des unités de la libération.

En conséquence, le port de l'uniforme n'est autorisé qu'aux officiers, sous-officiers, caporaux et soldats des Forces Françaises de l'Intérieur.

Toutefois, il pourra l'être par les militaires de tous grades qui, en dehors de la Résistance armée, ont indiscutablement appuyé par leur action, l'effort de leurs camarades.

Les demandes de ces derniers, appuyées des références indispensables, seront adressées pour décision, soit au Chef F.F.I. régional, soit aux Chefs départementaux F.F.I. — à qui délégation est accordée — pour décision.

Le colonel BAYARD,
chef d'état-major régional F.F.I.

Proclamation de M. Justin Godart

MAIRE PROVISOIRE DE LYON

(Suite de la première page)

Son Maire, le Président Edouard Herriot, n'est pas là. Il continue à subir le long emprisonnement qui lui a été infligé d'abord par Lorraine, sot-disant Gouvernement assouvissant ses rancunes politiques, exécutant bassement les ordres de l'occupant, puis par celui-ci. Il le doit à son intransigeante fermeté de Français et de Républicain. Nous lui adressons l'hommage de notre *fidélité*. J'espère qu'il ne tardera point à occuper le poste où je suis momentanément, et qu'il reprendra dès son retour.

La Municipalité vous adresse un *pressant appel au rigoureux respect de l'ordre.*

Certes, de légitimes colères bouillonnent. Il y a des fronts déjà marqués pour le châtiment parce qu'ils n'ont point rougi devant les besognes ignobles de la délation, devant les profits scandaleux de la collaboration. Il y a d'indignes spéculateurs enrichis des misères du peuple et qui doivent des comptes à la Nation. La Justice les connaît. Elle sera rapide et impitoyable. Laissez-la agir dans la *sérénité de la vengeance nationale.*

Grâce au maintien de l'ordre, la Municipalité, en étroite et confiante liaison avec le Commissariat de la République, pourra donner toute sa vigilance au *ravitaillement*. Que chacun s'impose la discipline de se soumettre pour quelque temps encore volontairement aux restrictions qui sont pour assurer une équitable répartition. Il n'est pas douteux qu'avec la cessation des prélèvements de l'occupant, qu'avec la consommation enfin possible des réserves familiales on atteindra sans privations graves et sans manquer de prévoyance le moment où ces approvisionnements des Alliés et ceux considérables du nord de l'Afrique, pourront nous parvenir. Toute inquiétude se traduisant par de nouveaux stockages ménagers ou de l'affolement, est injustifiable et dangereuse.

Citoyens, une nouvelle et grandiose *ère de liberté* s'ouvre devant nous. *Lyon* participera activement à son rapide et harmonieux développement par toutes les puissances de ses incomparables facultés créatrices, par le génie fécond de son *esprit d'indépendance* qui, à travers les siècles, s'est toujours jalousement affirmé.

Son *industrie*, son *commerce*, débarrassés des organisations parasitaires que les gens de Vichy avaient multipliées pour leur profit, et pour subordonner notre économie à celle de l'ennemi, vont vite reprendre leur place de premier rang dans la production du pays et sur les marchés internationaux.

Le *syndicalisme*, qui a repoussé avec mépris l'hypocrite Charte du Travail, qui était sa *charte d'oppression*, fort de sa constante rébellion pour la défense du pays et celle de ses libertés, va reprendre d'un élan accru son activité *militante* pour le progrès humain par la Justice sociale.

Citoyens, nous plaçant audessus des sectarismes périmés, notre *Unité*, dans une *foi patriotique* intransigeante, dans une ferme *volonté* de réforme des mœurs, dans *l'amour passionné* de notre Lyon au si long et si noble passé laborieux, contribuera à la régénération de la France comme aux grands jours de la *Grande Révolution* par le *Liberté, l'Egalité, la Fraternité.*

Pour cela, citoyens, pour panser nos blessures et pour relever nos ruines dans *l'ordre*, serrons-nous tous au travail à la France, à la Lyonnaise !

VIVE LA FRANCE
VIVE LA REPUBLIQUE !

L'Union Départementale des Syndicats confédérés du Rhône - CGT lance un appel aux travailleurs lyonnais

Après la libération de la rive gauche de Lyon, qui est aujourd'hui un fait accompli, c'est avec la joie que l'on devine que la population lyonnaise fête nos vaillants combattants F.F.I. et Milices patriotiques qui, à l'heure et heure, libèrent notre belle cité de la horde hitlérienne.

La libération totale sera demain un fait accompli. Elle aura été l'œuvre d'une action qui s'échelonne sur quatre ans de lutte incessante.

— Action des organisations syndicales résistant aux institutions vichyssoises.

— Action de tous les patriotes, Français et Françaises, qui, farouchement, se sont opposés à la domination nazie.

Les travailleurs lyonnais, en appliquant le mot d'ordre de grève générale, ont participé aussi à cette libération.

☆

Par la grève, le sabotage, l'insurrection armée, nos vaillants combattants de l'agglomération lyonnaise ont souligné l'exemple des Canuts et agi en véritables patriotes, artisans de la libération.

La lutte n'est pas terminée. Une grande tâche reste à réaliser. Les travailleurs doivent plus que jamais s'unir au sein de leurs organisations syndicales pour que puisse être réglée de façon équitable, l'importante question des salaires et des conditions de travail. Pour le retour aux conventions collectives. Pour la participation effective des travailleurs à la gestion de l'économie nationale, etc.

Lyon libéré, il faut que l'insurrection nationale atteigne le but final.

Nous faisons appel à tous les travailleurs pour que ceux-ci aident par tous leurs moyens à déployer dans le calme, tous ces éléments qui chercheraient à échapper à la justice populaire. Enrôlez-vous en masse dans les Milices patriotiques. Mettez-vous à la disposition des Comités locaux et départementaux de Libération.

TRAVAILLEURS, tous debout au service de la France et pour la réalisation effective de la devise confédérale : *Bien-être et Liberté.*

Union départementale des Syndicats confédérés du Rhône

Les huit derniers jours

(Suite de la première page)

L'arrivée des F.F.I. Alpines

A 16 heures 30 arrivait à la Préfecture, à la tête de sa troupe, avec le commandant Chabeil, le vaillant colonel Bayard, chef des Forces Françaises de l'Intérieur pour la zone alpine et commandant en chef les opérations de la prise de Lyon. Il était accueilli par le colonel Alban, chef régional F.F.I. qui a conduit toutes nos troupes jusqu'à la victoire sur toute la région lyonnaise. En même temps, par le cours Gambetta, par le cours Lafayette, arrivaient les F.F.I., salués par les vivats enthousiastes d'une foule en délire.

L'entrée des troupes Alliées

Vers 18 heures, deux officiers de liaison détachés du G.Q.G. du général Wilson arrivent à la Préfecture. Ils sont suivis par les premiers tanks qui ne peuvent fendre la foule vibrante. Lorsqu'ils s'arrêtent, c'est une véritable grappe humaine qui s'accroche aux soldats américains. Baisers aux enfants, étreinte des femmes. Enfin les voilà, ceux que l'on attendait avec tant de confiance et de ferveur. Visages hâlés sous leurs casques ou leurs calots crânement plantés, ces hommes qui, après des mois d'entraînement, alors que l'immense machine de guerre achève d'écraser la tyrannie hitlérienne viennent, comme en 1918, rendre aux pays de la Révolution la visite de La Fayette.

Les haut-parleurs jettent au vent la accents entraînants de la Marche Lorraine, puis les graves et nobles mesures de l'hymne de la grande république américaine. Oui, c'est la liberté qui est revenue.

Et maintenant sus aux tortionnaires !

On communique de Limoges l'appel suivant : à tous les chefs d'unité F.F.I., à tous les commandants de place qui ont des prisonniers allemands, rechercher s'il se trouve des individus appartenant à la « Feldpost 3127 » et particulièrement le Feldwebel Friedrich et les sous-officiers Talmeler, de Berlin, Lebet, de Bramstadt ; prière de faire parvenir les renseignements au capitaine Faure, 52, rue Emile-Zola, Cahors.

— On a découvert à Issy-les-Moulineaux une chambre de torture ; les murs épais de cette chambre portaient encore les traces des doigts crispés et sanglants des victimes qui subissaient d'affreuses brûlures avant d'être fusillés devant un mur extérieur ; dans le même bâtiment on a découvert une autre pièce où, l'on avait depuis trois semaines entassé des cadavres.

LYON LIBERE
Bureaux de vente
8, rue Villeroy, Lyon

Imprimerie Spéciale de Lyon-Libéré
8, rue Villeroy

Travail exécuté par les ouvriers parisiens repliés à Lyon

DERNIÈRE HEURE

Les Alliés à 20 kilomètres de la frontière allemande

Les forces américaines marchent sur Bruxelles

Les Anglais, dans une avance rapide à partir d'Arras se sont emparés de la crête de Vimy, lieu de l'héroïque résistance des Canadiens dans la dernière guerre. Cette poussée constitue la pointe d'une avance générale en direction de Lille et de la frontière belge.

Les Anglais et les Canadiens ont libéré les régions de lancement de torpilles volantes.

Entre Abbeville et Rouen, les troupes polonaises sont en train de liquider des troupes allemandes isolées.

Les Canadiens convergent sur Le Havre.

Des unités américaines ont pris Charleville et Hirson.

D'autres éléments américains sont à Montdidier ; ils ont débarrassé la forêt de Compiègne des Allemands qui résistaient.

D'autres unités américaines se rapprochent de la Moselle et avancent en direction de Metz et de Nancy, vers la jonction du canal de la Meurthe et du canal de la Marne au Rhin.

Au cours de la semaine passée, ils ont avancé à une allure unique dans les annales militaires.

Dans le courant de la nuit, on apprenait que les forces américaines, traversant la frontière belge, ont pris Tournai et Maubeuge et marchent sur Bruxelles dont elles ne sont éloignées que d'une soixantaine de kilomètres. Les patriotes belges sont entrés en action. Les Boches s'enfuient en désordre et inondent les régions situées dans le nord de la Belgique et en Hollande.

Ils ont confirmé, d'autre part, que les rives de la Somme sont totalement débarrassées des Allemands.

Aux dernières nouvelles, les Alliés sont à 20 km. de la frontière allemande.

La Finlande a demandé un armistice

Samedi, après-midi, on apprenait que, après avoir rompu les relations diplomatiques avec l'Allemagne, la Finlande avait demandé à la Russie ses conditions d'armistice.

Le gouvernement soviétique a envoyé à Helsinki sa réponse, qui avait été communiquée auparavant aux gouvernements alliés.

On précise, à Moscou, que l'U.R.S.S. n'exige nullement des Finlandais une capitulation sans conditions et qu'ils pourront conserver leurs armes tant que dureront les négociations, mais les armées allemandes devront évacuer le pays.

En Italie la ligne gothique est enfoncée

La ligne Gothique a été enfoncée. Les défenses ennemies dans le secteur de l'Adriatique ont été percées sur une longueur de trente kms et sur une profondeur de 5 à 7 kms.

Les correspondants de guerre mandent qu'au-delà de la percée les ouvrages de la ligne gothique ne présentent plus aucun caractère défensif et les troupes alliées peuvent apercevoir devant elles un terrain idéal pour une avance rapide.

L'avance des troupes russes dans les Balkans

L'armée rouge déferle sur la Roumanie en direction de la Yougoslavie à une allure de 40 kms par jour. Les Russes sont maîtres d'une partie du Danube entre Jurjiu et le delta du fleuve jusqu'au sud de Constanza. Les Allemands encore en Grèce sont menacés d'isolement.

L'armée rouge avance rapidement en Transylvanie presque sans rencontrer de résistance.

Les plus récentes informations signalent les Russes à 103 km. de Bucarest.

LA PREMIÈRE FÊTE DE LA RÉSISTANCE

En l'honneur de tous les agents de liaison des mouvements

Le Commissaire Régional de la République de la région Rhône-Alpes tient à ce que la première « Fête de la Résistance » soit organisée en l'honneur des jeunes filles et des jeunes gens qui assurent avec le plus simple des courages les liaisons civiles et militaires.

C'est l'équipe des agents de liaisons qui a subi la plus implacable des répressions ; c'est dans le corps des agents de liaison qu'on pleure le plus grand nombre de torturés et de fusillés ; c'est grâce aux agents de liaisons que dans la cruelle période de combat, la résistance continue à vivre, les F.F.I. continuent à être informés et que les Pouvoirs Publics peuvent transmettre leurs décisions.

— Le Commissaire Régional de la République adresse son salut à toutes les jeunes filles et à tous les jeunes gens, à tous les « cyclistes » de la Résistance.

Il les invite à déigner, dès que l'heure du repos sonnera, des délégations qui, venant de l'Ain, de l'Ardèche, de la Drôme, de l'Isère, de la Loire, du Rhône, de la Savoie, de la Haute-Savoie, rejoindront un lieu qui leur sera fixé à Lyon ou dans sa banlieue, et où tous invités et autorités civiles et militaires, se rendront à bicyclette.

Honneur aux agents de liaison qui par tous les temps et au mépris de tous les dangers, ont assuré la vie de la Résistance Française.

Le Commissaire de la République : Yves Farge.

A LA JEUNESSE LYONNAISE

Lyon est libéré dans l'enthousiasme et les jeunes sont les premiers à crier leur joie et à lutter pour continuer l'œuvre ainsi commencée.

Les Forces Unies de la Jeunesse Patriotique (F.U.J.P.) ; groupant toutes les organisations de jeunes de France, et seule reconnue par le Gouvernement de la République, appellent tous les jeunes de Lyon à s'unir dans leurs rangs pour :

continuer la lutte dans nos admirables FFI, exterminer les Boches, et reconduire les restes de leurs armées dans leurs tanières,

s'enrôler sans aucune exception dans les Milices Patriotiques, gardiennes de l'ordre et réserves de l'Armée Française,

châtier d'une façon exemplaire tous les traîtres,

forger dans nos usines et ateliers, remis en marche, les armes de la victoire,

réparer les moyens de transport dans des délais records,

en un mot, pour faire de l'arrière un immense chantier qui travaillera jour et nuit pour la victoire totale.

Les Forces Unies de la Jeunesse Patriotique (FUJP) ;

Union des Jeunes Filles Patriotes (UJFP) ;

Front Patriotique de la Jeunesse (FPJ) ;

Jeunes Chrétiens Combattants (JCC) ;

Jeunes Communistes (JC) ;

Jeunes des Mouvements de Libération Nationale (JMLM) ;

Jeunesses laïques Combattantes (JLC) ;

Union de la Jeunesse Juive (UJJ) ;

Union des Etudiantes Patriotes (UEP).

Le ravitaillement de Paris

Les Halles centrales, qui ont été le théâtre de combats violents, sont rouvertes ; la foule s'y presse déjà pour acheter la viande congelée, des fromages, des fruits, etc...

Le plus grave problème du ravitaillement est le pain, mais pour le moment les Américains ont fourni des tonnes de biscuits qui remplacent le pain. Les moulins qui ont reçu le mazout pour transformer le blé en farine.

Les Allemands n'ont pas pu prendre le froment de Beauce et de Brie.

Dans le nord, les Alliés réparent les voies ferrées ; la pose des rails s'effectue au rythme de 1 km. et demi par heure.

Des V.1 sur Paris

Les Allemands bombardent la région parisienne avec des bombes volantes.

Des correspondants rapportent que la première bombe volante lancée par les Allemands contre la région de Paris est tombée samedi matin dans le bassin parisien.

Le Front National va commémorer la République

Le 4 septembre, le Front National organise une manifestation commémorative de l'avènement de la République dans les pays et les arrondissements.

MOURAVIEF DEVIENT PRESIDENT DU CONSEIL DE BULGARIE

Un nouveau gouvernement bulgare vient de se former ; le président serait Mouravief, neveu de Stamboulisky, chef des agrariens.

On se montre très satisfait au Caire de cette nomination, car le nouveau premier bulgare est connu pour ses sympathies alliées.

A L'HOTEL DE VILLE

Ce matin, vers 7 h. 30, MM. Patriès (C.C.M.C.), Bretod du F.N., Noël Duval, du P.C., Pinton, premier adjoint au maire et Charney, des M.L.N., accompagnés de leurs secrétaires — sur le courage desquelles nous reviendrons —, ont pris possession de l'Hôtel de Ville.

Après avoir rédigé la proclamation du Comité de Libération, ils pavoisèrent le balcon de l'Hôtel de Ville, tandis que la foule massée place des Terreaux scandait le nom de « De Gaulle ». Une « Marseillaise » vibrante fut chantée pour clôturer cette « fête » improvisée.

Notons pour terminer que M. Bertrand, ex-maire de Lyon, a disparu.

... le jour même de la libération de Lyon.
(*Lyon libéré*, n° 1, 3 septembre 1944.)

Vendredi 15 Septembre 1944

1re Année - N° 6
PRIX : 1 fr. 50

LYON LIBRE

ORGANE DU SOIR DU MOUVEMENT DE LA LIBÉRATION NATIONALE

« Nous allons faire un grand travail d'épuration et de justice sociale »

Lyon capitale du Gaullisme acclame le Général de Gaulle

Au moment où nous écrivons ces lignes, Lyon salue encore de ses vivats enthousiastes le général de Gaulle. Malgré ses ruines et ses morts, malgré ses déportés, ses prisonniers et ses martyrs, Lyon, capitale du « gaullisme », manifeste sa joie grave et, de la foule, monte une immense gratitude vers celui qui, depuis le 18 juin 1940, incarna sans défaillir un instant l'idée de la Résistance.

Lyon résistant remercie celui qui, dès le premier jour, rassembla les énergies en lançant cette phrase immortelle : « La France a perdu une bataille, elle n'a pas perdu la guerre ». Lyon laborieux remercie celui qui a rendu au peuple français le sentiment de la dignité nationale face à l'oppresseur, le goût de la lutte et du sacrifice pour la liberté, la volonté de créer une démocratie nouvelle.

L'immense popularité de Charles de Gaulle ne s'explique pas seulement par ce qu'il a guidé notre pays dans le combat libérateur mais aussi et peut-être surtout par la façon dont il l'a guidé.

Il l'a guidé en s'appuyant sans cesse sur les aspirations les plus pures des masses populaires, en essayant de les dégager, de les exprimer, de les réaliser et, par là-même, il s'est, pendant toute une période, identifié à elles.

Il a lui-même défini son but : rendre la parole au peuple.

Cette constante préoccupation d'être non pas le dictateur de la nation, mais le serviteur de la démocratie, n'est certes pas le moindre titre de gloire du président du gouvernement provisoire.

Le Mouvement de la Libération Nationale, certain d'interpréter l'opinion de l'immense majorité, attend du gouvernement qu'il poursuive et couronne cette politique.

Car, il faut qu'on le sache, la France de septembre 1944 n'entend pas revenir à la IIIe République. Elle entend créer une véritable démocratie. Elle entend détruire les vieilles institutions réactionnaires qui nous ont conduits à la ruine et les remplacer par des organes démocratiques neufs, grâce auxquels le pouvoir du peuple s'exercera par le peuple et pour le peuple.

Le général de Gaulle descend de l'avion « France ».

Retardé par le mauvais temps L'AVION « FRANCE » A ATTERRI A 15 HEURES 10 A BRON

La foule qui attendait depuis le matin, a fait au général une ovation formidable

D'autres titres de presse suivront Lyon libéré, *notamment* Lyon libre. (*Lyon libre*, 15 septembre 1944.)

du pain de farine de maïs. Le pain bis de l'Occupation faisait place à une mie jaune orangée dont la pâte levait mal et s'avérait difficile à mastiquer.

En positif, notre charbonnier venait de recevoir une livraison de charbon. Le brave bougnat, installé à Villevert-sur-Saône, mettait à notre disposition cent kilos d'anthracite, affirmant que nous n'aurions pas à grelotter de froid cet hiver. Par contre, il fallait les enlever par nos propres moyens. Je pris en charge cette importante mission qui fut effectuée avec l'apport du landau de la mère Durand. Le plus difficile sera de pousser, tout le long de la forte côte, la petite voiture surchargée d'un premier sac de charbon. Le deuxième tour s'avéra plus ardu mais, mon devoir accompli, je pus me présenter avec fierté devant mes parents, portant sur le visage les traces noires de ma campagne charbonnière.

Noël 1944 approchait et nous décidâmes de passer les fêtes en famille dans notre vieille impasse.

Nous étions ainsi réunis, le soir de la Nativité, autour de la grosse cuisinière en fonte qui diffusait une chaleur agréable, à l'odeur d'écorce d'orange. C'était la tradition retrouvée de faire griller sur la plaque rougie du fourneau les épluchures de cet agrume. Nous sentions à nouveau le parfum « maison » de la nuit de Noël. Je le devais à *Santa Claus* (le Père Noël anglo-américain), objet de nos espoirs pendant quatre ans qui, dans le sillage des GI, m'avait apporté ce fruit du soleil si désiré.

Notre réveillon retrouvait ses saveurs d'avant-guerre, ce que souligna la bûche confectionnée en vrai chocolat par ma maman. Le bouchon de la bouteille de mousseux sauta, dont le pop joyeux incita le Kiki de La Villette à nous raconter ses blagues habituelles :

« Quelque temps après la libération de Lyon, un client entre dans une brasserie près de la gare de Perrache. Il commande un demi. Le garçon apporte le demi, le lui tend et pose sur la table un magnifique sous-bock en feutre marron. Le gone ne manque pas de se réjouir d'un retour à une certaine opulence. Il boit un peu de bière, regarde le sous-bock, le prend entre les doigts, en grignote un petit bout, reboit un peu de bière et finit de dévorer le rond de feutre avec une satisfaction évidente. Alors, après avoir vidé son verre, il appelle le garçon et lui dit : "Garçon, donnez-moi un autre demi, mais cette fois-ci sans gâteau". »

Mon tonton nous rappela aussi le tract qu'il avait contribué à glisser dans les boîtes aux lettres lors du triste Noël 1942 placé sous la très dure seconde occupation des Allemands :

« Noël n'aura pas lieu cette année,
La Sainte Vierge et le petit Jésus sont évacués,
Saint Joseph est en camp de concentration,
L'étable est réquisitionnée,
Les anges ont été descendus par la DCA,
Les Rois mages sont en Angleterre,
La vache est à Berlin et l'âne à Rome,
L'étoile a été peinte en bleu, par ordre du chef d'îlot. »

À minuit, la bonne humeur régnait lorsque nous nous réunîmes autour de la crèche, placée au pied du premier sapin de la liberté retrouvée. Je lorgnais surtout les cadeaux qui m'attendaient dans mes galoches. J'eus le plaisir d'y trouver une petite Jeep en bois parfaitement imitée. À côté s'étalaient des soldats de plomb en uniforme américain, ceux que j'avais reluqués dans la vitrine du marchand de jouets.

Un nouveau jeu de société attendait toute la famille. Sa conception collait parfaitement aux événements actuels car il se dénommait « Jeu de la Libération ». Ses règles s'inspiraient du jeu « des petits chevaux », à ceci près que chaque écurie devenait un pays allié : France, Grande-Bretagne, États-Unis, URSS.

Les pions libérateurs symbolisaient les armées qui, au travers des cases de batailles, les conduisaient aux villes à libérer, tels Strasbourg, Liège, La Haye ou Brest-Litovsk... Le pion gagnant aboutissait évidemment à Berlin. Là, le fabricant ne manquait pas d'audace, sachant qu'à l'heure présente les troupes alliées se battaient à bonne distance de la capitale du *Reich*.

Nous écoutions d'ailleurs avec inquiétude les communiqués de la radio qui suivaient la progression des Allemands au cours de la contre-offensive qu'ils venaient de lancer au cœur des Ardennes. Le 18 décembre 1944, Strasbourg s'était même trouvé sous la menace d'être reprise par les boches. Heureusement, en cette nuit de Noël, nous savions que les FFL, grâce à la ferme résolution du général de Gaulle, et sous la conduite du général Leclerc, venaient de sauver la ville.

Notre *Minuit chrétien* fut donc chanté avec un bonheur retrouvé et placé sous la protection d'un petit ange de cire, aux ailes de carton dorées, suspendu au-dessus de l'étable et qui représentait pour tous ma petite sœur montée au paradis.

Nous eûmes une pensée pour le héros de la famille, le Grand Loulou, dont le sacrifice de sa vie pour la patrie avait permis que le drapeau tricolore flotte sur la flèche de la cathédrale de Strasbourg.

Quelques flocons de neige virevoltaient derrière les carreaux et je m'endormis dans l'espérance de trouver, le lendemain, un épais tapis blanc, cet éternel jeu de la nature si prisé des enfants.

Chapitre X

1945, vers la victoire...

LA NOUVELLE ANNÉE 1945 nous apporta des nouvelles rassurantes sur la situation du front des Ardennes. L'opération *Grief* (Griffon) d'Hitler s'inspirait des mêmes règles que mon jeu de Noël « Jeu de la Libération ». Le *Führer* avait lancé son dernier coup de dé et était tombé sur la case défaite. Le 16 janvier 1945, la *Wehrmacht* était en repli général ; le chant du cygne du grand *Reich* commençait.

Ce sursaut se soldait très cher : vingt-quatre mille tués, soixante-trois mille blessés, seize mille prisonniers chez les Allemands ; huit mille tués, quarante-huit mille blessés, vingt et un mille prisonniers chez les Alliés. Les pertes de matériels se chiffraient à deux cents chars, mille six cents avions, six mille véhicules dans les deux camps.

Hitler, lui, se trouvait à Berlin, enfermé dans son *Führerbunker* de la Chancellerie, d'où il préparait ses armes secrètes, d'autres plans illusoires et des milliers de victimes certaines.

Voilà un lourd tribut consacré au plan Griffon dont le seul avantage sera d'avoir revigoré quelques jours le moral, sinon du peuple allemand, mais plus sûrement celui des collabos français repliés en Allemagne et qui croyaient encore au *Reich* millénaire.

À Sigmaringen, le maréchal Pétain se considérait retiré des affaires de la France de Vichy et, malgré la pression de ses proches, refusait de fuir en Suisse, où le général de Gaulle l'aurait volontiers oublié. Quant à Pierre Laval, démissionnaire du gouvernement, il n'était plus qu'un réfugié dans l'attente du jugement de l'Histoire.

Par contre, une commission, une espèce de gouvernement fantoche, réunissant Darnand, Déat, Luchaire, sous la présidence de Fernand Brinon, assurait la continuité du régime vichyssois en prenant sous tutelle nos prisonniers de guerre ou travailleurs du STO (travail obligatoire en Allemagne).

D'un autre côté, dans l'île de Mainau, sur le lac de Constance, Jacques Doriot, soutenu par Himmler et Goebbels, avait formé une république autonome, dont il attendait qu'elle fût reconnue comme représentant exclusivement les instances politiques françaises.

Ainsi, dans cette rivalité dérisoire, les égarés français vivaient les derniers mois de l'Allemagne hitlérienne en complète irréalité, au point qu'un écrivain connu, apprenant la poussée de la *Wehrmacht*, devait dire :

« Nos valises sont faites. Dans huit jours, je couche à Paris. Nous en sommes au point culminant de la parabole de la collaboration. »

Les élucubrations de ces Français perdus ne pouvaient qu'intéresser les juges qui, bientôt, allaient instruire leurs procès avant de les condamner pour haute trahison. La sévère épuration en France ne leur laissait aucune chance d'y échapper.

À Lyon, nous avions suivi le procès de René Cussonac, l'intendant de police de la région lyonnaise, qui s'était acharné sur les membres de la Résistance. La cour de justice de Lyon ne pouvait que prononcer une peine de mort. À l'ouverture du procès le 3 novembre 1944, le commissaire du gouvernement annonçait la couleur :

« Vous avez été choisis, messieurs les juges, pour mener à bien l'épuration du pays. Votre tâche est immense. Plus de mille cinq cents détenus se trouvent dans les diverses prisons lyonnaises. Nous jugerons d'abord les principaux responsables, les chefs. Ce sont là les premiers qui doivent rendre des comptes. La procédure que nous allons suivre est publique. Tous les témoins seront entendus. Les accusés pourront se défendre librement. Ainsi, nous contribuerons tous, dans la mesure de nos moyens, à rendre à la patrie martyrisée, mais ressuscitée, son âme vraie[1]. »

1. *Source : GARCIN, Paul,* La Haine : reportages clandestins, 1940-1944, *Lugdunum, 1946.*

Partout en France, les condamnations pleuvaient. On peut estimer leur nombre à environ trente mille ou, selon celles du ministère de l'Intérieur établies en 1948, à neuf mille six cent soixante-treize.

L'épuration ne touchait pas que les personnes et s'étendait aux livres, journaux, magazines, manuels scolaires, disons tout ce qui pouvait rappeler le régime de Vichy.

Nous les écoliers n'étions plus les enfants du maréchal mais ceux de la IVe République. Au-dessus de l'estrade, le vide laissé par la disparition de son portrait attendait celui du futur président.

La mise en œuvre de ce changement nous vaudra de bonnes tranches de rigolade. L'inspection d'académie se chargeait de purger les ouvrages scolaires. Nous eûmes la visite d'un inspecteur, dans lequel notre bande de copains, en gloussant derrière les ardoises, reconnut celui qui hier s'extasiait de nous entendre chanter le tube de la collaboration *Maréchal, nous voilà !*. Le docte fonctionnaire, devenu un résistant convaincu, nous expliqua qu'une circulaire du 1er février 1945 interdisait les livres ou documents favorables au régime de Vichy.

Il engagea notre maître à passer dans les rangées de bureaux afin de récupérer les ouvrages prohibés. Curieusement, certains de ces manuels tombaient dans le champ d'application de la circulaire simplement parce que la page de présentation portait en évidence la devise « Travail, Famille, Patrie » et la francisque.

Quand ce fut mon tour, je rendis mes ouvrages en prenant un air angélique, sachant que j'avais arraché cette page délictueuse depuis belle lurette, d'ailleurs la logique n'était-elle pas avec moi ?

Les albums de l'histoire de France recommandés par Vichy pour la jeunesse passaient au crible. À titre d'exemple, on pourrait citer un succès de librairie, le livre *Maréchaux de France*, qui fut catalogué « une pure imagerie de Pétain » et par conséquent interdit, puis retiré de la vente.

Le gouvernement provisoire s'efforçait de faire entrer les nouveaux héros de la Libération dans l'imaginaire des enfants. Des albums les présentaient depuis le général de Gaulle et continuaient par les généraux Leclerc, Koening, Juin ou de Lattre de Tassigny. En meilleure référence, on pourrait évoquer *La Merveilleuse Aventure du général de Gaulle racontée aux petits Français*, paru en 1945, sous la plume d'Henriette Chandet. À propos de l'imaginaire, nous les écoliers étions plutôt en avance en faisant circuler à la récré une collection d'images des chefs de cette guerre, y compris les Anglais et Américains, dont les échanges se faisaient selon la rareté des personnages.

Les divers illustrés, bandes dessinées ou magazines pour la jeunesse entraient aussi dans le cadre de l'épuration qui dressait la liste d'œuvres à passer au pilon.

Curieusement, les éditeurs collabos ne s'en tiraient pas trop mal par des pirouettes ou astuces. Ainsi, *Cœurs vaillants*, l'illustré obligé des enfants du maréchal, reparaissait sous le titre *Belles Histoires de vaillance*. Le créateur, en 1941, de cette incontournable œuvre vichyste relatait désormais les exploits du « Capitaine Invisible », un insaisissable maquisard. L'hebdomadaire *Wrill*, créé en 1942 sous l'égide de Pétain, se dotait dès lors d'une sensibilité très résistante. On y trouvait des héros étonnants, tels « Roger la Bagarre », « Jim Spitfire », « Mustang agent secret 549 », qui cassaient du boche à longueur de pages.

La situation économique et sociale des Français restait cependant la principale préoccupation du gouvernement car tout était à faire ou à reconstruire. En ce printemps 1945, notre vie quotidienne s'améliorait par l'apport de produits alimentaires que des navires américains, assouplissant la priorité de l'armement, déchargeaient dans nos ports. Cela n'empêchait pas le maintien des tickets de rationnement. Ceux de notre pain de chaque jour jouaient au yo-yo, un mois supprimés, rétablis le mois suivant. Si bien que, le 1er janvier 1946, ces fameux tickets subsistaient avec une ration de trois cents grammes par jour.

Les chantiers de reconstruction ou réparation des ponts détruits avançaient avec la plus grande efficacité, sinon des bacs guidés par câble assuraient des traversées plus sûres. Par contre, des coupures de courant ou de gaz freinaient encore les immenses travaux.

Autre inquiétude, la guerre n'était pas terminée et les troupes allemandes, bien que reculant chaque jour, continuaient de défendre avec l'acharnement du désespoir le sol du *Reich*.

Ainsi, malgré la quasi-certitude de la victoire des Alliés, nous écoutions dans la crainte d'autres rumeurs qui se propageaient à propos des armes secrètes que préparait Hitler dans les profondeurs des *bunkers* à l'abri des bombes.

À l'école, nos conversations évoquaient deux gaz terrifiants, dont le mortel effet rendait vaine toute protection : le tabun et le sarin.

Les mieux informés sur les fusées affirmaient que les V1 et V2 s'avéraient dépassés par les V3, capables de porter une bombe dévastatrice sur une distance considérable.

La presse alliée, curieusement, confirmait en quelque sorte ces on-dit. Le *New York Times* n'avait-il pas annoncé qu'Hitler consacrait ses efforts sur la fusée V3 pouvant transporter une « bombe atomique » jusqu'aux États-Unis ? Le *Daily Mail* était allé plus loin en titrant :

« *Secret Weapon, background to nazi push.* » (« L'arme secrète, raison profonde de la poussée nazie. »)

Le grand quotidien ira même (3 janvier 1945) jusqu'à développer sur toute la largeur de sa première page :

« *US told : V bombs in thirty days ; New York and Washington the probable targets.* » (« Bombes V dans trente jours ; New York et Washington, objectifs probables. »)

Heureusement, comme « ma sœur Anne », rien ne venait et nos craintes s'estompaient dans la pratique d'autres jeux plus actuels. Nous portions beaucoup d'intérêts aux exploits des maquisards ou surtout les aventures mystérieuses des espions dont les éditeurs, particulièrement lyonnais, racontaient leurs histoires dans les nouvelles parutions. Nous avions le journal illustré *Coq Hardi*, sur lequel nous suivions des feuilletons d'équipées désopilantes de la Résistance, telles celles des *Trois Mousquetaires du maquis*. Dans le domaine fascinant des espions, nos héros s'appelaient « colonel X », « King », « Sergent Garry » et, mon préféré, le *flight commander* de la RAF, « James Bigglesworth », *alias* « Biggles », en réalité un agent très secret. Son inventeur, le très réel *captain* W. E. Johns, publiait ses prouesses aux Presses de la Cité, et ainsi je pouvais lire avec passion : *Biggles et Cie*, *Le Mystère des avions disparus* ou *Worrals et l'opale noire*. Le *captain* Johns n'était pas misogyne et avait créé son pendant féminin, une auxiliaire de la RAF (Waaf), l'espionne de charme Worrals

Notre vieux château d'Albigny devenait dans notre imagination un repaire d'agents secrets « en culottes courtes ». Comme il se doit, nous nous donnions des noms de guerre. Je n'eus aucune hésitation pour choisir le mien et, partant de mon maître ès espionnage Biggles, je devins l'agent secret « Big-Big ».

Le Kiki de La Villette m'avait invité à passer un jeudi chez lui, rue Nazareth. J'eus ainsi l'occasion de lui raconter les aventures de mon héros Biggles, ce qui le fit sourire, bien que, devait-il ajouter, la réalité peut parfois dépasser la fiction. Mon tonton Louis me parla alors de l'incroyable « coup tordu » qu'organisa le capitaine Otto Skorzeny, lors de la dernière contre-offensive lancée par Hitler, le 16 décembre 1944, dans les Ardennes. Skorzeny, chef des services spéciaux de la *Wehrmacht*, un Autrichien de monumentale stature, sa face balafrée de l'oreille gauche jusqu'à la bouche, avait réussi à libérer Mussolini de sa prison de Gran Sasso (12 septembre 1943) pour qu'il reprenne le pouvoir.

Le *Führer* connaissait le coup d'éclat de Skorzeny et accepta le plan audacieux que lui proposait l'Autrichien dans le cadre de l'opération *Grief*. Il s'agissait d'infiltrer dans une grande échelle l'armée américaine afin de créer une confusion préjudiciable à leur système de défense et qui aurait pu réussir sans un autre « coup aussi tordu » du contre-espionnage US. Le Kiki de La Villette m'expliqua alors comment s'était déroulée la plus formidable intoxication de cette guerre. Elle fera les délices du magazine *Stars and Stripes*, édité par l'organisme de presse qui suivait l'*US Army* :

« Skorzeny recruta deux mille volontaires parmi les diverses unités de la *Wehrmacht* qu'il allait transformer en "vrais faux" soldats américains. Cela nécessitait de leur part non seulement la maîtrise de la langue anglaise mais aussi la connaissance des mœurs américaines. Un entraînement intensif les accoutuma à la façon de vivre, aux gestes et jurons que les GI, comme siffler au spectacle, mâcher le *chewing-gum* à la manière de ceux du Bronx ou de Brooklyn, et surtout d'être incollables sur le maniement des armes. Ces faux soldats de l'*US Army* furent équipés de blindés et autres véhicules légers capturés aux Américains. Ils étaient munis de faux livrets militaires ou permis de conduire, puis habillés avec des uniformes récupérés dans les camps de prisonniers.

Une compagnie d'élite, qualifiée *Stielau* (son capitaine) s'ajoutait au dispositif Skorzeny. Elle comprenait quatre-vingts hommes, choisis pour leur impeccable anglais, qui se divisaient en deux groupes : les saboteurs sur huit Jeeps ; puis la reconnaissance sur six Jeeps.

La mission, véritable "cheval de Troie", consistait pour l'essentiel de la brigade à s'incorporer dans le 5e DB américaine, y créer une grande confusion afin de se saisir des trois ponts sur la Meuse, situés au sud-ouest de Liège, aux localités d'Engis, Amay et Huy.

Quant à la compagnie *Stielau*, son job consistait à couper les lignes téléphoniques, signaler des faux champs de mines, détourner par de faux panneaux les convois américains et avait l'ambitieux projet d'assassiner des généraux, en particulier le général Eisenhower. »

Mon cher tonton aborda l'essentiel du dispositif de Skorzeny, il fallait que ses hommes puissent se reconnaître entre eux. Mon intérêt monta d'un cran et je pris mon petit carnet rouge afin de dresser l'abécédaire du parfait espion :

« Les faux Américains portaient des écharpes roses ou bleues. Le deuxième bouton de leur blouson n'était pas fermé. Ils s'abordaient en frappant deux fois sur leur casque. La nuit, ils devaient lever le bras droit et allumer par intermittence des lampes de poche bleuies. Pour répondre au signe de reconnaissance, l'homme interpellé levait le bras gauche et braquait une lampe de poche rouge. Les capots des véhicules portaient sur le côté gauche les lettres C, D, X, Y ou Z. Quant au mot de passe que le faux Américain ne connaissait pas, Skorzeny avait préparé une série de réponses en anglais, selon sa psychologie de casse-cou, qui permettaient à l'interpellé soit d'embobiner la sentinelle ou de tirer le premier. »

Le Kiki de La Villette me précisa que les services secrets américains connaissaient l'existence du réseau Skorzeny depuis sa création, mais en avaient mal apprécié l'ampleur. Ils se rendirent compte rapidement que cinq cent mille vrais Américains étaient chamboulés par ces pseudo-GI, soupçonnés de s'infiltrer partout. Alors, le contre-espionnage des Alliés employa la même méthode que celle d'Otto Skorzeny pour les débusquer :

« Le moyen de coincer ces faux frères consistait à les pousser à la faute sur des particularités de la culture américaine. Le test le plus infaillible était de faire prononcer au suspect le mot *wreath* ("guirlande") qui se disait *writh* avec un "th" fort. Cela trahissait à coup sûr, malgré un anglais parfait, l'accent allemand ou même germano-américain. Des questions insidieuses sur les règles du football américain ou le nom de la capitale d'un état pouvaient conduire le faux GI à des erreurs fatales. D'autres anomalies attiraient l'attention tel un modèle de chaussures qui ne correspondait pas à l'unité indiquée par le douteux soldat. Plus irrémédiable encore lorsque le faux Américain s'annonçait par "*We are 'e'compagny*". C'était une bourde monumentale car seul l'escadron de chars légers se dénommait *compagny*, toutes les autres formations prenaient l'appellation de *troops*. La guerre psychologique fut finalement gagnée par les Américains et les membres du commando Otto Skorzeny seront décimés au titre d'espion, ce qui les menait devant un peloton d'exécution[1]. »

À l'attention de ceux, c'est mon cas, qui aiment la langue anglaise, j'y reprendrais les expressions que le rugueux Autrichien recommandait à ses hommes en réponse à la demande du mot de passe : « *Who goes there* ? » (« Qui va là ? »). Elles sont savoureuses et démontrent qu'Otto était une « sacrée ficelle » : « *It's OK, Joe* » (« C'est OK, Joe ») ou « *It's OK, Joe. Don't mind me* » (« C'est OK, Joe. Ne te gêne pas pour moi ») ; en cas de reprise de la question « *Go on, don't bother me* » (« Continue ta garde et fiche-moi la paix ») ou « *Lay an egg* » (« Tu fais un bide ») ou bien « *Come up and see some time* » (« Viens et regarde mieux ») ou encore « *So is your ol'man* » (« C'est ton vieux pote »). Cette « intox » pouvait marcher, sinon donner au moins le temps de tirer le premier.

Le Kiki de La Villette venait de rendre mon jeudi des plus passionnants. C'est ce que je me disais au retour dans le « train bleu », certain de pouvoir désormais épater mes copains sur ces hommes de l'ombre. Assez, me laissais-je aller à penser, pour briguer la place de chef de notre réseau d'espions J2, dont les pierres du vieux château d'Albigny cachaient le repaire.

Les beaux jours de cette fin avril 1945, puis la déconfiture des Allemands sur tous les fronts, nous rendirent optimistes. La dernière page de l'histoire de Vichy venait aussi de se tourner. Le maréchal Pétain était passé en Suisse, non pas pour y résider, mais pour être remis aux autorités françaises. Le 26 avril 1945, le

1. *Jacques Nobécourt, dans son livre* Le Dernier Coup de dé d'Hitler *(Robert Laffont, 1962), traite l'offensive des Ardennes et, particulièrement dans son chapitre* XIV, *tous les aspects des commandos de Skorzeny.*

général Koenig procéda à son arrestation à Vallorbe, sur la frontière suisse. De là, le vieux maréchal fut conduit et incarcéré au fort de Montrouge, dans l'attente de son procès pour haute trahison.

L'histoire retiendra qu'il sera condamné à la peine de mort par la Haute Cour de Paris, avec le vœu qu'elle ne soit pas exécutée. Le verdict avait été des plus serrés : quatorze voix pour contre treize.

C'est au fort du Portalet, dans les Pyrénées, que le maréchal apprendra sa grâce, commuée en détention perpétuelle au fort de la Citadelle à l'île d'Yeu. Il mourut dans cette petite île le 23 juillet 1951, à l'âge de quatre-vingt-quinze ans, et y repose depuis dans le cimetière marin.

La fin de la guerre arriva peu après. Le 8 mai 1945, les cloches se mirent à sonner en célébration de la victoire des Alliés, obtenue par la capitulation sans condition de l'Allemagne. L'acte venait d'être signé à Reims, dans la nuit du 7 au 8 mai, à 2 h 40 du matin. Cela s'était passé à l'intérieur d'une simple petite école aux murs de briques rouges. Là, dans une salle de classe, le général Eisenhover, lui-même, avait télégraphié l'extraordinaire nouvelle. La dépêche du général en chef, conscient d'avoir bien fait son job, était d'une extrême sobriété, mais d'une telle grandeur pour le monde libre :

« La mission des forces alliées est remplie. »

Le général de Gaulle réussissait aussi la sienne, car la signature de la France libre se trouvait apposée sur cet acte capital, par son délégué, en la personne du général François Sevez.

À la demande de Joseph Staline, une deuxième signature de l'acte de capitulation sera faite symboliquement à Berlin dans la soirée du 8 mai 1945. Le général de Lattre de Tassigny représentait la France et son intransigeance amena une curieuse anecdote dans le bon déroulement du protocole. Après avoir constaté que le drapeau français ne figurait pas dans la salle de la cérémonie, le général exigea que notre emblème soit placé à côté de ceux des autres pays signataires. On accéda à sa requête mais un problème se posait, notre drapeau s'avérait introuvable. Alors, des couturières russes en confectionnèrent un avec un morceau rouge de pavillon hitlérien, un morceau blanc de toile de parachute et le troisième avec de la serge bleue prise sur une combinaison de mécanicien de la *Luftwaffe*. Nous décidâmes de fêter cette journée mémorable dans notre impasse autour d'une meilleure table et en levant un verre de mousseux au « V » de la victoire.

Le Kiki de La Villette montra sa verve habituelle :

« Un volontaire cherchait à s'engager dans la garde d'Hitler, désirant combattre jusqu'au bout.

« "Vous êtes fou ! s'effara le major.

« – Non, répondit la recrue. Pourquoi ? Est-ce indispensable ?" »

Mon cher tonton nous fit aussi une révélation :

« Les Russes possédaient depuis longtemps une arme secrète capable de donner le tournis aux plus solides guerriers. Son nom de code vient d'être révélé, il s'agit de "Vodka". »

Le Kiki de La Villette nous conta une curieuse anecdote sur une face cachée d'Hitler. Le *Führer* était superstitieux, ce qui l'amenait à consulter des mages avant de prendre une grande décision. Ainsi, nous dit-il, au moment où tout s'effondrait autour de lui, le chancelier du *Reich* se référait encore aux horoscopes d'un astrologue suisse nommé Karl Kraft.

Le ministre de la Communication, Joseph Goebbels, l'entretenait d'ailleurs dans cette croyance illusoire, d'autant que le mage venait de prédire :

« Des défaites culminant en désastre dans les premiers mois de 1945, puis au mois d'avril un retournement prodigieux de la situation, amené par un événement imprévu. Il pouvait en découler une victoire allemande décisive et à la paix en août. »

Dans la profondeur du *bunker* de la Chancellerie, les deux hommes restaient dans l'attente de la réalisation de cette vision surnaturelle. Le 13 avril 1945, Goebbels crut que le signe du destin s'était enfin manifesté car il venait d'apprendre la mort du président américain Franklin Roosevelt. Le ministre commanda une bouteille de champagne et se précipita sur le téléphone le reliant à Hitler et hurla :

« *Mein Führer*, Roosevelt est mort et nous sommes le vendredi 13. »

En l'occurrence, les horoscopes du Suisse n'oubliaient que la date de la mort d'Hitler qui allait se tirer une balle dans la bouche, le 30 avril 1945, à 15 h 30, et que son corps fut brûlé dans les jardins de la Chancellerie. L'Histoire retiendra qu'un général SS devait s'inquiéter du sort d'Hitler et que l'on lui répondit :

1945, vers la victoire...

« Le *Führer* brûle. »

Les vacances de l'été 1945 commencèrent sous d'heureux auspices et nous reprîmes avec bonheur le chemin de la plage d'Albigny-les-Flots, une nouvelle appellation sortie de notre imagination. Nous y passions des journées agréables à l'abri définitif des bottes de la *Wehrmacht*.

J'aimais surtout faire des balades à bicyclette sur les petites routes de la campagne environnante en compagnie de Josette. Mon père connaissait ma nouvelle passion... pour la « petite reine » et me proposa de faire une randonnée à vélo jusqu'à Villars-les-Dombes où il pourrait rendre visite à un ami fermier.

Un matin, nous partîmes de bonne heure sur les chemins buissonniers qui, depuis Neuville, Montanay, Civrieux, Saint-André-de-Corcy, conduisaient à Villars. Je trouvais beaucoup de plaisir à pédaler à proximité des étangs dont mon père me citait les curieux noms : du Mont, de Glareins, de Graton, de Balancet ou de Genet. Ces grandes étendues d'eau restaient le domaine des canards colverts et, dans leur profondeur, celui des grosses carpes dont les boches se régalaient au point d'en avoir expédié des wagons entiers à Berlin.

Sur la route de Saint-André-de-Corcy, nous nous arrêtâmes devant une stèle érigée à la mémoire des résistants tombés ici lors des combats de la libération. Mon père me parla alors de la bravoure de ces maquisards de l'Ain, redoutés des *fritz* sous le surnom de « Robin des Bois ».

Il me révéla que l'ami fermier que nous allions voir était un de ces héros. Notre amitié, me précisa-t-il, date d'un jour de juillet 1944 où, grâce aux informations collectées par le réseau de la police, nous pûmes déménager en toute hâte leur dépôt d'armes qui venait d'être localisé par la Gestapo et la milice.

Bientôt, au détour du chemin, au lieu-dit « Mont-Croissant » (sans certitude), nous apparut une grande ferme bressane, entourée de nombreuses dépendances et d'un énorme paillis. Nous entrâmes dans l'immense cuisine, où je pus voir avec stupéfaction, assis sur des bancs autour d'une longue table rustique, des ouvriers agricoles, puis, tout au bout, l'épouse du fermier et ses deux enfants, des collègues de mon âge. Quant à « Robin des Bois », il prenait son repas seul à une table ronde, près d'une fenêtre. Cela devait être, pensais-je avec crainte, celui que les Anglais appellent un *gentleman-farmer.*

Les retrouvailles s'avérèrent chaleureuses et le fermier nous invita à partager son repas à ses côtés. Je me trouvais un peu gauche devant la belle assiette et le couvert en argent que son épouse posa devant moi sur la nappe de dentelle blanche. Ce luxe dépassait mon standing de gone de l'impasse, mais mon angoisse disparut aussitôt au fumet du poulet de Bresse à la crème de l'aimable fermière.

J'eus ainsi l'occasion, tout en me régalant, d'écouter les souvenirs qu'échangeaient mon père et un des légendaires combattants de l'ombre. Tous deux parlèrent avec émotion de cette folle nuit pendant laquelle le dépôt d'armes menacé avait été évacué par des camions sous la terrible certitude d'une attaque des troupes allemandes dans les prochaines heures.

Nous trinquâmes, sans doute une fois de plus, à la complète réussite de l'opération. À propos de ces stockages clandestins, « Robin des Bois » allait encore me passionner par le récit qu'il nous fit de l'action des pères trappistes de l'abbaye de Notre-Dames-des-Dombes, située près de Marlieux, à quelques kilomètres de Villars.

Les braves pères avaient réussi le tour de force de dissimuler parmi les mille cent hectares du domaine de l'abbaye, dans des bâtiments de ferme, derrière des amoncellements de bois, des murailles de bottes de paille, sept cents tonnes de munitions et d'armes. Ils eurent même le culot d'y cacher une dizaine de véhicules, dont cinq camions-citernes pleins d'essence. Le père Dom Bernard, officiellement chef des cultures, s'occupait d'organiser l'incroyable camouflage. Le gouvernement de la Libération reconnaîtra leur courage en décorant les armoiries de l'abbaye de la Légion d'honneur et de la Croix de guerre avec palme[1].

Ma curiosité me poussa timidement à suggérer une visite de ce symbole de l'histoire de la Résistance. Eh bien ! « Robin des Bois » accéda à mon souhait et, après le café, nous conduisit en voiture sur le lieu des exploits des trappistes. Ses enfants nous accompagnaient dans cette randonnée du souvenir. À l'arrière de la limousine, tous trois formions le « club » des J2, avides de mieux

1. *Henri Amoretti, dans son livre* Lyon capitale, 1940-1944 *(*op. cit.*), traite au fond cette belle histoire des trappistes.*

connaître le combat de nos pères. Notre balade à vélo à travers les Dombes devenait un véritable pèlerinage.

Nous rentrâmes à Albigny dans la soirée, le porte-bagages chargé des œufs et des fromages de chèvre de la gentille fermière. Nous pédalions en chantant ; mon Dieu ! Que la vie me parut belle sous le soleil couchant.

Un jour chaud du mois d'août 1945, la moitié du village s'était rassemblée sur la place d'Albigny. Bientôt, une très étrange nouvelle circula parmi les baigneurs : *Little Boy* et *Fat Man* venaient de mettre pratiquement fin à la guerre du Pacifique contre le Japon. Churchill en avait d'ailleurs été informé par un curieux message contenant trois mots :

« Bébés heureusement nés. »

Ces noms bizarres désignaient les deux bombes atomiques que les Américains avaient rendues opérationnelles depuis le 17 juillet 1945.

Ainsi, le 6 août 1945, *Little Boy* détruisit la ville de Hiroshima, faisant soixante-quinze mille morts. Cela sera suivi par *Fat Man* qui, le 9 août 1945, pulvérisa Nagasaki, y laissant quatre-vingt-sept mille victimes.

Les deux « bébés » ventrus amenèrent, le 2 septembre 1945, la capitulation du Japon, acte signé sur le cuirassé *Missouri*, ancré en baie de Tokyo.

La contre-signature la plus célèbre fut celle du général MacArthur.

Ces milliers de victimes s'ajoutaient à l'effroyable bilan de la guerre. Les statistiques citées par le numéro spécial d'*Historia* n° 35 de mai-juin 1995, article de M. Philippe Masson, sont éloquentes :

« Les pertes en vies humaines de 1939-1945 atteignent quarante à cinquante millions. De fait, si les pertes des grandes démocraties peuvent être fixées avec précision : trois cent mille pour les États-Unis, cinq cent mille pour la Grande-Bretagne, six cent mille pour la France, une grande incertitude concerne nombre de pays. Certaines estimations ne se limitent pas aux tués et aux disparus, mais tiennent compte de la surmortalité liée aux restrictions, aux épidémies et à la diminution de la natalité. On atteindrait ainsi un total d'un million et demi en Yougoslavie, de deux ou trois millions au Japon, de cinq à neuf millions en Allemagne, de vingt millions en Union soviétique, et davantage en Chine, puis l'horreur absolue du génocide de six millions de Juifs. »

Le mois de septembre 1945 était déjà là, ce qui bientôt mettra fin à mes passionnantes aventures autour du « vieux château » ou mes exploits nautiques des bords de Saône. Mes parents avaient préparé mon admission dans un « cours complémentaire » (collège d'aujourd'hui) et opté pour celui de la rue du 4-Août à Villeurbanne. J'allais ainsi faire mon entrée scolaire le 1er octobre 1945 en première générale. Cela imposait notre réinstallation dans l'impasse et nous quittâmes avec regret l'attachant village d'Albigny-sur-Saône.

Je me souviens de la désolation que démontrèrent nos logeurs, les Durand, lors du déménagement. Ils étaient certes très collet monté, maréchalistes par devoir, mais les plus braves gens du monde. Quant à moi, je quittai avec déchirement Jean, Michel, Joseph, Marcel et les autres, mes bons copains J2, unis dans la tourmente, puis Josette, mon véritable amour de jeunesse, celui que l'on n'oublie jamais.

Nous retrouvâmes notre impasse, toujours aussi conviviale et solidaire, à ceci près qu'au numéro 4 s'étaient installés trois nouveaux locataires. Le trio logeait dans le même appartement, ne se séparait jamais et ne semblait pas être débordé par un quelconque travail. Je les avais catalogués « les pieds nickelés » tant leur apparence physique le justifiait, allant d'un jeune grand blond, un brun à la mèche sur le front, à un hurluberlu plus âgé au regard sournois. Ces gens venus d'ailleurs cherchaient manifestement à s'intégrer, peut-être même se fondre dans notre communauté de quartier.

Alors, ils s'invitaient à nos parties de boules dans le clos de la mère Chapelle, offrant maints pots de vin à la cantonade. Ils parlaient à satiété de Résistance, de gaullisme et cassaient du boche à longueur de journée. Que faisaient-ils d'autre ? Personne n'en sut rien, jusqu'au jour où nous les vîmes monter, menottes aux mains, dans un fourgon cellulaire de la police.

Mes « pieds nickelés » ne ressemblaient pas aux trois roublards sympathiques de la bande dessinée, mais étaient en réalité des miliciens de la pire espèce, des complices du sinistre chef de la Gestapo lyonnaise, Klaus Barbie, l'assassin des enfants juifs de la colonie d'Yzieu. Ils avaient poussé le vice jusqu'à essayer de se dissoudre dans un milieu populaire et d'y vivre du produit de leurs crimes et de leurs rapines.

L'air frais nous viendra du 1er octobre 1945, le jour de la rentrée scolaire. Le directeur, M. Joly, nous souhaita la bienvenue et nous fit comprendre que nous avions en charge l'avenir de la France libre, mais aujourd'hui meurtrie, blessée, à moitié détruite. Mes enfants, devait-il ajouter, vous avez « du pain sur la planche ». Votre tâche immense nécessite du travail, encore du travail, toujours du travail, qui commence par la réussite de vos études. Nous allons tous nous y employer.

Notre brave « dirlo » avait raison car les boches nous laissaient une sacrée ardoise que les grands de ce monde allaient effacer d'un coup d'éponge :

« L'Allemagne nous avait imposé le tribut du vainqueur et les conventions d'armistice exigeaient que la France prenne à sa charge les frais d'occupation de l'armée allemande, soit 20 millions de marks par jour au cours de 1 mark pour 20 francs. Cela nous valut une énorme facture qui, arrêtée selon une expertise du 15 décembre 1944, se montait à 631 milliards et 866 millions de francs de l'époque[1]. »

Cela n'empêchait pas le pillage de notre production agricole dont les pourcentages situés entre vingt-cinq et quatre-vingt-dix pour cent prenaient la direction du *Reich* allemand. Quant aux prélèvements des matières premières, ils s'élevaient entre vingt-cinq et cent pour cent de notre production. Ainsi, après la guerre, notre pays se trouvait cruellement démuni de charbon, d'énergie électrique, de pétrole, de fer, de cuivre, de plomb, de zinc, d'étain, de nickel, de mercure, de platine, de bauxite pour l'aluminium.

En plus de ce véritable brigandage d'état, la France subira les dévastateurs bombardements des Alliés qui laissèrent la France couverte de ruines :

« Quatre cent quarante et un mille maisons particulières et bâtiments industriels, soit dix-huit pour cent du parc immobilier sont à terre ; quarante pour cent de l'outillage industriel sont détruits ; deux mille ouvrages d'art sont détruits ; trois cents écluses sont à remettre en état. Soixante-cinq pour cent des locomotives et des

---

1. *Source : AZIZ, Philippe, « Le tribut de la défaite »,* Histoire pour tous, *n° 21, décembre 1980.*

wagons ont été détruits, soit par l'action de la Résistance, soit par les bombardements. Il faut par conséquent quarante-huit heures pour aller de Marseille à Strasbourg. Cinq cent quatre-vingt-quatorze mille tonnes de bombes ont été déversées sur la France, faisant soixante-sept mille soixante-dix-huit tués et soixante-quinze mille six cent soixante blessés. Un million de Françaises et de Français restait sans abri en 1945. La mortalité infantile était passée à cent dix pour mille contre soixante-trois pour mille en 1939. La pénurie alimentaire avait amené des répercussions sur la remontée des maladies. Les cas de diphtérie sont multipliés par deux. La tuberculose fait des ravages et les sanatoriums sont pleins[1]. »

Le *Reichsmarschall* Hermann Goering définissait cyniquement les conditions de la collaboration avec le gouvernement de Vichy. Le bedonnant nazi les voyait à sa façon :

« Que les Français livrent tout ce qu'ils peuvent jusqu'à ce qu'ils n'en puissent plus ; s'ils le font volontairement, je dirai que je collabore ; s'ils bouffent tout eux-mêmes, alors ils ne collaborent pas. Il faut que les Français s'en rendent compte, sinon ils n'auront plus rien à se mettre sous la dent. Alors, je leur enverrai des vieilles selles de cosaques. Les Russes en ont bien bouffé. »

Le gros maréchal s'occupait aussi personnellement du pillage artistique de la France, souvent pour son propre compte, car il collectionnait dans sa propriété de Karinhall quantité d'œuvres d'art, particulièrement des tableaux de grands maîtres. Il se disait connaisseur, ce qui ne l'empêchait pas de se faire gruger. Aussi, je ne résisterai pas au plaisir de terminer l'ouvrage par une anecdote que m'avait contée le Kiki de La Villette à propos du *Reichsmarschall* :

« Hitler, me précisa-t-il, avait annoncé la couleur dès le 30 juin 1940 : "J'ordonne que soient mis en sûreté, outre les objets d'art appartenant à l'État français, les objets d'art et documents historiques appartenant à des particuliers, notamment à des Juifs."

Sur sa lancée, le *Führer* confia au directeur des musées de Berlin, le docteur Kümel, le soin d'établir la liste de toutes les œuvres d'origine allemande qui devaient réintégrer le grand *Reich*. Cela visait en premier lieu toutes les peintures saisies aux Allemands lors des

1. *Source : « La capitulation de l'Allemagne »,* Historia spécial, *n° 35, mai-juin 1995.*

guerres précédentes, à l'exemple de celles des campagnes napoléoniennes. Hitler alla même plus loin, incluant au *listing* toutes les œuvres où les experts pourraient y déceler une "étincelle d'esprit germanique."

Bientôt, quatre-vingt-douze wagons, chargés de deux mille sept cent soixante-quinze caisses d'œuvres d'art, prirent la direction de Berlin. Enfin presque car Hermann Goering profita de cette manne pour enrichir son musée personnel installé dans sa magnifique propriété de Karinhall, située en Schorfheïde, un vaste espace de forêts et de landes parsemées de lacs, s'étendant depuis le nord de Berlin jusqu'à la mer Baltique.

Curieusement, Hitler et Goering, admirateurs de l'art germanique, avaient la même passion pour les peintures du Hollandais Vermeer (1632-1675), tous deux se disputaient, quelquefois avec âpreté, les occasions de saisir, dénicher, à défaut acheter, les meilleurs tableaux du maître. Goering se trouvait parfois dans l'obligation de dépenser des millions de marks pour acquérir des œuvres exceptionnelles de Vermeer.

Le gros maréchal imagina un autre moyen de paiement moins douloureux pour ses finances. Le *Reichsmarschall* mit au point un système de troc avec les tableaux que la Gestapo confisquait aux Juifs. L'exemple le plus précis fut le tableau *La Femme adultère*, un chef-d'œuvre du maître reconnu par tous les experts et qu'il échangea tout bonnement contre cent cinquante peintures de la collection Goudstikker, juif hollandais, récemment pillés par ses services.

Goering, très fier de son "acquisition", exposa *La Femme adultère* dans son bureau de Karinhall, où elle faisait l'admiration des visiteurs. D'autres opérations de ce genre permirent à Hermann Goering de posséder une magnifique collection d'œuvres de Vermeer qui irritait, voire rendait jaloux, Hitler lui-même.

Au moment de la débâcle, le *Reichsmarschall* s'empressa de mettre ses tableaux à l'abri dans "le nid d'aigle" du *Führer* situé à Berchtesgaden, lieu qu'il croyait inexpugnable.

C'est dans cette cache, qu'en 1945, les Américains les trouvèrent et s'étonnèrent du nombre des Vermeer qui étaient tombés entre les mains des nazis. »

Là, le Kiki de La Villette me fit un clin d'œil et, avec un large sourire, m'annonça que la suite de l'anecdote s'avérait des plus désopilantes :

« Les Hollandais eux-mêmes, en récupérant leur patrimoine, furent un peu surpris de cette profusion de Vermeer, bien qu'elle soit certifiée. Bientôt, ils sauront que leur doute se montrait justifié car la plupart des tableaux de Goering étaient des faux. Ce que montrait avec fatuité le gros maréchal, y compris l'incomparable *Femme adultère*, provenait d'un génial faussaire hollandais, nommé Van Meegeren, qui trompait non seulement les experts allemands, mais aussi les critiques d'art de son pays. Van Meegeren avoua qu'il avait réussi à gruger Goering grâce à sa connaissance des secrets de la technique du grand peintre. Habilement, il utilisait comme support uniquement des toiles de Leyde récupérées sur d'anciens tableaux de l'époque de l'artiste. Son immense talent de copiste faisait le reste. Alors, Van Meegeren entra dans le système du troc imaginé par le *Reichsmarschall.* Pendant des mois, le faussaire hollandais récupéra des œuvres d'art pillées aux Juifs en donnant sa fausse peinture en échange au naïf Hermann Goering. C'est ce qu'on appelle en jargon financier : "Payer en monnaie de singe"[1]. »

Cette dernière galéjade de mon cher tonton terminera ma petite histoire d'un gone sous l'Occupation. J'espère qu'elle aura pu vous intéresser. En tout cas, je vous la garantis sincère, véritable et brute de coffrage.

Le J2,
Loulou.

1. *L'article de Philippe Aziz intitulé « Le pillage artistique de la France », publié par* Histoire pour tous *(n° 22, février-mars 1981), traite au fond cette extraordinaire affaire.*

Annexe I

Comment fut exécuté le bombardement de Lyon le 26 mai 1944

« Le centre de renseignements signalait ce 26 mai que sept à huit cents appareils venant d'Italie et volant à cinq ou six mille mètres d'altitude passaient la frontière entre Digne et Albertville à partir de 9 h 31 en direction nord-ouest. Cette formation se divisait en trois groupes : le premier groupe se dirigeait sur Grenoble et Chambéry ; le deuxième groupe se dirigeait sur Saint-Étienne ; le troisième groupe, comprenant environ quatre cents appareils, arrivait sur Lyon, où il évolua pendant vingt à trente minutes avant d'opérer. Le bombardement qui devait commencer à 10 h 43 se continua par vagues successives de vingt-cinq à trente appareils jusqu'à 11 h 05 environ. Le bombardement terminé, tous les appareils prenaient la direction du sud à partir de 11 h 18. L'alerte donnée à 9 h 48 se prolongea jusqu'à 11 h 18, heure à laquelle retentit le signal de fin d'alerte.

« Un déluge de fer et de feu. – Les services compétents estiment à mille cinq cents environ le nombre des bombes incendiaires et explosives (ces dernières d'un poids de cinq cents à mille [livres britanniques]) qui furent lancées sur Lyon ce jour-là. Ce bombardement comportait deux secteurs distincts : 1) Un certain nombre d'appareils commençait d'opérer au sud de Lyon : Vénissieux, Moulin-à-Vent, et continuait en direction du sud-ouest, pour s'arrêter à Perrache ; 2) Les autres appareils opéraient à l'ouest de Lyon : Vaise et communes limitrophes. La superficie du terrain bombardé dans le premier secteur qui comprenait une partie de Vénissieux nord-ouest, les 2e et 7e arrondissements, était de l'ordre de sept kilomètres carrés. Celle du deuxième secteur comprenant le 5e arrondissement et le versant ouest du 4e, représentait deux kilomètres carrés.

« L'étendue du sinistre. – Nombre d'immeubles, d'usines importantes et petites usines atteints :

	Premier secteur	**Deuxième secteur**
Immeubles		
Destruction total	193	88
Destruction partielle + 50 %	106	165
Destruction partielle – 50 %	487	356
Usines importantes		
Destruction totale	3	4
Destruction partielle + 50 %	4	1
Destruction partielle – 50 %	10	4
Petites usines		
Destruction totale	1	6
Destruction partielle + 50 %	12	1
Destruction partielle – 50 %	23	3

« Principaux points atteints. Gares. – Premier secteur : Montagny. Triage. Lyon-Guillotière. Voies endommagées. Poste de lavage détruit, pont reliant Lyon-Guillotière à Perrache. La gare de Perrache n'était pas touchée, les bombes étant tombées sur les quartiers voisins. Deuxième secteur : gare de Vaise sérieusement endommagée, bâtiments, voies, dépôt de machines. Train SIPEG qui se trouvait sur une voie de garage complètement détruit. Quartiers. – Premier secteur : Moulin-à-Vent. Grand Trou. La Mouche-Gerland. Cimetière Jean-Macé. Tous les quartiers de l'avenue Berthelot sur une longueur de trois à quatre kilomètres en partant du sud-est, direction Perrache nord-ouest, étaient sérieusement touchés sur une largeur de trois à quatre cents mètres à droite et à gauche. Nombreux immeubles totalement détruits, un plus grand nombre rendus inhabitables. Deuxième secteur : presque tous les quartiers de l'agglomération de Vaise étaient plus ou moins sérieusement atteints. Premier et deuxième secteurs : de nombreux établissements publics et industriels importants étaient touchés. Trois établissements du quartier de la Croix-Rousse, proches du deuxième secteur (quai de Serin), eurent également à souffrir du bombardement. D'autre part, quelques bombes tombèrent sur des immeubles du quartier de la Croix-Rousse, versant ouest, face à Vaise.

« Devant l'importance du sinistre incendie, les sapeurs-pompiers de la ville et ceux du bataillon de défense passive de l'Air, que dirigeait le commandant Michy, durent faire appel aux sapeurs-pompiers permanents et aux corps des sapeurs-pompiers des villes ou communes de la région lyonnaise. Un total de huit cent quarante sapeurs a, dès le début, jour et nuit, combattu et maîtrisé quatre-vingt-dix incendies ou foyers importants répartis sur divers points de l'étendue du désastre. Pour ce faire, soixante-dix engins d'incendie ou mécaniques furent mis en action et une longueur de tuyaux de dix-sept mille mètres utilisée. Au cours de ces diverses opérations, treize sapeurs furent blessés, deux du bataillon de défense passive de l'Air devaient trouver une mort glorieuse.

Le commandant Rossignol (à gauche), des sapeurs-pompiers de Lyon, et M. Foex (à droite), directeur départemental de la défense passive. Sous leur direction, les services de secours se dévouèrent sans compter pour secourir les Lyonnais.

(GILONNE, Georges, *Lyon de guerre*, Bascou frères, 1945.)

Lyon n'a pas sombré tout à fait dans la guerre
Comme tant de cités maudites par les dieux
Pourtant bien des obus ont semé la misère
Où gît l'effondrement de ses quartiers heureux !

L'héroïne fut moins la ville tout entière,
Que le nombre imposant des hommes valeureux
Où l'on sut admirer de promptes infirmières
Dépenser leur courage et leur cœur généreux.

Combien de longs efforts, de gestes secourables
Lyon n'a-t-il montrés en ces temps détestables,
À réconforter l'âme et soulager les corps !

Ainsi devant la peur, la lutte ou la rafale
La Croix-Rouge embellit sa palme triomphale
Teinte par les blessés, les mourants et les morts.

« Croix-Rouge », poème d'Henri Dubessy.
(Droits réservés.)

« Services d'entraide et de déblaiement montrèrent, en cette journée tragique du 26 mai, un allant remarquable. Tandis que l'action du "Secours national" faisait sentir en un temps record son œuvre bienfaisante en dispensant habillement et nourriture aux sinistrés, de même qu'en organisant des centres d'accueil, tout le personnel des "équipes nationales", garçons et filles, rendait avec le même élan de générosité les plus précieux services, soit comme estafettes, secouristes des postes de secours de la [défense passive] et de la Croix-Rouge, soit dans les centres d'accueil d'arrondissements et de mairies. Les équipes de déblaiement constituées, renforcées par des équipes du mouvement "Prisonniers" et des équipes de mineurs de Saint-Étienne et de Sain-Bel, se dépensèrent jour et nuit à dégager les matériaux recouvrant les abris et tranchées écroulés où gisaient des victimes, puis à dégager les rues obstruées par les éboulements. Tous les membres de ces divers services ainsi que ceux des

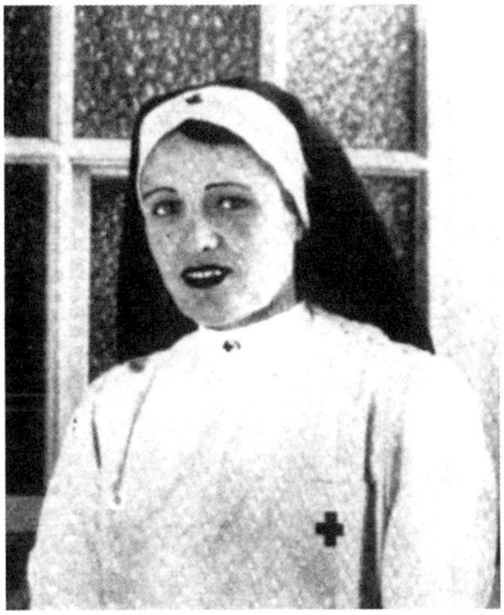

« S'il nous fallait ranger les héros de la guerre
Pour les remercier dans un grand livre d'or,
Il nous faudrait compter au sein des infirmières,
Tous les rayonnements d'incroyables trésors » (Henry Dubessy).
(GILONNE, Georges, *Lyon de guerre*, Bascou frères, 1945.)

« Août 1944. Groupe d'infirmières du poste Edgar-Quinet, dont plusieurs se signalèrent par leur courage lors du bombardement du 26 mai 1944. »
(GILONNE, Georges, *Lyon de guerre*, Bascou frères, 1945.)

services "Réfugiés", "Comité de secours immédiat", etc., furent mis à l'épreuve.

« Les victimes du bombardement du 26 mai furent nombreuses : cette journée dantesque nous coûta mille huit cent quarante-six victimes (morts : sept cent dix-sept ; blessés : mille cent vingt-neuf).

Statistique du nombre des blessés admis dans les différents hôpitaux et cliniques de Lyon à la suite des bombardements des 25 et 26 mai	
Hôpital Édouard-Herriot	305 dont 32 décès
Hôtel-Dieu	167 dont 42 décès
Antiquaille	117 dont 8 décès
Desgenettes	98 dont 9 décès
Saint-Luc	101 dont 4 décès
Saint-Joseph	47 dont 15 décès
Clinique mutualiste	37 dont 4 décès
Infirmerie protestante	19 dont 1 décès
Hôpital des Charmettes	14 dont 2 décès
Hôpital de Vienne	4

« Blessures les plus courantes soignées. – Plaies multiples sur les différentes parties du corps et de la face. Fractures de la boîte crânienne. Fractures ouvertes des membres supérieurs et inférieurs. Fractures du bassin et de la colonne vertébrale.

Arrachement des membres. Écrasement de la cage thoracique. Plaies abdominales profondes. Éclatement d'organes par compression ou déflagration. Plaies thoraciques avec ouverture de la plèvre. »

Les bombardements alliés sur la France[1]

	1944	1940-1944
Bombardements	7 444	9 380
Projectiles (environ)	503 017	693 217
Morts (environ)	35 949	47 771
Blessés (environ)	48 484	70 036
Immeubles détruits ou endommagés	131 493	191 876

1. *Extrait du tableau de l'état-major de l'armée (bureau scientifique de l'armée), service historique de l'armée de l'air (SHAA), in* FLORENTIN, *Eddy,* op. cit.

« Adolf de bon poil. »
(Droits réservés.)

Annexe II

Revue de presse, 1933-1945

1938 : quelques opinions de presse[1]

Hitler n'est pas un péril

« Hitler au pouvoir est loin d'être un péril national et international... La présence du baron von Neurath au ministère des Affaires étrangères est une garantie de continuation dans la politique extérieure qui demeurera raisonnable et non agressive. Il est moins facile toutefois de prévoir les scènes qui se produiront en Allemagne sous un gouvernement unissant toutes les forces de la réaction et que défie déjà furieusement la social-démocratie. » (*Daily Telegraph*, 31 janvier 1933.)

Nous n'avons rien à perdre

« Avec Hitler, nous ne gagnerons sans doute rien. Mais nous n'avons rien à perdre. Que des illusions ! » (*Le Quotidien*, 1er février 1933.)

Heureuse Allemagne

« La voilà au bout du calvaire – qu'elle avait un peu mérité – du calvaire qui a été pour elle la douloureuse période de quatorze ans qui s'étend depuis la fin de la guerre jusqu'à maintenant. Oui elle est sauvée, sauvée par Hitler, comme l'Italie a été sauvée, après la vague rouge qui suivit la guerre, par Mussolini. » (HERVÉ, Gustave, *La Victoire*, 31 janvier 1933.)

Une politique modérée

« La coalition actuelle ne peut en aucune circonstance être quelque chose d'absolu. La politique que suivra Hitler ne sera pas, assurément, la grillade de haines et de préjudices qu'il a eu

1. Naguère et Jadis, *n° 26, janvier 1955.*

pour habitude de servir toute chaude à ses fervents admirateurs. » (*News Chronicle*, 31 janvier 1933.)

Optimisme

« La seule satisfaction que nous puissions montrer, c'est celle de voir enfin Hitler à l'œuvre. C'est plus franc, c'est plus clair d'abord. Ensuite, nous aurons peut-être la chance de constater bientôt qu'un hitlérien ministre n'est plus qu'un ministre hitlérien. Du reste, les actes de l'ancien ouvrier peintre nous prouveront sans doute avant longtemps qu'il est plus facile de hurler des discours démagogiques que de mener le char de l'État. » (COMINES, Georges, *Paris-Soir*, 30 janvier 1933.)

Un homme à femmes

« Sur les photographies qui représentent la foule acclamant Hitler, chancelier du Reich, successeur de Bismarck, on peut distinguer de nombreux visages féminins. Tous expriment le ravissement, l'extase. Ah ! on peut dire que le "bel Adolf" a du succès auprès des femmes ! Si, du haut de son balcon, il leur avait jeté le mouchoir, quelle bousculade ! Un ami qui revient d'Allemagne me dit : "L'hitlérisme est le parti des jeunes gens... Comment les jeunes femmes n'en seraient-elles pas aussi ? Celles dont le cœur ne bat pas pour Adolf sont bien rares dans les nouvelles couches : elles le trouvent romanesque, et puis, il est svelte, bien pris dans son uniforme ! Il n'y a encore rien de tel pour séduire les femmes. » (VAUTEL, Clément, *Le Journal*, 3 février 1933.)

Berlin est morne

« Tandis que, déjà, les esprits s'échauffent en province et qu'on signale des bagarres presque dans toutes les grandes villes, ici rien ne bouge, tout est calme. Le sentiment qui domine est une profonde indifférence. N'est-ce pas caractéristique que, hier, dans le *Berliner Tageblatt*, il m'ait fallu chercher jusqu'à la dernière page pour trouver, en tout et pour tout, vingt lignes à peine sur Hitler et le gouvernement ? » (THARAUD, Jérôme et Jean, *Paris-Soir*, 3 février 1933.)

Un fantoche

« Je ne puis m'empêcher de prendre Hitler pour un fantoche et Mussolini pour un condottière sans grandeur ; et je compte que ces hommes se perdront eux-mêmes. À part cela, je n'ai que sympathie pour la choucroute et le macaroni. Et je ne vois aucun inconvénient à être traité de mangeur de grenouilles par MM. les Anglais. » (GAST, René, *L'Avenir*, 6 février 1933.)

La fin de Hitler

« Hitler est hors d'état de risquer un coup de force. À la différence de Boulanger dont l'aventure est rappelée de si près par la sienne, il n'a pour lui ni la police ni l'armée. Ses sections d'assaut se briseraient au premier choc contre la Reichswehr et contre la Schupo prussienne. Le péril que nos camarades social-démocrates ont le plus gravement redouté, c'est-à-dire la conjonction des forces militaires légales et des formations hitlériennes, disparaît aujourd'hui à l'horizon. [...] Si incertain, si mystérieux que demeure l'avenir politique de l'Allemagne, on peut donc, je crois, tenir pour acquise cette donnée : l'accès du pouvoir, légal ou illégal, est désormais clos devant Hitler. La social-démocratie "a eu" Hitler. » (BLUM, Léon, *Le Populaire*, 9 novembre 1931.)

La « drôle de guerre »[1]

« Allez, enfants de la patrie... »

« Bien souvent, j'ai honte de demeurer ici, dans la paisible Amérique, et de ne pas me trouver avec vous dans les tranchées, de ne pas vous porter mon aide – avec les dernières forces qui me soient restées – dans la lutte que vous menez pour nous, pour chacun de nous. Mais si je ne me trouve pas physiquement avec vous dans les tranchées je suis avec vous – comme tout homme du globe pensant honnêtement – je le suis moralement. Cette guerre est nôtre et vous la faites pour nous tous. » (ASCH, Chalom, *Les Nouvelles Littéraires*, 10 février 1940.)

1. *« Bobards 39-45 »,* Le Crapouillot, *n° 7, avril 1949.*

« Première distribution du "vin chaud du soldat" à la gare de l'Est : "Le général Héring, gouverneur militaire de Paris, trinque cordialement avec un simple soldat. À sa droite, le ministre de l'Agriculture, M. Queille." »
(Droits réservés.)

« Un risque-tout »

« Dès le premier jour je n'ai eu qu'une idée : voler. J'ai fait pour cela une demande sollicitant la haute bienveillance du général et il faut croire que celui-ci a préféré conserver mon zèle de chanteur puisqu'il m'a chargé d'organiser le théâtre des Ailes au point de vue artistique. » (TRÉNET, Charles, *Marianne*, 14 février 1940.)

Sans titre

« Libéré de l'armée française, l'acteur Charles Boyer a fait face hier à un véritable siège, à six mille milles du front occidental. Assaillis de tous côtés, Boyer et sa femme Pat Paterson descendirent du Santa-Fé Chief à Pasadena ; les chasseurs d'autographes attaquèrent de front, laissant loin derrière les amis du couple. Malgré les cris d'une foule de femmes et d'enfants, les journalistes ont pu approcher l'artiste français qui portait récemment encore l'uniforme de poilu et subissait un entraînement militaire intensif près de la ville d'Agen dans le sud-ouest de la France : "Êtes-vous content d'être de retour ?" "Oui, très, très content." "Dans quelle situation était la France à votre départ ?""Calme."» (*Los Angeles Times*, reproduit par *Cinémonde*, 10 janvier 1940.)

« Pavés volants »

« C'est l'expression de mépris que certains aviateurs allemands appliquent à leurs nouveaux avions de chasse dont ils déplorent le peu de maniabilité. » (*Paris-Soir*, 31 octobre 1939.)

« Divers »

« Le vrai portefeuille antiballes, grandeur du livret militaire, protège le cœur. Modèle courant, 30 francs. Luxe, 40 francs franco. Prix spécial par demi-gros. Notice contre 0,90 francs. Moine, 19 rue de Rocroy, Trudaine 61-93. »

« Chronique des réfugiés »

« C'est une rubrique nouvelle. À la dernière page des journaux, en colonnes serrées, d'innombrables petites lignes sollicitent notre attention – ainsi, naguère, les petites annonces. Mais combien plus poignants s'avèrent les demandes, les précisions, les appels traduits ici lapidairement en formules commerciales. Entre le 10 et le 25 juin, une tempête a soufflé sur le pays, arrachant les toits, brisant les fenêtres, défonçant les portes. Et comme pris par un vent d'orage, hommes, femmes, vieillards, enfants, autos camions, voitures, charrettes – tout ce qui marche, tout ce qui roule – a été emporté sur les routes de France submergées par cet énorme et terrifiant mascaret. Fétus broyés, les familles se sont rompues, égaillées, dispersées aux quatre coins du territoire. Des pères ont perdu leurs enfants, des femmes leur époux, tel autre ses vieux parents, celui-ci une sœur, celui-là un ami. Des firmes commerciales qui voyageaient en corps se sont égrainées au long des routes et disjointes. Des prêtres ont égaré leur paroisse et des maires, leurs administrés. Dans ce maelström, tout a été brassé, malaxé, confondu – et plus personne ne s'y est retrouvé. C'est là une des rançons de l'invasion, une pathétique misère qui transparaît tragiquement dans ces colonnes alignées dans les gazettes comme des suppliants au bord d'un chemin. Un Balzac trouverait ébauchée dans ces pages la matière de plusieurs romans. Il y a là des scènes de la vie militaire, de la vie parisienne, de la vie de province. Le commerce, l'industrie, la paysannerie y prennent part. Orchestrant tous ces cas divers, des préoccupations identiques, une infortune semblable. À la France calme, équilibrée, assise, du temps de paix, a succédé une France agitée, errante et vagabonde qui se cherche et ne se reconnaît plus. Les disciplines quotidiennes sont abolies et les décors de la vie se succèdent imprévus et mouvants. Celui qui trace ces lignes ne le fait pas dans le calme d'un bureau officiel, aux cartons verts, aux fichiers corrects, mais en plein vent, sous une arcade de cloître, devant une table à tréteaux où, à travers un rais de soleil, dansent des milliers d'atomes. Quelque chose, cependant, reste stable : le désir de continuer une tradition, une tâche – et de composer notre journal. Voilà pourquoi il fallait, dans cette galerie aux mille aspects qu'offrent nos pages, noter cet instant de la vie française. Évidemment, le crayon et le fusain qui figurent sur nos armes parlantes devaient ici exprimer ce reflet. Plus tard, d'innombrables photographies précises, nettes, nous arriveront de partout, permettant de reconstituer ce film douloureux de l'exode. Aujourd'hui, inspirées par les humbles petites annonces d'une feuille quotidienne, voici des compositions qui expriment le pathétique de quelques-uns des cas signalés. Trois drames – au sens antique du mot. L'un atteste le bouleversement social particulier

« "Madame Suzanne B... ayant quitté La Baule le 26 juin avec domestiques, arrivée en bonne santé dans leur famille, M. P... au Placieux, près T... par N... (Haute-Vienne). Désireuse de recevoir nouvelles des familles." »
(*L'Illustration*, n° 5080, 13-20 juillet 1940.)

« “P... (Lucien), maire de C... (Seine-et-Marne), recherche sa femme, née Rouget (Juliette-Marie), soixante-six ans, perdue le 16 juin au pont de B..., et vue le tantôt à S.-sur-L. (Loiret). Dénuée de tous subsides et pièces d'identité. On serait très reconnaissant à personnes fournissant renseignements par lettre non affranchie. Télégraphier ou téléphoner au 10 à V..., chez M. L..., conseiller général.” »
(*L'Illustration*, n° 5080, 13-20 juillet 1940.)

aux époques troublées : une bourgeoise, séparée des siens, partie en toute hâte de sa villa de La Baule et réfugiée, tout au fin fond d'une lointaine province, dans la famille paysanne de ses domestiques qui l'accueillent fraternellement. Le second apparaît plus poignant et serre le cœur : une femme déjà âgée – soixante-six ans – séparée de son mari, au passage d'un pont, aperçue l'après-midi dans une petite cité voisine et égarée depuis sans que l'époux sache ce qu'elle est devenue. Elle n'a ni argent, ni papiers d'identité. Épave entraînée par le flot, où est-elle allée échouer ? Et voici le plus tragique des trois exemples choisis : un père qui a perdu la trace de ses trois petits – six mois, neuf ans, dix ans – confiés à

« "Monsieur Paul D..., du Mans (Sarthe), réfugié à S... (Haute-Vienne), recherche Germaine D..., six mois, René D..., neuf ans, Raymonde D..., dix ans, montés sur camion-citerne, à Tours... Adresse à Havas..." »
(*L'Illustration*, n° 5080, 13-20 juillet 1940.)

un camionneur, dont on n'a aucune nouvelle. La scène se situe à Tours, un Tours enfiévré, trépidant et tourbillonnant, où la ruée des autos, des voitures, des véhicules de toutes sortes emplit les rues. Une confusion énorme, un hourvari à rendre fou. Un père, fatigué, exténué, fait, pour une étape, monter ses trois enfants sur un de ces énormes camions-citernes dont la guerre a popularisé la silhouette. On doit se retrouver plus loin, à une étape. Mais le rendez-vous a été mal pris, mal interprété. Dans la cohue, le père a couru, a cherché, a interrogé – mais nul n'a pu le renseigner utilement. Quel drame ! Celui-ci nous est connu. Mais il en est vingt, peut-être cent et plus que nous ignorons, que nous ne connaîtrons jamais... Plus tard, on fera le bilan, on dénombrera les pertes. Ah ! Que cette bataille des routes et des carrefours aura coûté cher à la France. » (CADILHAC, Paul-Émile, *L'Illustration*, n° 5080, 13-20 juillet 1940.)

« Dans la zone occupée »

« L'occupation d'une partie du territoire français a posé un certain nombre de problèmes. Les maires, par exemple, ont été tenus de loger les troupes allemandes dans les mêmes conditions que les troupes françaises avec cantonnements pour les hommes et billets de logement pour les officiers. La circulation a été réglementée et le nombre d'automobiles autorisées a été restreint. Pour la ville de Bordeaux, leur chiffre total a été réduit à cinq

« Une fermière va remettre aux autorités les fusils de chasse de son mari absent. »
(*L'Illustration*, n° 5080, 13-20 juillet 1940.)

« Le dépôt des armes de chasse à l'hôtel de ville de Bordeaux. »
(*L'Illustration*, n° 5080, 13-20 juillet 1940.)

cents voitures seulement. D'autre part, passées 22 heures, heure allemande, le public n'a plus été admis dans les rues. Cette dernière règle toutefois a été atténuée et si les cinémas et cafés ont dû fermer à 22 h 30 (heure allemande) la circulation nocturne est redevenue libre. Enfin – et cet aspect du nouvel état de choses a été fixé ici par l'image – les habitants des zones occupées ont dû remettre toutes leurs armes aux autorités allemandes. Les revolvers ont été déposés à la Kommandantur et les fusils de chasse, dans les mairies où des récépissés ont été délivrés. Plus tard, en effet, ces objets seront restitués à leurs propriétaires. Le délai de remise a expiré le 5 juillet dernier. Mais pendant quelques jours, on a pu voir de nombreux nemrod apporter eux-mêmes leur fusil, voire le faire porter par leurs épouses, donnant aux routes un aspect qui aurait pu faire croire qu'ainsi qu'au temps heureux de la paix, la chasse était ouverte... » (*L'Illustration*, n° 5080, 13-20 juillet 1940.)

« Une visite dans Paris occupé »

« Une heureuse circonstance m'a permis d'accompagner M. René Baschet, directeur de *L'Illustration*, et M. Lacam, du haut-commissariat de l'Information, chargés de mission par le syndicat de la presse et le gouvernement, pour étudier sur place les possibilités d'un retour éventuel des journaux parisiens dans la capitale. Dans notre dernier numéro, M. René Baschet a conté succinctement notre voyage, qui fut rapide. À sa relation, je voudrais ajouter quelques impressions personnelles sur l'atmosphère et le "climat" de Paris. Nous sommes arrivés, par la porte d'Orléans, le jeudi 27 juin, à 6 heures du matin, et nous sommes repartis le soir même, à 19 heures. Peu de formalités à l'entrée : un simple coup d'œil d'un soldat allemand sur notre laissez-passer. Il est vrai que nous possédions tous les visas officiels. La sortie exigea des pourparlers plus longs : les Allemands, à ce que j'ai cru comprendre, autorisent les Parisiens évacués à regagner leur domicile, mais ne leur permettent plus de quitter la ville, même à pied. Mais je pense que des sauf-conduits spéciaux doivent être accordés aux habitants de la banlieue qui ont à Paris leur travail. Sauf aux portes, qui sont gardées militairement, et en quelques endroits, comme les Invalides, siège du haut commandement et qu'un cordon de troupes entoure, le service d'ordre est assuré exclusivement par les gardiens de la paix et les gardes mobiles français, en tout douze mille hommes environ. De place en place, toutefois, un Allemand contrôle ce service d'ordre, mais sans jamais intervenir auprès des civils. La circulation, d'ailleurs, est extrêmement réduite. Tout d'abord, par la diminution du nombre des habitants, tombés, pour l'agglomération parisienne, de cinq à deux millions. À Paris même, s'il y a encore quelque animation dans les quartiers populaires, il n'en va pas de même dans les arrondissements bourgeois ou élégants, presque entièrement désertés. En outre, les automobiles ont disparu, à l'exception, bien entendu, de celles qui sont utilisées par les Allemands, et dont beaucoup sont des voitures françaises "réquisitionnées". J'ignore les modalités de cette réquisition. Plus d'autobus, plus de taxis, plus d'autos privées. Seules sont encore admises à circuler quelques autos spécialement immatriculées à la Préfecture de Police, et portant très apparemment l'étiquette SP (service public) ou SPR (service public du ravitaillement). La ville est dans un méticuleux état de propreté, ce qui indique que jusqu'ici du moins la voirie a bien fonctionné. Au moment de l'entrée des Allemands, la presque totalité des magasins et des boutiques avaient fermé leurs portes. Ils ont commencé à les rouvrir, progressivement. Tels le *Bazar de l'Hôtel de Ville*, la *Samaritaine*, les *Galeries Lafayette*, le *Printemps* et d'autres encore, qui ont suivi. Comme clients, ces magasins avaient surtout des Allemands, officiers ou soldats, qui sont d'excellents clients, et achetant principalement de la lingerie féminine et des parfums, pour les rapporter comme "souvenir de Paris" à leurs femmes, leurs fiancées ou leurs sœurs. Ils payent avec une monnaie spéciale, qui est celle des troupes d'occupation, en billets et en jetons, sur la base de 1 mark pour 20 francs. Cette monnaie est devenue courante, même pour les Français. Parmi les restaurants, ceux qui sont de caractère populaire, les"bistrots", donnaient encore à boire, mais ne donnaient plus à manger. Cela tient aux difficultés de ravitaillement qui sont – ou étaient encore, à la date du 27 juin – considérables. Grande pénurie de lait, de légumes frais, d'œufs, de pommes de terre, et même de viande. Les prix s'en ressentent. Il n'est pas jusqu'au pain qui soit devenu une denrée rare, et chère. L'approvisionnement pour ceux qui n'ont que peu d'argent doit poser des problèmes ardus. Situation sans doute provisoire, et qui a dû s'améliorer, depuis mon passage, par la remise progressive du trafic avec la grande banlieue maraîchère et les départements d'élevage qui n'ont pas été atteints gravement par les hostilités. La terre de France reste heureusement nourricière. De ces difficultés, on ne s'aperçoit guère dans les restaurants d'une certaine classe, dont le menu demeure abondant et varié. Mais ils sont fréquentés presque exclusivement par les officiers allemands. Dans celui où j'ai déjeuné, pour une cinquantaine de francs, j'étais le seul Français. C'était un petit restaurant, assez connu, dans la rue Bayen. J'avais comme voisins sept ou huit Allemands aux élégants uniformes, qui pour la plupart parlaient fort bien français. L'un d'eux – un capitaine d'état-major – était un vieux Parisien. Il tutoyait la patronne, en l'appelant familièrement Marguerite. Il était très "bon vivant" et commanda, pour lui et ses camarades, quelques bonnes bouteilles. Mais, quant aux liqueurs, c'était un jeudi, jour sans alcool, et la règle fut scrupuleusement respectée. Avec ces officiers, j'ai engagé la conversation,

Une visite dans Paris occupé.
(*L'Illustration*, n° 5080, 13-20 juillet 1940.)

qui fut d'une extrême courtoisie. Le capitaine me confia qu'il avait été étudiant à Paris, et qu'il avait été revoir avec beaucoup de plaisir le petit hôtel meublé où il avait habité. Vers la fin de l'après-midi, je me suis rendu chez *Maxim's*, au *Colisée* et au *Fouquet's*. Ces cafés "très parisiens" étaient le rendez-vous de ce qu'il y a de plus haut gradé dans la garnison allemande d'occupation : des commandants, des colonels, des généraux. Je dois à la vérité de dire que l'élément féminin habituel ne manquait pas. Cela ne m'a pas autrement étonné. Par contre, j'ai éprouvé une certaine surprise en voyant, avenue des Champs-Élysées, un car plein de touristes allemands, hommes et femmes. Déjà les "excursions à Paris" avaient commencé. Les agences allemandes de voyage ne perdent pas de temps ! Aucun théâtre n'avait encore repris son activité, mais une dizaine de cinémas étaient ouverts, principalement des *Cinéac*, projetant des reportages d'actualités. On y voit, paraît-il, des scènes de guerre tout à fait remarquables, et, dans le plus grand détail, la signature de l'Armistice au carrefour deux fois historique de Rethondes. Autant d'images que nous ignorons encore en France non occupée. À l'usage des soldats une salle a été réquisitionnée : celle du *Marignan*. Les civils n'y ont pas accès et l'on n'y donne que des films allemands. J'ai profité de mon bref séjour pour prendre contact avec des amis et des personnalités diverses, qui n'avaient pas quitté Paris et que j'ai interrogés sur la façon dont l'occupation s'était effectuée et dont elle fonctionnait. Voici ce que j'ai appris : les troupes allemandes ont pénétré dans Paris à l'aube du vendredi, 14 juin, par plusieurs portes à la fois. Cela s'est fait très simplement, sans aucun défilé spectaculaire. La seule parade, si l'on peut dire, a eu lieu aux Invalides, vers 10 heures. Une double haie était formée devant l'hôtel, à l'intérieur par des agents de police. Les Allemands arrivèrent par le quai d'Orsay et remontèrent l'esplanade. Les musiques militaires ne jouaient pas, mais les hommes chantaient l'hymne hitlérien. Sur les trottoirs il y avait fort peu de curieux, qui restèrent silencieux, et il ne se produisit pas la moindre manifestation. Tour à tour, fantassins, artilleurs avec leurs pièces, chars d'assaut franchirent le portail et gagnèrent les cantonnements qui leur avaient été assignés dans les divers bâtiments des Invalides. D'autres se rendirent à l'École militaire. En dernier lieu vinrent les automobiles de l'état-major, que des motocyclistes encadraient. Au total, cinquante mille soldats ou officiers allemands. Pour loger tout ce monde et installer les multiples services que l'occupation comporte, les Allemands ont réquisitionné tous les bâtiments publics et la plupart des hôtels, mais aucune habitation privée. Les Parisiens évacués qui regagneront leurs appartements peuvent être assurés de les retrouver dans l'état même où ils les ont laissés. Aucun billet de logement n'a été distribué, Les soldats sont dans les casernes et les officiers dans les hôtels. La Kommandantur s'est établie place de la Concorde, à l'hôtel Crillon et au ministère de la Marine ; la Gestapo au ministère des Affaires étrangères, le haut commandement aux Invalides, et ainsi de suite. Sur tous ces bâtiments officiels flotte le drapeau hitlérien. Pendant les deux premiers jours, un immense drapeau à croix gammée a drapé l'arc de triomphe, puis il a disparu. Mais j'ai encore vu le colossal amoncellement d'hortensias bleus déposés sur la tombe du soldat inconnu. Pendant deux jours, également, une garde d'honneur a été placée autour du tombeau, et il en a été de même aux Invalides, pour le tombeau de Napoléon Ier. La cérémonie de la prise de possession de Paris s'est déroulée à l'Hôtel de Ville, selon le rite accoutumé en pareille circonstance. Les autorités de l'Hôtel de Ville sont, au surplus, les seules avec lesquelles les Allemands aient des rapports ; le préfet de la Seine, M. Villey, et le préfet de police M. Langeron sont assistés d'une commission municipale de quatre membres : MM. Chiappe, Pinelli, de Fontenay et Contenot. Ces quatre conseillers municipaux étaient les seuls qui fussent présents à Paris lors de l'entrée des Allemands. Ils sont restés à leur poste, pour se rendre utiles, mais ils n'ont aucune qualité officielle, et les autorités allemandes les ignorent. En dehors des deux préfets et de la commission municipale, deux hauts fonctionnaires continuent à administrer leurs départements respectifs : le procureur général, M. Cavaroc, et le recteur de l'université, M. le professeur Roussy. Les Allemands s'efforcent de faire renaître l'activité économique et industrielle. Ils ont remis en circulation quelques trains : entre Paris et Orléans, Paris et Chartres. Provisoirement, ces trains étaient à sens unique, d'Orléans et de Chartres vers Paris, à l'usage des réfugiés et de l'approvisionnement, mais ils ne prenaient aucun voyageur de Paris vers Orléans ou Chartres. Un dernier mot sur les rapports des Allemands et de la population. Manifestement, des ordres stricts ont été donnés aux troupes d'occupation pour qu'elles se conduisent avec une correction impeccable. Aussi les Allemands s'abstiennent-ils de tout acte qui les exposerait à l'animosité : même s'ils étaient tentés, parfois, de commettre une atteinte quelconque aux individus ou à la propriété, ils hésiteraient devant les peines qu'ils encourraient : pour tout pillage, la peine de mort ; pour violence à une femme, deux ans de prison. Voilà Paris sous l'occupation allemande, tel que j'ai aperçu son extraordinaire visage, le 27 juin 1940. (BEAUPLAN, Robert de, *L'Illustration*, n° 5080, 13-20 juillet 1940.)

Curiosité : le bienfait du rationnement du tabac

« Chronique scientifique : fumées. Notre collaborateur Jean-Marie m'incite, à la fin de son dernier article, à catéchiser les malheureux privés de tabac. La consolation est toute trouvée : ils font la plus précieuse cure de désintoxication, et on ne prélève même pas un impôt spécial sur cette thérapeutique. Ce sont des privilégiés, dignes d'envie. Car enfin, on ne peut imaginer de plus sotte manie. Comment admettre que des gens raisonnables évaporent en fumée une herbe qui les empoisonne, qui leur ôte la mémoire et qui, de surcroît, leur fait dépenser des sommes si utilisables ailleurs par le temps qui court. Voilà encore un des méfaits – il y en a d'autres, et pires – de ce déplorable Christophe Colomb. Le 12 octobre 1492, Christophe Colomb, raconte Lewin, avait jeté l'ancre à Guanahari, dans l'archipel des Bahamas. Le 29 octobre, il était devant Cuba. Le 2 novembre, il envoya en exploration deux

Espagnols qui revinrent le 6 novembre. Ils rapportèrent ceci – entre autres renseignements – qu'ils avaient rencontré beaucoup d'hommes et de femmes ayant tous à la main "un charbon ardent qu'ils entretenaient à l'aide d'herbes odoriférantes". C'étaient des feuilles sèches enroulées "ressemblant aux petits fusils dont les enfants espagnols se servent à la Pentecôte". L'objet était enflammé à un bout, les gens aspiraient de l'autre bout et buvaient, en quelque sorte, la fumée. Cela les rendait somnolents et les grisait, mais les empêchait de sentir la fatigue. Les naturels appelaient cette sorte de petits fusils des tabacos. Et Las Casas, évêque de Chiapas, au Mexique, qui publie la lettre de Christophe Colomb, dont on vient de lire des extraits, ajoute : "Je connais des Espagnols qui imitent cette coutume. Et quand je leur ai reproché cette pratique barbare, ils m'ont répondu qu'il n'est plus en leur pouvoir de se refuser ce plaisir." À cette même époque, l'ermite Romeno Parre, laissé par Christophe Colomb à Hispaniola – aujourd'hui Haïti – pour convertir les indigènes, constata que les Indiens absorbaient la fumée à l'aide d'un tuyau fourchu dont les branches sont plongées dans les narines, tandis que le tube brûle sur un charbon. Ainsi, les premiers fumeurs aspiraient à la fois la nicotine du tabac et l'oxyde de carbone du charbon : on peut croire que les effets produits sur leur cerveau étaient autrement magnifiques que ceux obtenus avec nos pipes. Et on comprend le mot de Colomb déjà cité : "Cela les rendait somnolents et les grisait." Depuis, le tabac a conquis la terre, et d'abord les régions de l'Amérique où il n'avait pas pénétré. En Europe, il fut d'abord employé au Portugal ; dès 1558, on se bourrait le nez avec des feuilles réduites en poudre. En 1560, Jean Nicot, ambassadeur de France, envoyait un échantillon de prise à Catherine de Médicis qui y prit goût, et en fit prendre de force à ses fils François II et Charles IX, pour les guérir de leurs maux de tête. Quand on songe que ces princes avaient des végétations, on imagine combien cette médication dut être bienfaisante. Il n'est pas interdit de croire qu'elle aida le pauvre François II à passer de vie à trépas, en la seizième année de son âge. Une drogue aimée de la reine devait s'imposer à la cour d'où elle gagna tout le pays. Cependant qu'à Rome, Urbain VIII édictait des peines sévères contre les prêtres qui fumaient dans les églises, ce qui montre où en était l'invasion. Le résultat, on le connaît : perte de mémoire, troubles digestifs, altération de la paroi des vaisseaux, palpitations, lésions cardiaques. Dans l'autre colonne du bilan, il y a le plaisir – vous me direz que ce n'est pas rien, et qu'on n'en a pas tant – il y a aussi une détente nerveuse qui fut fort appréciée certains jours de grandes canonnades. (Il y a aussi, mais c'est très spécial, la substitution d'une mauvaise odeur à une pire ; je pense aux étudiants qui dissèquent ou aux experts qui font des autopsies, surtout après exhumation.) En réalité, la privation du tabac ou sa raréfaction sont d'excellentes choses. Quant aux drogues de remplacement, il y en a de très nombreuses. On citait, l'autre jour, dans cette revue, les feuilles de framboisier, de frêne, de noyer, de tilleul et les barbes de maïs. Autant d'horreurs, sauf peut-être le maïs. Il y a quelques succédanés qui seraient très acceptables, mais qui sont encore beaucoup plus rares que le tabac : tels l'aristoloche triangulaire qui vit au bassin des Amazones, et le carica papaya que l'on récolte au pays des Hottentots. Passons. Ce qu'on pourrait conseiller de plus pratique, c'est le grand roseau (arundo donax), qui est abondant aux alentours de Lyon, et, de préférence à tout le reste, les feuilles de tussilage, ou pas d'âne, immenses et communes dans toute la banlieue, beaucoup moins toxiques que le tabac, et qui en donnent assez l'illusion. Je vous citerai bien encore le mélilot, la marjolaine, les diverses lavandes, les racines d'hellébore, la renouée orientale commune dans les jardins, le saule pourpre. Je doute que vous y preniez plaisir. Si vous voulez mon sentiment personnel : de toutes ces herbes, la plus nocive, la plus malodorante, c'est encore le tabac. On va me maudire, c'est le destin des philosophes. » (LOCARD, Edmond, *La Vie lyonnaise*, n° 974, 4 octobre 1941.)

Curiosité : le ravitaillement sans ticket

« Le retour à la mer. Au barrage de La Mulatière, alosettes et ablettes se multiplient aux lignes et aux... carrés. Voici descendant, par bancs, vers la Méditerranée, les... descendantes des grandes aloses qui, au printemps, montèrent jusqu'à Chalon, accomplir non sans frais le rite irrésistible de la pullulation. Tout le long des rives, les enfants jouent à taquiner la *fretaille* minuscule qui, par endroits, par moments, sursaute au-dessus de l'eau en paillettes d'argent. Les “bancs” d'alosettes viennent

« Deux pêcheurs d'alosettes le long de la passerelle du barrage de La Mulatière. »
(*La Vie lyonnaise*, n° 976, 1er novembre 1941.)

s'amasser en amont du barrage de La Mulatière, ainsi qu'en avril leurs pères et leurs mères, il y a quelques mois ; elles se mettent en files, en queues tournoyantes pour trouver les lacets bouillonnants par où elles passeront dans le Rhône, chemin de la mer. Elles s'y trouvent en ce moment, avec les "ablettes", voyageuses de moindre envergure, qui restent en eaux douces. Les jours que nous vivons amènent à réviser maints aphorismes que nous tenions pour incontestables. Ainsi le chien n'apparaît plus comme le plus fidèle ami de l'homme ; son attachement n'est, le plus souvent, que celui d'un commensal plus ou moins esclave de nos propres servitudes, comme de nos caprices et préférences. La meilleure amie de l'homme, pratiquement, c'était encore la poule – non point, s'entend, la poule de luxe, parée, travestie, rehaussée, enluminée, dont l'infidélité, l'infécondité dispendieuse sont les règles d'existence, mais l'humble poule caquetante, trouvant sa vie elle-même partout, animant la maison de ses volées de poussins, dispensant sans compter, sous toutes les latitudes, ses œufs, ses couvées et, finalement, sa chair même. Pourtant, la poule elle-même ne doit-elle pas céder le pas – si l'on peut dire

– à la sardine innombrable et universelle providentiellement prolifique ? Le blanc poisson miroitant pullule sur toutes les côtes des mers et des océans, apportant au monde – au pauvre monde – une moisson substantielle sans cesse renouvelée. Voyez plutôt les aloses – dont les sardines sont la petite famille : à peine nubiles elles remontent les fleuves sur des centaines de kilomètres pour trouver l'eau douce au plancton nourricier, où leurs œufs fécondés trouvent l'espace vital favorable. Au printemps, elles montent de la Méditerranée dans le Rhône, puis dans la Saône jusqu'à Chalon. Le banc intrépide brave tout pour accomplir sa mission. Comme s'il était dans sa destinée de pourvoir à la subsistance des humains. Lesdits humains les déciment à tous les tournants des rives, les massacrent aux étapes forcées des barrages ; elles bravent tout pour la sauvegarde de l'espèce… de l'espèce humaine

« À La Mulatière, au déversoir du barrage, côté Rhône, les ablettes se multiplient aux "carré". »
(*La Vie lyonnaise*, n° 976, 1er novembre 1941.)

en fin de compte. Et l'œuvre de multiplication accomplie, les grandes aloses regagnent au grand courant les abîmes salés. Elles s'en vont si discrètement que les plus malins pêcheurs ne parviennent pas à les voir, ni, surtout, à les surprendre. Et puis en septembre, octobre, les petites aloses nouveau-nées, dès qu'elles se sentent des nageoires, se mettent en mouvement à leur tour. Par myriades, elles affluaient ces jours-ci au barrage de La Mulatière, tourbillonnant sans trêve, jusqu'à ce que quelques-unes, les élues, parviennent à trouver le "filon" sauveur de l'échelle à poissons. Aussi pêcheurs et pêcheuses se touchent-ils des coudes et des lignes pour cueillir cette provende vivante qui, sans ticket, ni billet, complète à merveille le menu familial déficitaire. Le spectacle de tant de pêcheurs heureux, "n'abondant pas", comme dit Guignol, à décrocher de leurs hameçons les proies frétillantes, est infiniment réjouissant, pittoresque. Mais n'appelle-t-il pas une suggestion utile pour les Eaux et Forêts et les Ponts et Chaussées, qui ont la garde de nos richesses piscicoles ? Ne conviendrait-il pas de veiller d'un peu plus près à la sauvegarde de cette "marée" alimentaire qui s'apporte d'elle-même en fournissant, à l'aller comme au retour, un approvisionnement précieux ? Les aloses, les alosettes, les sardines ont disparu de tous les fleuves où les barrages, les ouvrages d'art se sont multipliés. Ainsi, jadis, elles remontaient jusqu'à Paris. Maintenant, soit qu'elles aient été trop exterminées, soit qu'un instinct perfectionné les ait averties par quelque "on ne passe plus" mystérieusement propagé, les bords fleuris qu'arrose la Seine ne voient plus aucune de ces héroïques migratrices. Sans entraver l'aménagement du Rhône, au point de vue de la force hydraulique et de la navigation, sans même prohiber la pêche populaire au passage, ne pourrait-on aménager aux barrages – qui sont actuellement des pièges trop vastes – des échelles à poissons plus larges, par où le gros des "bancs" scintillants pourrait passer sans payer une dîme exterminatrice ? La pêche aux autres poissons est justement réglementée ; pourquoi n'en serait-il pas de même pour celle de l'alose, de la sardine qui, en fin de compte, sont nos plus fidèles amies et, incontestablement, les plus désintéressées. Ne tuons pas la sardine aux milliards d'œufs d'argent !... » (SAHUC, Clément, *La Vie lyonnaise*, n° 976, 1er novembre 1941.)

« J'ai retrouvé Paris »

« Le train a deux heures de retard. Depuis deux heures, dans le wagon aux stores étroitement baissés, les voyageurs regardent leur montre avec anxiété. À 23 heures, à 23 h 30, le train roule toujours lentement dans la neige. Mon voisin soupire : "Le dernier métro est raté..." Minuit moins dix, le convoi stoppe enfin sur le quai de la gare de Lyon. Il fait si noir que les personnes venues attendre des parents ou des amis ne peuvent les reconnaître. La foule rapidement s'écoule au milieu de quelques sentinelles en armes. Et c'est l'obscurité totale de la place d'apparence déserte. Nous sommes complètement perdus. Impossible de traverser Paris à pied puisque le couvre-feu (curieux euphémisme) va sonner dans quelques instants. Impossible aussi de trouver un hôtel puisqu'ils sont invisibles. Heureusement des ombres surgies de la nuit braquent sur nous des lampes électriques voilées de bleu. "Un hôtel, monsieur ?..." Ce sont les "pisteurs". Je me hâte dans le sillage de l'un d'eux. Il y a déjà foule dans le hall. Il ne reste plus qu'une chambre à deux lits, non chauffée, 64 francs, taxe et service compris. Je m'endors difficilement. Je suis à Paris, dans cette ville que j'ai quittée il y a dix mois pleine d'uniformes kakis. Il fait froid, je guette les rumeurs familières, mais un silence pesant m'entoure.

« Réveil à 5 heures pour prendre le premier métro. Il fait, bien entendu, aussi noir qu'à minuit. On devine qu'une humanité pressée s'agite autour de vous mais on ne voit les gens qu'à bout portant. Les employés du métro entrouvrent les grilles, on s'engouffre dans l'escalier marqué de deux ampoules bleues et c'est enfin le souterrain normalement éclairé, sa tiédeur, son odeur, sa rumeur, Paris. La nuit continue. Avec l'heure de l'Europe centrale il ne fera jour que vers 9 heures, et tous les premiers gestes des Parisiens s'effectuent dans l'obscurité. C'est dans la nuit que les femmes vont prendre place dans les files, devant les magasins d'alimentation. D'un côté, se trouve la queue de celles qui n'ont pas de carte de priorité, de l'autre, la colonne plus courte de celles qui en ont. Quelques vieillards se trouvent dans cette dernière file. Devant passer plus vite, ceux-ci sont souvent chargés des commissions de plusieurs ménages. Les portes des magasins sont obscures avec à peine un nom découpé dans le bleu qui recouvre la glace de la vitrine. On parle peu, on tape des pieds, les hommes et les femmes se serrent les uns contre les autres pour avoir plus chaud. Les rares conversations s'échangent à voix presque basse et les agents, qui veillent au bon ordre, s'y mêlent. Tous, gardiens et gardés, sont des habitués. Dans les bistros il fait bon ; on y respire l'odeur animale des petits matins. Devant les comptoirs, les tuyaux s'échangent : "À 7 heures, il y avait encore du beurre rue de Vaugirard" ; "On m'a dit que l'on donne deux œufs par personne rue Rochechouart". Il fait encore nuit quand les enfants partent pour l'école. "Les grands" seulement, car la classe du matin est supprimée pour les petits ; on ne pouvait chauffer toutes les salles.

« Premier contact avec la rue. D'abord on ne reconnaît rien. On se croit dans une grande ville d'Europe centrale. Puis Paris reparaît ; c'est un Paris du 15 août le 15 janvier, avec peu de voitures, mais la même foule sur les trottoirs. Une foule alerte, pressée, sérieuse, j'ai envie de leur dire : "Bonjour, moi aussi je suis revenu..." Il y a encore des femmes élégantes, nettes, simples, avec des chapeaux ravissants, surtout vers la fin de l'après-midi. Comme ils sont jolis ces chapeaux ! Ils font croire à la fantaisie, à la grâce, à l'esprit. Ils sont fleuris, ornés d'oiseaux, parfois de fleurs, souvent de fourrure. Ils sont divers dans leur forme et dans leur matière, mais de tous s'échappent des flots de voiles, de jersey, de voilettes qui s'en vont se nouer sous le menton. Il faut bien, quand même, être pratique. Promenons-nous encore, flânons comme si c'en était encore le temps... Certaines rues sont barrées aux voitures françaises, d'autres le sont en même temps aux voitures et aux piétons ; on ne passe plus devant le Crillon. Un peu partout et surtout sur les grilles de la Madeleine, des multitudes de flèches en bois indiquent les directions à prendre pour gagner certains lieux de Paris ou de la province. La plupart des agents dirigent la circulation avec des gestes mécaniques et précis. Au signal, les cyclistes, les triporteurs, les tandems, les fiacres, les cabs – oui... j'ai vu un cab... – s'arrêtent et repartent. À certains endroits, les agents français sont doublés de fonctionnaires allemands portant un brassard et un disque rouge ; mais ceux-ci ne s'occupent que de la circulation de leurs compatriotes. Les tandems-taxis de SVP sont rares. Ce sont d'anciens coureurs cyclistes, d'anciens dockers, d'anciens n'importe quoi, pourvu qu'ils soient forts, qui tirent les petites caisses vertes ou bleues dont une main prudente entrouvre de temps en temps les micas. Crainte d'asphyxie peut-être… La contravention immédiate à 15 francs est appliquée à ceux qui ne traversent pas "dans les clous"; c'est la seule mesure qui a pu obliger les Parisiens à observer le règlement. Pour aller du boulevard Malesherbes à la rue de la Pépinière, il faut faire le tour de la place Saint-Augustin. Sur les permis de conduire des rares porteurs de SVP, on a ajouté une feuille volante où sont marquées les contraventions : quand il y en a six, le permis est supprimé.

« Tous les visages sont en uniformes avec leur dignité un peu soucieuse, mais les boutiques ont conservé leurs sourires. Partout des bibelots charmants et ingénieux, restes de la facilité passée, ou adaptés aux ersatz nouveaux. Il n'y a plus de chaussures d'hommes dans les vitrines des bottiers, parfois même certains étalages ne sont faits que de chaussures de plage, ce qui paraît un peu singulier quand on patauge dans la neige. Les restaurants affichent des menus à prix fixe : un hors-d'œuvre, un plat garni, un fruit. Un repas de ce genre coûte en moyenne, dans le centre, de 20 à 30 francs. Devant les restaurants meilleur marché, un sens unique se crée de lui-même ; les deux files se croisent : ceux qui ont faim et ceux qui ont encore faim : entrée et sortie. Les restaurants chers sont aussi atteints par les restrictions – ce n'est que justice – mais il y reste les vins, à l'exception du champagne qui se fait rare. Les magasins ne livrent plus. Les messieurs vont faire les achats pesants avec leur sac de montagne, les femmes avec de grands paniers à provisions, et pourtant les chômeurs ne manquent pas qui accepteraient d'aller livrer en ville. Les grands couturiers travaillent presque tous. Ils sont alimentés, en partie, par une clientèle nouvelle de Françaises, inconnues dans ces maisons avant le drame. Les robes qui priment sont celles qui sont chaudes et qui font jeune. Les tailleurs stricts sont de plus en plus à la mode. On n'a jamais tant vendu de robes de chambre chaudes et de costumes d'intérieur : veste et pantalon d'homme. On ne voit des robes du soir qu'à l'opéra, le théâtre le mieux chauffé de Paris. On dit même que chanteurs et danseurs reçoivent du charbon à domicile pour entretenir la souplesse de leur voix ou de leurs jambes.

« Car c'est avec l'alimentation la question du charbon qui prime tout. Partout, les conversations ne roulent que sur cet obsédant souci. On cultive ses parents de province, même les plus éloignés, ses amis, même les plus "perdus de vue", pour se faire envoyer des colis. Les trains sont bondés de voyageurs qui partent avec des valises vides et s'efforcent de revenir avec des valises pleines de victuailles, si toutefois l'octroi ne s'en saisit pas à l'arrivée. Il n'est pas rare de faire six cents kilomètres pour un poulet et une livre de beurre. On va aussi chercher du charbon avec des sacs, sur le carreau de certaines mines voisines de la ligne de démarcation. Manger, avoir chaud... le gaz est réduit, les radiateurs électriques sont chers et de mauvaise qualité. Du reste, on obtient difficilement la pose d'un compteur et d'une canalisation "force". Les familles, les amis se resserrent dans une seule pièce et l'on travaille, mange et dort autour du feu unique, soigné avec une sollicitude de tous les instants.

« Quand le soir vient, le recul de l'heure fait croire à l'arrivée du printemps. Il fait jour à 18 h 30 quand les rues s'emplissent d'employés courant vers les métros. Les cinq excellents musiciens, en tenue décente quoique fatiguée, qui jouaient une rapsodie de Liszt dans la rue Cambon ont terminé leur concert déchirant, les crieurs de journaux hurlent les dernières éditions, les autobus coiffés de leur réservoir à gaz se hâtent avec leur crâne chauve car ils cesseront de fonctionner à 19 heures. La nuit tombe, mais aucune vitrine, aucune enseigne ne s'éclaire. Une vie feutrée commence. L'obscurité semble imposer le silence, seules les voitures filent, glissant par les paupières entrebâillées de leur phare un regard jaune et timide. De temps en temps, un coup de sifflet du chef d'îlot perce les ténèbres et une fenêtre mal camouflée s'éteint furtivement. Dans bien des maisons un feu se ranime, pas dans toutes, hélas ! On s'invite peu ; le ravitaillement est difficile et la servitude du dernier métro si étroite. Quand on dîne en ville, on y couche souvent aussi. Le dégel étant venu, on va davantage au théâtre. La *Sainte Jeanne*, de Bernard Shaw, fait de belles recettes, et les cinémas sont aux deux tiers pleins. Dans leur hall d'entrée, les sourires de Marika Rokk ou de Zara Lehender ont remplacé ceux de Claudette Colbert ou de Mirna Loy. Les "premières" des films allemands se succèdent ; beaucoup de monde à chacune d'elles. *La Fille au vautour*, avec ses admirables photos et ses curieux costumes du Tyrol, est un des meilleurs films du moment avec *La Lutte héroïque*, histoire du docteur Koch qu'incarne Émile Jannings, qui n'a rien perdu de sa puissance et de sa lenteur. Pendant ce temps, les boîtes de nuit se sont ouvertes. Elles sont plus nombreuses que jamais, mais le *Château Bagatelle*, rue de Clichy, et *Tabarin* sont certainement les plus fréquentées. Dans l'une on y danse le quadrille des Lanciers ; dans l'autre, le French Cancan, comme si Paris voulait revivre dans son époque la plus heureuse et la plus française. On y chante aussi en chœur, mais c'est souvent *Bel Ami*, crée par Éva Busch. À minuit passé, seuls les porteurs d'*Ausweis* restent dans la salle, et, dans

la rue, les sabots des derniers fiacres martèlent les pavés.

« Qu'il reste beau mon village… Visages sérieux qu'éclaire parfois un sourire plein de finesse, silhouette élégante entrevue, solidarité parfaite entre tous ceux que tant de fausses barrières séparaient, volonté de vivre et de durer, sentiment que rien ne peut atteindre en profondeur ce jaillissement continuel d'inventions et de pensées… Qu'il reste beau mon village… » (MOREZ, Georges, *L'Alerte*, 4 février 1941.)

« Les tricoteuses »

« De notre correspondant particulier. Vichy, 1er février. Comme celle de 1789, cette révolution aura vu naître, elle aussi, les tricoteuses. Et Vichy en compte au moins un bataillon. Mais il ne s'agit pas, qu'on se rassure, des farouches matrones qui, tout en comptant les mailles, écoutaient tomber les têtes. On les rencontre un peu partout, depuis qu'il fait froid et qu'il pleut ; partout ou il fait chaud, cela s'entend, c'est-à-dire dans les grands cafés de la ville. Ce sont, pour la plupart, des femmes de fonctionnaires qui logent à l'hôtel dans des chambres sans radiateur et sans foyer. Il y fait trop froid pour qu'elles puissent songer à y passer la journée en attendant le retour de leurs maris. Aussi, dès la fin du déjeuner, gagnent-elles mélancoliquement la brasserie la plus proche et, devant un café qui lentement refroidit, assises en longues rangées sur la banquette de moleskine, elles tricotent vaguement, en écoutant tomber la pluie. » (LACHAPELLE, André, *L'Alerte*, 4 février 1941.)

« Dormez ou chantez »

« La direction de la Santé communique à la presse des notes un peu simplettes mais pleines de bon sens, dans lesquelles elle donne au public des conseils pratiques sur la manière de se maintenir en bonne santé malgré les restrictions. Vous manquez de matières grasses ? Qu'à cela ne tienne : dormez une heure de plus et vous en récupérerez. Avez-vous besoin de fortifiants ? Ils sont économiquement à la portée de tous : l'exercice physique est le meilleur régime qui convient aux sédentaires et aux renfermés. Et voici le plus merveilleux remède : le chant ou la santé par la joie. Emportez-le dans votre pharmacie de voyage de préférence aux seringues et aux drogues. Le chant, c'est à la fois la meilleure gymnastique respiratoire, le tonique de la santé intellectuelle, la grande panacée morale et sociale. La santé par la joie ! Voilà une cure qui n'est certes pas désagréable. Elle nous rappelle la méthode de l'excellent "docteur" Coué, inventeur de la guérison par l'autopersuasion. » (LACHAPELLE, André, *L'Alerte*, 4 février 1941.)

« La Censure déménage »

« Dans une dizaine de jours, tous les services du professeur Portmann prendront possession de leurs nouveaux locaux. Radio, censure, information se trouvaient trop à l'étroit dans les chambres de l'hôtel du Parc et par trop disséminés au hasard des appartements disponibles. Ils seront groupés, dorénavant, à l'hôtel de la Paix, qui n'est d'ailleurs qu'à quelques mètres de leur précédente résidence. Le professeur Portmann, seul, continuera à habiter et à travailler au premier étage de l'hôtel du Parc. Dès que la nouvelle fut confirmée, un confrère du soir s'empressa d'en informer son journal et, sans penser à mal, il titra tout simplement : "La Censure déménage." Mais la Censure veillait. Elle estima que cette façon de présenter l'affaire pourrait inciter les lecteurs à des conclusions ironiques. Et elle coupa le titre. Ce qui prouve que, devant un censeur féru de sémantique, l'esprit peut fort bien perdre ses droits. » (LACHAPELLE, André, *L'Alerte*, 4 février 1941.)

« L'ami du peuple »

« Rien ne plaît tant au maréchal que de se mêler au menu peuple et d'échanger avec les humbles des propos sans apprêts. Il a repris, ces jours-ci, dans les allées du parc, les promenades que le mauvais temps avait interrompues. Et, sur son passage, les gens s'arrêtent et saluent. Sans se lasser, le maréchal répond en soulevant son chapeau. Un familier qui l'accompagnait cette semaine et que sa présence aux côtés du chef de l'État obligeait, lui aussi, à se découvrir à une cadence rapide, crut devoir en manifester quelque humeur. "Bah ! fit le maréchal avec bonhomie, ceci ne me déplaît pas. Il me semble être chez moi, dans la grande rue de mon village", puis, malicieux : "Pour vous, cher ami, c'est moins drôle, évidemment, car il vous faut répondre à des saluts qui ne vous sont pas destinés." » (LACHAPELLE, André, *L'Alerte*, 4 février 1941.)

« Le Secours national et Maurice Chevalier »

« Un de nos amis, qui récemment revenait d'un voyage en Suisse, nous disait : "Il est difficile d'imaginer quelle popularité de bon aloi Maurice Chevalier a rencontré dans sa tournée auprès d'un public suisse très difficile. C'est ainsi qu'à Zurich même, qui est moins accessible à notre influence que Genève ou Lausanne, l'artiste français a témoigné de tant de chaleur, d'intelligence et de tact que les quatre soirées qu'il y a données furent un véritable hommage à la France." À Nice, Maurice Chevalier, organisant un gala pour le Secours national du maréchal, était assuré de rencontrer un même succès. Des convives dont le nombre dépassa quatre cents, la vente aux enchères d'un portrait du maréchal atteignant le chiffre record de 275 000 francs, tel fut le bilan de cette utile soirée. Et elle permit de constater que la célébrité aujourd'hui incontestable de Maurice Chevalier tient non seulement à des dons naturels, mais à la conscience avec laquelle il crée et varie son répertoire, cherchant à tirer de tout ce qu'il crée, qu'il s'agisse d'un poème de Jehan Rictus ou d'une bleuette de Géraldy, tout ce que ces œuvres renferment de tendresse et de sens humain. En réalité, le mérite d'un tel artiste s'impose par sa sincérité même et par sa probité. » (M. J., *L'Alerte*, 4 février 1941.)

« Lettre d'une Parisienne : "Une vie austère, assez épuisante, mais que de courage et d'ingéniosité pour nous y adapter" »

« Paris... Janvier. Chaque matin, mon cher ami, nous nous réveillons dans la nuit. Notre petit déjeuner, le repas franc, honnête, prend l'allure furtive d'un souper clandestin. Nous n'avons même pas la compensation, en buvant notre thé, de voir le ciel rosir et le soleil se lever – phénomène rarement constaté à Paris – car un agent impératif est venu dresser contravention à ma lampe de chevet, de sorte que nos rideaux de papier noir n'ont le droit de se lever qu'à 9 heures passées. À cette heure-là, nous sommes dans la rue – et dans la nuit profonde ! Où sont les molles et bruissantes matinées téléphoniques ? Toutes, maintenant, nous bondissons dès l'aube !

« Nous n'avons, bien entendu, plus de personnel fixe. Une femme de ménage vient le matin, une raccommodeuse une fois par semaine. Elles n'exigent pas d'être nourries, car elles connaissent les difficultés du ravitaillement. Mon ami, nous nous noyons, nous nous enlisons dans la ratière. Nous ne discutons que radiateurs électriques, rideaux impénétrables, huiles de lichen et de paraffine, vitamines et calories, éclipses de marrons et d'oranges, découverte d'une mine de sel, d'un puits de moutarde, nous échangeons des recettes de crêpes à la bière, de brocolis, de patates et de rutabagas, car l'exceptionnel a remplacé l'habituel. L'autre lundi, jour de jeûne, j'ai rencontré Colette, notre grande Colette. Sido lui a légué tous les secrets de la bonne cuisine mijotée. Pourtant, elle portait comme moi des châtaignes et de petites Arcachonnaises. L'huître s'offre à chaque bistro, plate ou creuse, maigre ou grasse, en telles quantités que leurs parcs seront certainement bientôt vides.

« Mais savez-vous une surprenante transformation du goût ? Vous rappelez-vous notre mépris du "sucré" ? Quelle maîtresse de maison "à la page" eût servi dans un cocktail autre friandise qu'anchois, fromage, amande grillée ? Les petits fours avaient pris figure de maîtres d'hôtel à favoris. Aujourd'hui, nous courons après les tartelettes et les mille-feuilles font nos délices. Après la messe, comme en province, les familles se rencontrent chez le pâtissier. Ultime ressource qui nous échappera ce mois-ci, car le gâteau nécessitera un ticket de pain.

« Certaines femmes dirigent les coopératives que leurs maris ont organisées pour les employés et les ouvriers. L'une d'elles, les samedis et dimanches, surveille une ferme, en banlieue. L'autre fait retourner les trois hectares de son parc, près du bois de Boulogne. Elle y sèmera, au printemps, des légumes pour les familles dont elle s'occupe. Presque toutes "nous faisons du service social". Les SSA sont dissoutes et leur "générale", Mlle Nicole, est, dit-on, prisonnière en Angleterre. Mais si les divers uniformes ont disparu les différentes activités subsistent. Marguerite visite les familles des aviateurs, Caroline ficèle des colis pour les prisonniers, Popote pèse la laine que tricoteront les femmes des chômeurs, Marcelle est au ministère de la Jeunesse, Madeleine administre un centre de réfugiés. Il est un lieu dont on parle avec admiration, respect et parfois envie. Les familiers le désignent d'un ton entendu sous le vocable "la rue de Berri". Il abrite un important service de la Croix-Rouge. Mademoiselle Isabelle de Hurtado, dont Vélasquez eût aimé peindre le profil altier, y galvanise l'activité de ses délégués techniques. Madame Edmond Gillet y a une idée par jour pour améliorer le sort des régions sinistrées dont Mme Hélène de Wendel, la baronne Sellière, Mme Decroix administrent les secteurs. Madame de Breteville a dressé des cartes coloriées aussi précises qu'harmonieuses. Tout un étage abrite de claires layettes qui réconforteront de courageuses mamans. Fait curieux officiellement constaté : les jumeaux sont nombreux. Madame de Cossé-Brissac, la fille chérie du vicomte de Rohan, a même mis au monde des triplettes.

« Vous le voyez, cher ami, les femmes s'efforcent d'être utiles, et y réussissent. Peu ou pas de distractions. La plus grande privation est la quasi-impossibilité d'avoir des amis à dîner. Les Français ne vont guère au théâtre, ni au cinéma. Deux expositions de peinture moderne se sont succédé à l'Orangerie au profit des artistes. Seul un tableau de Gromaire n'eut pas l'autorisation d'y figurer : ce n'était pas une de ses meilleures toiles. Au palais de la Découverte, les Termites attirent la foule : présentation ingénieuse et effrayante. Le soir, nous lisons des livres dont la tourmente a violemment secoué la poussière : *Charles XII* de Voltaire, le *Conscrit de 1813*, d'Erckmann-Chatrian, *La Guerre et la Paix*, gonflés soudain d'analogies frappantes. La *NRF* reparaît sous la direction de Drieu La Rochelle. On y retrouve avec joie, hors de la politique, de vrais écrivains : Gide, Giono, Marcel Aymé ; Armand Petitjean exprime avec une émotion contenue nos sentiments secrets, mais Chardonne irrite, il croit être moderne et met en scène des fantoches qui sonnent faux.

«Voilà, cher ami, un bref aperçu de nos vies austères et assez épuisantes. Nous faisons en moyenne vingt à trente kilomètres par jour à bicyclette, encapuchonnées, sac en bandoulière,"tienchauds" aux poignets, plongeant tête baissée, comme ces livreurs de journaux que nous enviions autrefois dans la mêlée de la rue. Malgré ce qu'on y voit, ce qu'on y croise, la rue de Paris garde son attrait. Vous rappelez-vous combien charmait notre œil à Venise, chargé sur gondole, ce qui, sur roues, ne l'aurait pas attiré : le charbon, un déménagement, des légumes ? La bicyclette et sa suivante, la remorque, opèrent sur les objets usuels le même phénomène de rajeunissement. À trois heures de l'après-midi, les marchands de quartier remontent des halles traînant derrière eux quelques carottes et choux-fleurs, un petit bazar rapporte son approvisionnement, un jeune père tire dans une caisse étroite ses deux petits enfants très fiers de leur carrosse. Et voici le nouveau taxi SVP à deux places, d'un bleu criard, attelé à un tandem : deux pédaleurs, comme autrefois deux chevaux. L'homme, qu'on croyait libéré, redevient bête de trait.

« Raccrochons-nous pourtant, cher ami, à cette ingéniosité française qui sait s'adapter, à la joie sportive de se faufiler, d'échapper. Grâce à la bicyclette, nous ne voyons que ce que nous voulons voir ; nous virevoltons, notre indépendance est sauve. L'auto nous isolait dans sa cage de verre ; aujourd'hui, nous collons de plus près au pavé de Paris. Dans le calme incroyable de la nuit de 10 heures du soir, dans le vide absolu de ces rues dont la machine et l'humain ont disparu, les arbres reprennent leur ampleur, les monuments leur important volume, les avenues leur impérial dessin. Dans ces dernières semaines, le clair de lune fut glacial et somptueux. Sans bruit, nous roulions dans ce désert, parcourant notre ville, glissant dans ses artères, nous intégrant dans ses veines. L'accidentel avait disparu, seule subsistait, entre ces palais de pierre, une belle morte, éternelle comme Athènes, comme Rome, insaisissable, retranchée dans son silence. » (HAUTEVILLE, Françoise, *L'Alerte*, 28 janvier 1941.)

« Pour vous madame... » (13 février 1943)

« Combiner et harmoniser »

« S'il existe une élégance détachée des contingences qui se permet de ne pas se soucier du réel et qui nous a valu lors des récentes collections des déshabillés somptueux, d'idéales robes d'hôtesse, des ensembles éblouissants et de splendides manteaux dignes des temps heureux, il ne faut pas oublier "l'élégance pratique" qui tient compte de circonstances. C'est à cette élégance que vont généralement nos suffrages car elle s'adapte aux difficultés actuelles et résout d'amusante façon l'actuel problème des

(*L'Alerte*, 13 février 1943.)

(*L'Alerte*, 13 février 1943.)

points. S'il m'a été donné ici de vous parler des multiples façons aussi ingénieuses que confortables trouvées par les couturiers chaque saison, je dirais presque chaque jour, pour lutter contre la standardisation de la mode et contre la pénurie de tissu, je ne vous ai pas encore parlé des jupes et des gilets… ravissants couples vestimentaires, permettant de réaliser une combinaison véritable et non du "dépareillé", de marier agréablement les tissus unis, imprimés, rayés, toute la gamme des tricots, des coupons précieusement gardés. Le chapitre des jupes est presque inépuisable :

« – Jupe sportive à quatre lés évasés dont trois devant et un derrière, aux deux petites pointes à la taille, ornées d'un bouton pour recevoir les pointes d'un gilet.

« – Jupe avec groupes de plis plats sur les côtés. Un empiècement de taille descend devant et forme ceinture derrière.

« – Jupe aux panneaux appliqués de chaque côté, la taille remontant légèrement pour former ceinture.

« – Jupe à sections évasées se raccordant à la taille à celle du gilet, des poches fendues sont ménagées dans les coutures de devant.

« – Jupe-culotte avec panneau incrusté pour donner l'illusion d'une simple jupe. De grandes poches appliquées de chaque côté sont maintenues fermées par un boutonnage, une étroite ceinture souligne la taille.

« – Pour les jupes d'après-midi, nous avons le choix entre la jupe extrêmement large, simplement froncée à la taille sur une ceinture de cinq centimètres environ et qui évoque la ravissante jupe du costume des "Sablaises", la jupe dont l'ampleur se masse derrière par plusieurs plis plats et la jupe très droite.

« Le soir, la longue jupe de velours, de jersey moulant étroitement les hanches nous est proposée par presque tous les couturiers à moins qu'on lui préfère l'ample robe taillée en biais de moire noire, ponctuée de petits pois blancs, ceinturée d'un large ruban de moire rose pâle doublé d'hermine que créa Lanvin le mois dernier pour une Yvonne Printemps.

« Avec ces jupes de conception si diverses, quels seront les gilets ? Il faut d'abord considérer l'harmonie des couleurs et s'il y a lieu la combinaison de deux tissus, ce qui est plus difficile. On doit aussi apporter un grand soin au choix du gilet qui peut être très simple, auquel cas il s'inspire du gilet masculin, ou très habillé... les tissus les plus précieux seront alors utilisés au même titre que la fourrure.

« Voici, illustrant cet article, quelques heureuses combinaisons notées au hasard des collections. Puissent-elles vous aider à maintenir contre vents et marées votre réputation d'élégance qui doit être considérée "comme un symptôme du goût de l'idéal, surnageant dans le cerveau humain au-dessus de tout ce que la vie naturelle y accumule de grossiers" ». (COUVRIGNY, Marie, *L'Alerte*, 13 février 1943.)

« Soyez belles jusqu'au bout des ongles... »

« Une belle main, cela compte dans l'élégance d'une femme, c'est pourquoi vous devez l'entretenir le mieux possible pour lui donner toujours cet aspect soigné qui est si nécessaire à votre beauté.

« Sont-elles rouges ? Soignez votre circulation, s'il y a lieu. Évitez le froid, portez un manchon lorsque vous sortez, ayez des corsages de fin lainage à manches longues. Bannissez tout ce qui peut gêner et entraver votre circulation.

« Sont-elles rêches ? Jamais de lavages à l'eau froide pure ; employez l'eau tiède adoucie par l'acide borique ou quelques gouttes d'ammoniaque. Prenez des petits bains locaux à l'eau de son.

« Pour les nettoyer. N'oubliez jamais que vos mains sont beaucoup plus exposées que votre visage ; il importe donc de protéger vos mains pour tous les travaux de ménage par de vieux gants, servez-vous de pierre ponce très fine pour les nettoyer. Pour adoucir vos mains, employez donc la même crème que pour votre visage et massez-en vos paumes en veillant à bien la faire pénétrer dans l'épiderme qu'elle assouplira.

« N'employez jamais de pinces. Ni pour diminuer la longueur de l'ongle, ni pour décoller le bourrelet qui l'entoure. Car, en coupant l'ongle, vous risquez toujours de le fendiller. Limez-le en amande en ayant soin de toujours laisser dans les coins au moins un millimètre de chaque côté.

« Polissez longuement vos ongles. Rien ne peut davantage les fortifier et leur donner un galbe naturel que de passer les ongles au polissoir. Même si vous usez d'un vernis, passez le polissoir une fois qu'il est sec. Si vous employez un vernis, n'oubliez pas de laisser toujours à découvert la petite lunule de la base de l'ongle afin de lui permettre de respirer librement. » (COUVRIGNY, Marie, *L'Alerte*, 13 février 1943.)

« Pour la renaissance de la lingerie française »

« Le problème de la mode et des perpétuelles adaptations qu'elle impose à la femme soucieuse d'être sans cesse "au goût du jour" n'est pas seulement, comme certains esprits superficiels peuvent le croire, un problème d'art subtil. La vie économique d'un pays comme la France et celle de sa capitale vouée aux industries de luxe dépendent pour une large part de l'orientation donnée à l'élégance. Aussi bien le juste souci de maintenir en forme notre commerce et celui de sauvegarder la beauté peuvent-ils se concilier aisément. Prenons comme exemple la question de la lingerie, de ces dessous féminins qui, pendant des siècles, firent la réputation de nos ouvrières et de nos modélistes. On les a sacrifiés à la manie du garçonnisme. Que n'a-t-on pas publié contre l'immoralisme de ces envols de tulle et de dentelle dont les audacieuses gambades de French cancan faisaient valoir les grâces éthérées. Et pourtant, le rigorisme des mœurs que prétendaient défendre les censeurs intransigeants du début de ce siècle ne s'accommodait mieux, il me semble, de garnitures peut-être aguichantes, mais qui tout au moins, dans la vie courante, constituaient une protection contre le regard indiscret... Mais ce point de vue mis à part, il nous faut revenir à nos moutons, je veux dire à la défense de notre économie nationale et parisienne. Un fait domine tout le problème financier : en 1936, nous exportions encore pour des millions de lingerie fine, mais vingt-cinq ans auparavant, les chiffres accusés par les statistiques annuelles étaient dix fois plus considérables. Or, quand la guerre ne nous condamnera plus à une autarcie qui peut, en certains points, être désirable, mais qui ne saurait rester intransigeante sans être nuisible, il sera facile de restaurer des sources inappréciables de richesse que le modernisme détruisit stupidement. Il nous suffira pour cela de revenir à la tradition de la pièce unique sur mesure qui convient admirablement à l'habileté raffinée de nos petites mains. Si les ouvroirs des couvents ont, devant l'évolution de la mode, orienté leur travail dans d'autres voies et ne peuvent assurer la main-d'œuvre nécessaire, il faut créer des écoles professionnelles où les jeunes Françaises s'initieront aux secrets d'un métier de choix. Déjà on y songe heureusement : M. Lucien Lelong, directeur du Comité d'organisation des industries de créations du vêtement sur mesure, a mis au point un projet qui fixe les conditions d'exploitation des entreprises de lingerie fine. Seules auront droit à ce titre les maisons qui fabriqueront des modèles de leur invention exécutés sur taille mannequin ou sur taille spéciale ou sur mesure, la coupe et la préparation étant établies à l'unité. D'autre part, M. Lespinasse, président du syndicat compétent, a obtenu du secrétariat à la Jeunesse la création de deux écoles techniques de la lingerie et de la dentelle. Ces établissements, installés l'un à Paris, rue Ernest-Schneider ; l'autre, à Conflans, forment depuis plusieurs mois de jeunes ouvrières qui bientôt pourront constituer

(*L'Alerte*, 13 février 1943.)

des cadres parfaits. Il dépend maintenant des dirigeants de notre élégance que ces efforts si opportuns portent leurs fruits. Il faut créer un mouvement d'opinion pour la renaissance du“beau linge”, qui pendant des siècles assura notre renom de nation coquette et cossue. Il ne s'agit pas, au surplus, de rétablir les falbalas du temps de Mme Bory et de la comtesse de Swetchkine. Mais on peut faire de merveilleux dessous, à la fois pratiques, peu encombrants et ornés, des combinaisons-jupes et des ensembles coupés dans le biais d'un crêpe de Chine et incrusté de dentelles qui n'enlèvent rien à la désirable simplicité de la ligne, mais qui lui ajoutent une grâce enveloppante, un peu romantique… et aussi décente à souhait… » (COUVRIGNY, Marie, *L'Alerte*, 13 février 1943.)

« L'harmonie des lèvres »

« Leur chance est d'être fraîches, brillantes et rouges. C'est ainsi que sont les lèvres d'enfant, de jeune fille. Mais le temps leur fait perdre cet éclat que leur rend artificiellement le fard. Il ne faut pas que les lèvres soient sèches. Si elles le sont, il faut passer une couche légère de pommade Rosat. Il faut aussi veiller au dentifrice dont on se sert ; quelquefois, certains assez caustique irritent les lèvres sensibles. Les lèvres les plus belles sont celles qui sont lisses, rosées et bien dessinées. Dessinez donc bien vos lèvres, c'est là le point capital. Donnez-leur la forme qui leur convient le mieux. Si elles sont normales, comme c'est la plupart des cas, il vous suffira de rehausser seulement la couleur avec une teinte choisie en respectant la ligne. Si elles sont trop grandes, il y a intérêt, en mettant la crème de beauté, à l'appliquer un peu au-dessus de la naissance des lèvres et à poudrer légèrement. Le rouge sera passé le moins possible sur les parties en dehors et on terminera en pointe vers les coins. Si elles sont trop minces, élargissez-les en rougissant un peu la chair qui touche immédiatement les lèvres. Il semble si

(*L'Alerte*, 13 février 1943.)

facile de se mettre du rouge que tout le monde doit savoir le faire. Cependant, on aperçoit parfois des lèvres sur lesquelles le rouge n'est pas appliqué régulièrement. Pour l'étaler uniformément, passez le bâton de rouge très légèrement sur le milieu des lèvres en ayant soin de marquer le moins possible en dehors. Répartissez d'abord avec le doigt et frottez ensuite les lèvres l'une contre l'autre dans tous les sens. Les rouges foncés vieillissent, mais ils donnent un certain "accent" à la physionomie. Ils conviennent généralement aux brunes dont le type est souvent plus marqué. Les blondes aimeront les tons plus clairs, plus légers : cerise, coquelicot... Lorsque vous choisirez un rouge, il ne vous sera permis que de l'essayer sur votre main. Examinez cependant bien la teinte de très près, et si elle présentait un reflet violet, vous auriez intérêt à l'écarter, car le violet ira très probablement en s'accentuant. » (COUVRIGNY, Marie, *L'Alerte*, 13 février 1943.)

« Pour vous madame... » (20 février 1943)

« Tulles et dentelles »

« Intimement liée à cette suprématie que notre pays a conquise dans tous les arts de la parure, l'industrie des "tulles et dentelles" est une de celles qui firent le plus pour le prestige à l'étranger du raffinement de notre civilisation. Elle est une des plus exquises et aussi une des plus anciennes. Extraordinairement florissante sous les règnes de Louis XIV et Louis XV, elle connut sous la Révolution une certaine désaffection. Napoléon, qui avait compris toute l'importance de cette industrie due à l'habileté des mains de France, favorisa par décrets Chantilly, Alençon, Valenciennes... Il y a quelques années j'eus l'occasion de visiter les fabriques dentellières de Calais... Les métiers à tulle comme on les appelle se trouvaient en veilleuse. Les ouvrières de campagne fournissaient très peu de dentelle par rapport à ce qu'elles produisaient avant la grande désertion de la terre. Depuis la fermeture de nos frontières, soixante-dix pour cent de la fabrication étant destinée à l'exportation, on pouvait craindre que cette industrie ne disparût, que ces ouvrières qui entretiennent la tradition de l'un des plus anciens artisanats familiaux et provinciaux perdissent la main

(*L'Alerte*, 20 février 1943.)

et ne puissent plus transmettre leurs secrets, former des élèves durant les longues veillées de Bretagne, de l'Est, du Centre et des environs de Paris. Ce n'est donc pas sans appréhension que, dans un tour d'horizon sur la dentelle, j'ai posé à l'un des plus éminents représentants quelques questions concernant son actualité. J'ai recueilli des conclusions assez optimistes. En effet, lorsque tout semblait perdu, Lucien Lelong, avec un magnifique à-propos, imposa à l'ensemble de la couture un minimum de modèles entièrement réalisés en dentelle. Cette mesure amène un renouveau en faveur de cette matière qui semblait depuis plusieurs années avoir été oubliée. C'est alors que de hardis créateurs, s'adaptant merveilleusement aux circonstances, mirent sur pied un vaste plan utilitaire permettant d'employer une main-d'œuvre spécialisée et des métiers donnant la possibilité de fournir des tulles "bouchés", des tissus de robes à base de fibranne, de résistantes dentelles mécaniques. Cette activité n'empêche nullement la

(*L'Alerte*, 20 février 1943.)

reprise des dentelles main, mises à l'honneur, et quand reviendra l'heure des exportations, la dentelle main aura créé des modèles nouveaux, des points et des dessins inédits. Parmi les interprétations nouvelles des couturiers, j'ai noté plusieurs modèles entièrement réalisés en dentelle et qui, à eux seuls, redonnent confiance dans les lendemains de cette industrie. Molyneux, qui eut toujours des tailleurs de dentelle, nous propose celui que vous voyez dessiné ici, traité dans un tulle broche marron. Ses longues basques sont légèrement évasées sur une jupe droite. Rien ne me semble plus élégant pour un petit dîner que cette tenue qui sera en si parfaite harmonie avec un manteau de fourrure vison ou castor. On peut aussi parfaitement traiter en style chemisier une dentelle de laine ou de rayonne. Lanvin, dans sa dernière collection, créa ce charmant modèle. Sur cette robe en dentelle bleu foncé, elle donne une note lumineuse en la ceinturant d'un étroit ruban de faille cerise. Au rayon des blouses et des gilets, mille et une suggestions nous sont offertes. Celui choisi pour vous est d'inspiration masculine. Il est traité très sobrement. La dentelle le plus souvent se suffisant à elle-même. Sur les chapeaux, la vogue des voilettes, des tulles pointillés, des tulles Saint-Esprêt, des valenciennes, n'est pas prête de disparaître. Suzanne Talbot noue et ombre d'une façon délicieuse son grand chapeau de feutre rouge d'une valenciennes très fine qui épouse les bords de la calotte et vient se nouer derrière. Naturellement, pour les robes du soir, les dentelles de toutes sortes triomphent. Nous en vîmes de délicieusement juvéniles traitées en tulle blanc, adorablement coulissé. On admira cet hiver plusieurs modèles aux immenses jupes qui réclamaient un nombre incroyable de mètres de dentelle. Celle que nous avons choisie est en moire blanche. Sur ce fond rigide se détache admirablement cette dentelle noire rehaussée de nœuds de velours. Des gants de dentelle ajoutent à la somptuosité de l'ensemble. La mode parisienne retrouve avec

(*L'Alerte*, 20 février 1943.)

la dentelle un nouveau prétexte à se distinguer ; elle permet, en partie, de faire revivre une industrie utilitaire et qui a fait la gloire de la France, ainsi qu'un artisanat essentiellement féminin. » (COUVRIGNY, Marie, *L'Alerte*, 20 février 1943.)

« Retenez »

« Dans un délicieux livre de mon confrère Lucien François, consacré à l'élégance, j'ai extrait pour vous ces quelques préceptes :

« – Ne suivez pas la mode de crainte d'être ridicule, vous seriez toujours mal habillée.

« – Être vraiment élégante, ce n'est pas soumettre votre silhouette à la mode, mais c'est soumettre la mode à votre silhouette.

« – N'oubliez jamais que si l'on aime rarement une femme pour ses toilettes, on lui en a toujours de la reconnaissance, même si on les paie.

« – Il ne suffit pas d'être vêtue à la mode ; encore faut-il l'être avec une certaine amabilité. La coquetterie et l'amabilité sont les agents de propagande de l'élégance et de la beauté.

« – Évitez les modes trop neuves. Il n'y a jamais de révolution dans la mode, mais une succession de petites évolutions.

« – Demandez un conseil à votre miroir plutôt qu'à vos amies, même les plus intimes.

« – N'oubliez jamais qu'il y a mode et demi-mode comme il y a monde et demi-monde. » (COUVRIGNY, Marie, *L'Alerte*, 20 février 1943.)

« Regards sur la mode passée et à venir »

« N'est-ce pas au moment même où elle se fixe, parfois bien après sa naissance, qu'une mode entre dans l'histoire ? À ce compte, la silhouette 1942 semble posséder beaucoup de chance d'avoir sa place, plus tard, dans la galerie des ancêtres, car elle nous offre une mise au point fort attentive. La silhouette 1942 est avant tout une silhouette douce : buste moulé jusqu'à la naissance haut placée des hanches en passant par une taille très fine ; pas ou peu de ceinture, jupe en souplesse grâce à l'attache des fronces qui, le plus souvent, se massent à l'avant. L'épaule naturelle ajoute encore à la féminité de cette “ligne type”, à laquelle se juxtaposent harmonieusement la ligne adhérente et la ligne en arrière. Celle-ci, directement dérivée de la silhouette 1880. Les silhouettes qui affirment si brillamment le retour à une mode essentiellement féminine s’adaptent avec égal bonheur au manteau, aux robes et aux robes deux-pièces qui détrônent le tailleur. Les dernières collections ont, en effet, précisé la vogue toujours croissante du deux-pièces qui forme une aimable soudure entre le classique costume et la robe. Enrichissant robes et manteaux de somptueuses broderies matelassées et de lumineuses paillettes, 1942 a banni la passementerie, qui fut la grande favorite de 1941. Ces travaux d’atelier, dus à l’habileté des mains de France, cette note précieuse, qui est la signature de Paris, donnent aux tissus actuels qui, sans eux, pourraient sembler un peu plats, un relief et une vie extraordinaires. Si 1942 marqua ainsi de mon sceau la mode qui va disparaître, si elle créa la ligne actuelle, allongea les jupes, échancra les décolletés, si elle donna la vedette au deux-pièces, fit triompher les nouveaux tissus grâce à l’art merveilleux de la broderie, c’est cependant dans le domaine des chapeaux où l’on note une grande réaction. À la vérité, si le temps n’est plus des petites choses charmantes, mais parfois ridicules, que nous posions en équilibre un peu à la diable sur le sommet de la tête, déjà depuis le début de l’année les chapeaux gagnaient en ampleur. Cet hiver, les femmes sont coiffées de vrais chapeaux, de turbans volumineux, de longues plumes, de grands oiseaux ; bouquets de fleurs, de gros nœuds de velours ornent ces coiffures, le plus souvent réalisées en mélusine, en velours, en fin jersey, en lainage écossais... Le mouvement en hauteur semble être une des toutes dernières caractéristiques d’une mode qui évolue si rapidement et animée d’une piquante désinvolture. Rapidité bien compréhensible, les chapeaux n’apportent-ils pas un dérivatif amusant à la mode un peu austère de cette année ? Dans le jardin des accessoires, les souliers à hautes semelles, toujours montant sur le coup de pied, les ceintures-gilets en fourrure, les bonichons, les guêtres, les moufles, les gants de teinte miel blonde ou rousse, les larges manchons de renards, d’hermine, plumes, de lainage, soulignent avec grâce la silhouette élégante de l’année finissante. S’il nous est permis, aujourd'hui, de faire le point pour l'année 1942, peut-on oser quelques pronostics ? La mode, qui ne procède point par révolution, mais par évolution, nous apportera-t-elle lors des grandes collections de printemps une ligne nouvelle ? Gardera-t-elle tous les mêmes accessoires de la séduction ? Aura-t-elle recours à tous les artifices et aux délicatesses de l'ornementation et de la parure ? Aujourd'hui, notons simplement le succès réservé par les Parisiennes à certains modèles proposés déjà dans les collections d'automne. D'ici les grandes collections d'été, tout peut changer. Cependant, il semble acquis que la carrure ira s'arrondissant davantage, bien que restant encore épaulée, que tous les chapeaux accentueront leur mouvement en hauteur, que les jupes s'allongeront encore de quelques centimètres et s'élargiront avec une ampleur partant de plus haut. » (COUVRIGNY, Marie, *L'Alerte*, 20 février 1943.)

« L'écran »

« La Lettre, dernier triomphe de Bette Davis »

« New York, janvier. (D'un de nos correspondants.) *La Lettre*, le dernier film de la Warner Bros, nous transporte en Malaisie, un cadre cher à Somerset Maugham, l'auteur de la pièce dont il a été tiré cette bande. En 1928, *La Lettre* fut le grand succès théâtral de Broadway. L'année suivante, la Paramount mettait cette œuvre à l'écran. Et voici que onze ans plus tard vient de paraître une autre version qui permet à l'émouvante Bette Davis de donner la mesure exacte de son talent. Ce serait, de l'avis même du public américain, sa meilleure interprétation. Herbert Marshall, qui tenait un rôle secondaire dans la version éditée en 1929, en est la vedette masculine. Le climat du film est le reflet de cette pourriture morale qui atteint les Européens des colonies tropicales..., comme sembleraient vouloir le faire croire la plupart des histoires ayant pour cadre la Malaisie ou les îles du Pacifique. L'atmosphère moite et débilitante des plantations d'hévéas cultive cet état d'âme. La jeune femme d'un planteur tue son amant. Cette femme, au caractère étrangement complexe et froidement lucide, dresse aussitôt pour sa défense un tissu de mensonges, cherchant

Bette Davis.
(*L'Alerte*, 4 février 1941.)

à prouver son état de légitime défense. Son avocat lui apprend alors qu'une lettre,"La Lettre", qu'elle avait écrite avant le drame à son amant pour le prier de venir, détruit la trame de sa défense. Cette preuve de sa culpabilité est entre les mains d'une indigène qui vivait avec la victime.

« 10 000 dollars, tel en est le prix, sans compter les humiliations de l'Européenne aux pieds de l'indigène. Grâce à la complaisance de son avocat, un acquittement semblerait clore le drame. Non. 10 000 dollars manquent. Le mari veut savoir. Une confession très cinéma lui apprend la vérité. L'indigène met un point final à cette histoire : elle assassine la coupable ! Tout est loin d'être parfait dans ce film ; le dialogue trop pompeux et l'intrigue trop artificielle n'empêchent cependant pas Bette Davis de remporter un succès qui sera très certainement l'un des principaux de sa carrière. » (J., *L'Alerte*, 4 février 1941.)

« Albert Préjean quitte l'opérette, revient au studio et prépare un tour de chant pour une tournée en Suisse »

« Après avoir joué l'opérette pendant six mois, le sympathique Albert Préjean va faire sa rentrée aux studios. Il sera la vedette du prochain film de Pierre Ducis, *L'Étrange Mme Buck*, dont Yves Mirande termine les dialogues. Il aura pour partenaires Suzy Prim, André Luguet, Marguerite Moreno et Pierre Stephen. À l'issue de ce film, Albert Préjean ira faire une tournée en Suisse, où on l'applaudira dans un tour de chant à partir du 1er avril, tandis que Pierre Ducis réalisera un documentaire sur la Tunisie, à la demande même de la Régence. » (*L'Alerte*, 4 février 1941.)

« Jean Gabin va nous quitter »

« Sa carrière de footballeur, dans les rangs de l'équipe des "vétérans" de l'OGC Nice, aura été de courte durée. L'écran le reprend. Mais ce n'est point l'écran français. L'inoubliable créateur de "Pépé le Moko" va traverser à son tour l'Atlantique. À Hollywood, il retrouvera Jean Renoir, Julien Duvivier, René Clair, ainsi que la jeune vedette française Michèle Morgan. Jean Gabin compte s'embarquer le 21 février. » (*L'Alerte*, 4 février 1941.)

Brèves

« Le metteur en scène le plus populaire d'Hollywood actuellement est Garson Kanin. Avec ses soixante-cinq kilos, il ne paie guère de mine. Mais il réalise des tours de force, en impose aux vedettes les plus capricieuses et sort des films étonnants pour pas cher.

« Cécile Sorel jouera dans le prochain film d'Yves Mirande.

« Il est question de porter *Carmen* à l'écran. Viviane Romance serait la vedette de cette production.

« Marc Allégret va réaliser *Les Saltimbanques* avec Raimu comme vedette.

« Le grand acteur suisse Michel Simon tourne à Rome dans *La Tosca*, ce fameux film que Jean Renoir devait mettre en scène et dont Viviane Romance devait être la vedette. Un film qui a déjà fait couler beaucoup d'encre. » (*L'Alerte*, 4 février 1941.)

« Le cœur de Tino »

« Tino Rossi, amoureux n° 1 du music-hall, de la radio et des écrans de France, Tino qui, dans le cœur des midinettes, a effacé l'image de l'immortel Valentino, Tino – qui l'eût cru ? – est malheureux en amour. Et malheureux avec une continuité qui évoque la fatalité des antiques tragédies grecques. Il fila longtemps le parfait amour avec notre belle amie Mireille Balin. Hélas, les plus tendres romans ont une fin : Mireille s'envola un jour plantant là Tino Rossi, sa voix d'or et sa guitare inutile. Vous pensez bien que le cœur de Tino Rossi n'allait point rester longtemps vacant. Passant par Aix, le barde corse remarqua une jeune et ravissante danseuse, Lilia Vetti. Tino déposa son cœur, sa guitare et son influence aux pieds de la belle enfant qu'il fit incontinent engager par un producteur. Il y a de cela deux mois, l'âge d'une lune de miel "modèle courant 1943". Depuis, absorbée sans doute par sa nouvelle carrière, la ravissante enfant délaisserait son tendre et célèbre protecteur. Frémissez, mesdames, parez-vous de vos plus beaux atours et des grâces du printemps, le cœur de Tino Rossi sera peut-être libre bientôt encore… Pauvre Tino ! »

« Film express »

« Fièvres »

« Madeleine Sologne tousse, Tino Rossi chante et le spectateur bâille… À en croire le scénariste et le metteur en scène, comme dit un dominicain de mes amis, les couvents ne seraient guère peuplés que de chanteurs fatigués de leurs succès ou d'amants meurtris. N'a-t-on jamais expliqué à ces braves gens que des hommes ont parfois la vocation ? Et puis ce Tino Rossi qui chante – en tournant le dos à l'autel – l'*Ave Maria* de Schubert et dont la voix est tellement puissante – comme chacun sait – qu'elle traverse les murs de la chapelle et frappe d'extase les moines qu'on nous montre au puits ou au jardin alors que leurs frères sont à la prière... *Fièvres* ?... Il ne doit, certes, pas s'agir là, en tout cas, de fièvre cérébrale... »

« Andorra ou les hommes d'airain »

« J'ai vu ce film à côté d'une jeune fille qui pleurait très exactement chaque fois que j'avais envie de rire. Je ne dis pas qu'elle avait tort. Je constate un phénomène. Cette sale nature dont mes parents infortunés m'ont gratifié m'empêche décidément de m'attendrir au spectacle des plus beaux sentiments. Il me faut donc me faire une raison : je me garderai désormais de fréquenter les films du genre noble comme *Andorra*. Si j'avais adopté un peu plus tôt celle ligne de conduite, j'aurais évité du même coup la rentrée au "parlant" de M. Romuald Joubé, héros du film muet, qui n'a pas encore assez médité "le silence est d'or...". »

« Pellicule, quand tu nous tiens ! »

« L'une des figures les plus originales de ce qu'on a convenu d'appeler le "Tout-Paris", Antoine, le célèbre coiffeur Antoine, qui, depuis deux décades au moins, règne sur la chevelure de nos gracieuses compagnes – et même de celles qui le sont moins – Antoine, "artiste capillaire", vient d'être, à son tour, piqué par la tarentule du cinéma. »

« "Petit Cler" est en Poméranie : on était sans nouvelles de ce prisonnier depuis huit mois ! »

« Il est petit, mais c'est un grand bonhomme chez les sportifs. La coqueluche des stades. En 1932, il a fait gagner la Coupe de France de football à l'AS Cannes, d'un coup de tête magistral, d'une détente étonnante, cinq minutes avant la fin du match qui opposait son club au RC Roubaix, dans l'arène olympique de Colombes. Dès qu'il a commencé à jouer, on l'a appelé "Petit Cler", à cause évidemment de sa petite taille et aussi de son air poupin. Le surnom lui est resté. Depuis ses débuts au stade des Hespérides,“Petit Cler” n’a pas grandi, mais il s’est marié et est allé à la guerre. Il était canonnier quelque part en avant de la ligne Maginot quand l’orage a éclaté. Voilà huit mois que l’on était sans nouvelles de lui. Et tous ses amis désespéraient, n’osaient plus s’informer. Et puis, soudain, l’espoir est revenu, le bruit a couru sur la côte que “Petit Cler” était vivant. À Antibes, un évadé, qui avait réussi à revenir de Poméranie, certifiait à qui voulait l’entendre que, parmi ses compagnons de captivité, il avait reconnu le sympathique petit joueur. “Je suis sûr que c’est lui, affirmait-il. Je le connais bien pour l’avoir vu souvent jouer.” On n’osait trop y croire cependant. Et d’anciens doutèrent même encore lorsque la Croix-Rouge, ces jours-ci, eut informé la femme du disparu que son mari était bien prisonnier. Quarante-huit heures plus tard, une carte, libellée par “Petit Cler” lui-même, dissipait toute équivoque et ramenait la joie chez une jeune femme aux yeux rougis.

Louis Clerc.
(*L’Alerte*, 4 février 1941.)

Et c'est là une nouvelle qui doit redonner espoir et confiance à tous ceux qui attendent encore. » (*L'Alerte*, 4 février 1941.)

« Sur les stades »

« Un grand match de football entre les équipes sélectionnées de la zone libre et de la zone occupée devait avoir lieu le 12 janvier à Paris. Cette rencontre a été reportée au 9 mars.

« La joueuse de tennis américaine miss Marble, professionnelle depuis peu, vient de se faire battre à New York par l'Anglaise miss Hardwick. Elle avait jusqu'alors disputé deux cent trente-cinq matches sans connaître la défaite.

« Le Football Club de Sète pourra compter désormais sur les services de l'inter tunisien Boudjemaa, qui sera pour lui une précieuse recrue.

« Jack Lambert, l'un des plus célèbres avants-centres de l'Arsenal Football Club de Londres, a trouvé la mort récemment dans un accident de circulation à Cambridge Road. Arsenal avait fait l'acquisition de ce joueur en 1926 moyennant un transfert de 3 000 livres. Lambert, au début de la guerre, avait été nommé instructeur de sport.

« La contribution du football au Secours national s'élève à 59 500 francs en zone libre.

« L'Olympique de Marseille, battu en Coupe de France par la modeste équipe du Hyères Football Club, avait déposé une réclamation contre son vainqueur, arguant de la non-qualification du joueur Rela. Réflexion faite, les Marseillais ont retiré leur réclamation, préférant un beau geste à une querelle, voire à une victoire de "tapis vert". Il y a quelque chose de changé dans nos mœurs sportives.

« Baudoin a triomphé du Bordelais Lalanne dans le cross du bois de Boulogne. Il venait de gagner le cross de Saint-Cloud, prouvant qu'il avait recouvré sa meilleure forme d'avant-guerre.

« En zone occupée, le Red Star a éliminé de la Coupe de France Le Havre Athletic Club par 2 à 0 ; il rencontrera, au prochain tour, le Racing, vainqueur de Juvisy par 4 à 2. Par ailleurs, le

FC Rouen a battu le Stade Français par 2 à 0 et aura à se mesurer au CS Rhodanien.

« Le comité directeur de la Fédération internationale de football vient de se réunir à Zurich, sous la présidence de l'Italien Mauro. Il a définitivement mis au point le règlement de la Coupe du monde.

« Quelques résultats de boxe en provenance de Paris : Rutz a battu Fred Senn à la salle Wagram ; Thierry a triomphé de Fabre au Central ; Dewynck a pris le meilleur sur Lafleur, à l'Élysée-Montmartre. » (*L'Alerte*, 4 février 1941.)

« À l'hippodrome du Var, où la fièvre règne : les chevaux vont pouvoir gagner leur avoine »

« Entraîneurs, jockeys, lads s'affairent. Ils ont retrouvé du travail, les courses vont reprendre. Le 6 février, c'est l'hippodrome du Var qui rouvrira ses portes. Onze réunions, obstacles, galop et trot, jusqu'au 11 mars, tous les jeudis et dimanches. Ensuite, ce sera Marseille, puis sans doute Lyon... Entrons quelque peu dans le détail en ce qui concerne les courses de Nice.

« Les sportsmen de la Côte d'Azur – et ils sont nombreux ! – vont assister à vingt-cinq courses plates, cinq à obstacles et trente-six au trot, dotées de prix oscillant entre 7 000 et 23 000 francs, avec deux grands prix de 72 500 francs (le prix Auguste-Merle et le prix Albert-Gautier-Vignal). De nombreuses écuries sont déjà à l'entraînement ou sont incessamment attendues au Var. Ce sont les écuries H. Seutet, C. Espoulier, Mac Lellan Blair, L. Lamy, A.-G. Zafiropoulo ; ajoutons-y celles des entraînements Cl. Martin, A. Josselme, M. Toche, J. Ferrer, E. Chastin, P. Sempastous et M. Auclair. Ce dernier est venu de Paris avec quatre chevaux : Cape Verde, Toumignon, Syrius et Macao. Et l'on annonce la participation des entraînements Lucien Robert, E. Lilamand, J. Liddiard, J. Baïsi, Constant Masson et Ch. Bariller (avec trois chevaux à l'entraînement chez E. Allemand à Marseille). Prévue également la venue de la grande écurie lyonnaise de M. Bedel.

« C'est dire que le lot des participants aux courses niçoises promet d'être relevé. Déja, on pointe quelques chevaux qui ont fait leurs preuves et dont la rentrée est attendue avec une impatiente

(*L'Alerte*, 4 février 1941.)

curiosité : par exemple, Isberg, Pontormo, Prince Motley, Iroirp, Radium, Liard, Billy of Spain, Xandover, Clodion, Silvana et Manfred. Que de champions, parmi eux, qui se révélèrent à Longchamp, Auteuil, Enghien, Maisons-Laffitte ou au Tremblay ! Ils vont lutter pour gagner leur avoine à Nice et la Société des courses informe justement entraîneurs et propriétaires que, des démarches ayant été faites auprès des autorités compétentes à Vichy, il y aura de l'avoine au Var ! » (*L'Alerte*, 4 février 1941.)

« L'essor de l'aviation américaine en 1941 »

Extraordinaire article, curieusement non censuré, qui présente la puissante aviation américaine, en particulier les forteresses volantes qui bientôt dévasteront l'Allemagne :

« Malgré son apparent isolement entre deux vastes océans, l'Amérique se sent depuis quelques mois directement menacée. Après bien d'autres, elle vient de découvrir son "espace vital" qui s'étend pour elle à plusieurs milliers de kilomètres au large de ses côtes. Elle s'efforce de le couvrir d'un réseau très étendu de bases aéronavales nouvelles et de les garnir de forces aériennes en nombre suffisant. Les enseignements de l'histoire la plus récente lui ont montré en outre les faiblesses d'une position strictement défensive. Elle cherche la sécurité, autant que dans son propre réarmement, dans l'aide unilatérale qu'elle apporte à un des belligérants européens. C'est ainsi qu'au programme du président Roosevelt de cinquante mille avions de première ligne pour l'*US Army Air Corps* et pour l'*US Navy* s'ajoutent les commandes britanniques : sur la fin de 1940, elles portaient déjà sur quatorze mille appareils de tous types, et elles se sont augmentées récemment de douze mille avions et hydravions nouveaux. L'industrie aéronautique américaine du temps de paix ne possédait évidemment ni les installations, ni la main-d'œuvre, ni les méthodes de production nécessaires pour satisfaire de pareilles demandes. Un gigantesque effort ce poursuit outre-Atlantique pour la construction et l'équipement d'usines nouvelles, pour s'assurer aussi la coopération d'autres industries, comme l'industrie automobile (Ford, General Motors, Chrysler).

« Le bombardier lourd Consolidated B24 (dit "Liberator"). »
(*La Science et la Vie*, n° 284, avril 1941.)

« Les "forteresses volantes" ("Flying Fortress") *de l'*US Army Air Corps *en vol de patrouille au-dessus des gratte-ciel. Ces appareils, d'un poids de vingt tonnes, équipés pour le vol stratosphérique et dotés de tourelles multiples, ont une vitesse maximum dépassant cinq cents kilomètres à l'heure. Ils sortiront, en 1941, des usines américaines à la cadence de vingt-cinq par mois. »*

(*La Science et la Vie*, n° 284, avril 1941.)

Pour consacrer le maximum d'efforts au programme de défense nationale, cette dernière a renoncé, pour 1941, à la création de nouveaux modèles. Déjà, dans l'intervalle d'une seule année, la production mensuelle a quintuplé, passant de trois cents avions en mai 1940 à mille cinq cents avions au printemps 1941 : l'an prochain, elle dépassera quatre mille avions par mois. Le problème de la production industrielle des armements est celui qui actuellement prime tous les autres. Les États-Unis se sont transformés en un gigantesque arsenal où les ressources immenses de la nation sont mises à contribution pour faire de l'aviation américaine, terrestre et navale, la première du monde. » (*La Science et la Vie*, numéro spécial pâques 1941, avril 1941.)

Images insolites de l'Occupation à Lyon, 1941-1944

« *À l'exposition* Le Bolchévisme contre l'Europe. *Canon de l'artillerie soviétique.* »
(*La Vie lyonnaise*, n° 1014, 17 avril 1943.)

« *Tour de garde.* »
(*La Vie lyonnaise*, n° 1039, 1er avril 1944.)

« Tour de garde. »

« Je suis de garde au pont du Change
En ce matin triste et brumeux ;
Il va falloir que je m'arrange
À le surveiller de mon mieux.

« J'ai trouvé là, pour m'abriter,
Une guérite confortable ;
Son bois clair met de la gaîté
Sous ce pont noir et vénérable.

« En haut du pont on m'interpelle :
C'est un agent prêt à sévir ;
Je réponds vite à son appel.
Fichtre, il ne faut pas s'endormir. »
(*La Vie lyonnaise*, n° 1039, 1er avril 1944.)

« Récupération : quelques robes de fillettes faites avec des ombrelles (à gauche) et avec une serpillère et de vieux sacs (à droite). »
(*La Vie lyonnaise*, n° 975, 18 octobre 1941.)

Visite du maréchal Pétain le dimanche 28 septembre 1941

« Dimanche 28 [septembre]. – Le train spécial amenant à Lyon le chef de l'État, le vice-président du Conseil et leur suite arrive en gare de Perrache à 9 h 15. Accueillis par M. Charbin, ministre du Ravitaillement ; M. le préfet Angeli ; M. Georges Villiers, maire de Lyon ; le général de Saint-Vincent, gouverneur militaire de Lyon, le maréchal Pétain et l'amiral Darlan saluent le drapeau du 153e [régiment d'infanterie], qui rend les honneurs,

« Sur le parvis de Saint-Bonaventure, le maréchal est accueilli par le cardinal Gerlier. »
(*Le Nouvelliste*, 29 septembre 1941.)

« Le maréchal Pétain inaugure la foire de Lyon. 1) Le chef de l'État et le vice-président du Conseil à l'exposition florale. 2) La visite du Grand Palais. 3) Le maréchal Pétain s'entretient avec l'amiral Darlan (à gauche, M. Charbin, ministre du Ravitaillement). 4) Les stands des organisations sportives, au Petit Palais, sont présentés au chef de l'État par M. Jean Borotra. 5) Accompagnés par M. Pétrier, le maréchal Pétain quitte le Grand Palais. »

(*La Vie lyonnaise*, n° 974, 4 octobre 1941.)

« La visite du maréchal Pétain à Lyon. 1) Le chef de l'État et le vice-président du Conseil arrivent à la préfecture du Rhône. 2) Le cortège défile, sur le pont Lafayette et la place des Cordeliers, entre deux haies de spectateurs enthousiastes. 3) Le maréchal Pétain et l'amiral Darlan arrivent à l'église Saint-Bonaventure. 4) Dans la cour de l'hôtel-Dieu, ils sont accueillis par M. Georges Villiers et son éminence le cardinal Gerlier. »
(*La Vie lyonnaise*, n° 974, 4 octobre 1941.)

et montent en automobile. De la gare à la préfecture, ils sont l'objet d'ovations enthousiastes de la part de la foule. Après avoir reçu à la préfecture les maires du département, auxquels il adresse une allocution, le maréchal doit venir saluer au balcon pour donner satisfaction au désir de la foule qui ne cesse de l'acclamer. Le chef de l'État entend la messe en l'église Saint-Bonaventure, où il est accueilli par [son éminence] le cardinal Gerlier, puis se rend au palais de la Foire qu'il parcourt sous la conduite de M. Pétrier, président du conseil d'administration.

Après une rapide visite du Petit Palais, au cours de laquelle l'amiral Darlan décore Mme Meifredy de la croix de guerre avec palme, le maréchal se rend à l'hôtel-Dieu où il visite la maternité et remet à mère Bouvier la croix de la Légion d'honneur. Il déjeune au réfectoire des sœurs auxquelles il adresse quelques mots avant son départ pour la région beaujolaise. Arrivés à Villefranche, le maréchal Pétain et l'amiral Darlan parcourent en automobile le vignoble beaujolais, salués partout avec ferveur par toutes les populations. La réception est particulièrement importante à Fleurie où le maréchal visite la cave de

En haut : « Le maréchal Pétain et l'amiral Darlan à Fleurie. »
En bas : « Avec les compagnons de France. Après avoir écouté une allocution du chef de Tournemire, les chefs de la province et du pays du Lyonnais déjeunent avec lui sur la terrasse de l'ancienne chambre des notaires, montée du Gourguillon. »
(*La Vie lyonnaise*, n° 974, 4 octobre 1941.)

« À Fleurie, le maréchal Pétain et l'amiral Darlan s'entretiennent avec les vendangeurs. »
(*Le Nouvelliste*, 29 septembre 1941.)

« Le maréchal est accueilli à la foire de Lyon par une vibrante Marseillaise *chantée d'une seule voix par les exposants. »*
(*Le Nouvelliste*, 29 septembre 1941.)

la coopérative. À 19 h 15, le chef de l'État et le vice-président du Conseil quittent Villefranche à destination de Vichy où ils arrivent à 22 h 07. » (*La Vie lyonnaise*, n° 974, 4 octobre 1941.)

« La foire internationale de Lyon de 1941 »

« Avant même qu'elle ne fût ouverte, la réunion de cette année avait été baptisée : la foire de la Renaissance française. Son éclatante réussite a montré à quel point les espoirs qu'elle avait fait naître étaient justifiés. La situation actuelle n'a pas manqué de modifier sensiblement l'aspect traditionnel de la foire : le palais de l'Alimentation, dénommé maintenant Petit Palais, avait réservé une grande partie de ses stands à la jeunesse, à la famille, aux sports et aux œuvres d'entraide ; le terre-plein jadis consacré au garage des automobiles était occupé par les gazogènes ; quant au hall métallique situé près du viaduc du chemin

« Dans l'atrium du palais de la foire se trouvait un portrait du maréchal Pétain, mesurant six mètres de hauteur, encadré de quelques phrases extraites de ses allocutions. »
(*La Vie lyonnaise*, n° 975, 18 octobre 1941.)

« La rue centrale du Grand Palais, côté nord (à gauche) et côté sud (à droite). »
(*La Vie lyonnaise*, n° 975, 18 octobre 1941.)

de fer, il était resté fermé. » (*La Vie lyonnaise*, n° 975, 18 octobre 1941.)

« Deux Lyonnaises à l'honneur »

« Au cours de la visite qu'ils ont faite dimanche dernier à Lyon, le chef de l'État et le vice-président du Conseil ont tenu à honorer de façon toute particulière deux de nos compatriotes en leur remettant eux-mêmes les décorations qui viennent de leur être accordées : la croix de guerre avec palme à Mme Meifredy, la Légion d'honneur à mère Bouvier. Aux multiples témoignages qu'elles ont reçus, *La Vie lyonnaise* est heureuse de pouvoir joindre ses plus sincères félicitations. »

« Madame Meifredy »

« Les Lyonnais savent le rôle, tout de courage et de dévouement, joué par Mme Meifredy au cours des combats qui se sont déroulés au nord de Lyon, les 19 et 20 juin, puis, après l'armistice, comme inspectrice générale des Amitiés africaines. Elle est, à Lyon, l'animatrice de cette œuvre qui rend aux prisonniers d'inappréciables services, et à laquelle elle consacre, aidée de dévouées collaboratrices, toutes ses forces et la presque totalité de son temps. Quant à sa conduite au moment des derniers combats qui précédèrent l'entrée des Allemands à Lyon, nous ne la rappellerons pas, car elle est parfaitement résumée dans cette magnifique citation : "Le général d'armée Huntziger, commandant en chef des forces terrestres, ministre, secrétaire d'État à la Guerre, cite à l'ordre de l'armée Mme Meifredy, inspectrice générale des Amitiés africaines. 'Française à l'âme solidement trempée, très brave et d'un dévouement exceptionnel. Les 19 et 10 juin 1940, au cours des combats de Chasselay et de Lissieu, exposant avec abnégation totale sa liberté et sa vie, s'est portée spontanément sur les lieux des engagements pour relever les blessés, et, après les premiers soins, les évacuer elle-même sur les hôpitaux de Lyon. S'est dépensée sans compter, dans des conditions épouvantables, pour donner à nos morts mutilés et écrasés par les chars ennemis une sépulture décente. Dans les journées qui suivirent, a recherché, dans les bois environnants, les soldats blessés et valides qui s'y étaient réfugiés et, au milieu des troupes ennemies, les a ramenés seule à Lyon, en sauvant ainsi un grand nombre de l'internement et de la mort.'" »

« Mère Bouvier »

« La carrière de mère Bouvier, qui vient d'être décorée de la Légion d'honneur, est de celles qui n'exigent pas de longues phrases pour

« Madame Meifredy est décorée par l'amiral Darlan de la croix de guerre avec palme. »
(*La Vie lyonnaise*, n° 974, 4 octobre 1941.)

« Mère Bouvier est décorée de la croix de la Légion d'honneur par le maréchal Pétain. »
(*La Vie lyonnaise*, n° 974, 4 octobre 1941.)

être contées. Elle a passé toute sa vie à l'hôtel-Dieu, se dévouant, comme toutes les autres sœurs, ses compagnes, à la lutte contre la douleur. Affectée au service de la maternité, qu'elle dirige depuis de longues années, elle a bien mérité la belle citation que voici : "Entrée en religion, il y a cinquante ans, mère Bouvier a toujours rempli sa mission sans la moindre défaillance et elle dirige le service de la maternité de Lyon depuis trente-huit ans, ayant assisté à la naissance de plus de quatre-vingt mille enfants lyonnais. Elle s'est acquis ainsi la reconnaissance du pays."» (*La Vie lyonnaise*, n° 974, 4 octobre 1941.)

Revue de presse du *Nouveau Journal*, sous influence de Vichy

« Rationnement »

« La vente du poivre est réglementée.

« Le *Journal officiel* publie un arrêté réglementant la vente du poivre et de succédanés. La vente du poivre est interdite et la composition du succédané fixé comportera de sept à dix pour cent de poivre moulu.

« Bons d'achat pour nouveaux mariés.

« Des bons d'achat seront délivrés aux nouveaux mariés, dès la publication de leurs bans, sans prélèvement de tickets, pour compléter leur garde-robe et leur linge domestique. Ils pourront, en outre, demander un bon d'achat pour l'acquisition de deux nappes et de six serviettes de table ainsi que d'une nappe et de six serviettes à thé, même s'ils possèdent déjà ces articles. » (*Le Nouveau Journal*, 1942.)

« Un garçon de café lyonnais arrêté pour marché noir »

« Valence, 18 septembre. – La gendarmerie de Valence a arrêté le nommé Jean-Michel Palabeau, trente-neuf ans, garçon de café à Lyon, 23 rue des Farges, qui descendait d'un car de Crest et était porteur de quatorze lapins écorchés, deux pintades, une oie de sept kilos, deux litres de marc, soixante et onze œufs vingt-quatre tomes et du beurre. Les denrées ont été saisies et remises au Ravitaillement général. Palabeau a été présenté au parquet. » (*Le Nouveau Journal*, 1942.)

« Les restrictions d'électricité »

« De nos services particuliers. 17 juillet. – On sait que de nouvelles mesures de restriction d'électricité viennent d'être prises concernant l'éclairage commercial et celui des bureaux et locaux des administrations publiques et privées. Il est à craindre que ces mesures de restriction ne soient pas suffisantes et que des restrictions nouvelles deviennent nécessaires pour l'éclairage et les usages domestiques. Les mesures de blocage sur une longue période des consommateurs en basse tension ne seraient pas renouvelées en automne et en hiver. » (*Le Nouveau Journal*, 1942.)

« Le ravitaillement »

« Hier, la carte de légumes est entrée en vigueur. Partiellement, pourrait-on dire, car beaucoup de consommateurs n'ont pu étrenner la leur, le marché ayant été peu ravitaillé en légumes. Sans doute la rareté des transports entre le 12 et le 14 juillet est-elle une des causes majeures de cette situation. On doit dire du reste que l'application de la carte de légumes pose quelques problèmes spéciaux qui ne manqueront pas d'être résolus par la suite. Quoi qu'il en soit, voici pour hier le bilan : des tomates et des concombres, c'est tout ce que pouvaient obtenir les ménagères venues pourtant nombreuses sur les marchés en ce jour férié. » (*Le Nouveau Journal*, 15 juillet 1942.)

« Le ravitaillement »

« Journée faste que celle d'hier, marquée par un arrivage de carottes, comme il ne s'en était pas vu depuis longtemps. Il n'a pas permis sans doute de donner satisfaction à toutes les ménagères, mais à un grand nombre d'entre elles. Si l'on ajoute que d'autres revendeurs offraient des tomates en quantités inaccoutumées, des concombres, des artichauts, quelques laitues, on se persuadera aisément que le marché d'hier avait une physionomie bien différente de certains de ses prédécesseurs. Ce n'était certes pas encore l'abondance, mais une promesse agréable à enregistrer. Petit problème de la carte de légumes : une revendeuse veut procéder au poinçonnage. Elle ne retrouve pas l'humble fil de fer dont elle se servait. "Impossible de le conserver dans cette cohue." "Voulez-vous mon épingle à cheveux ?" lui dit la cliente. Comme quoi il faudra bientôt se munir, en même temps que du papier d'emballage, d'un poinçon personnel. » (*Le Nouveau Journal*, 1942.)

« Répartition de charbon de bois »

« Vichy, 1er mai. – L'*Officiel* publie une décision du répartiteur chef de la section des bois de l'OCRPI, aux termes de laquelle, à partir du 1er juin 1942, aucune livraison de bois conditionnés pour gazogènes, charbons de bois bruts ou conditionnés à usages industriels et domestiques, charbons de bois conditionnés pour gazogènes, agglomérés de charbons de bois gour gazogènes, ne peut être effectuée à quelque destination que ce soit, que contre remise de bons-matières. » (*Le Nouveau Journal*, 1942.)

« Reverrons-nous le Tour de France cette année ? »

« On parle de plus en plus de l'organisation pour cette année d'un Tour de France cycliste qui compterait quinze étapes, tant en zone libre qu'en zone occupée. Le colonel Pascot a donné son accord de principe. L'épreuve comprendrait notamment une étape Marseille-Saint-Étienne. L'arrivée dans cette dernière ville serait prévue pour le 30 septembre. Une demi-étape Saint-Étienne-Saint-Marcel suivra. Puis, la ligne de démarcation passée, nous aurons Chalon-Dijon, Dijon-Reims et Reims-Paris. L'étape Marseille-Saint-Étienne remplacera le Paris-Saint-Étienne qui devait avoir lieu et qui est annulé. Quatre-vingt-dix coureurs y participeraient. La maison Mercier engagerait son équipe de coureurs de la zone occupée : Cloarec, Guy Lapébie, Louviot, Goasmat, Gauthier, Guillier et, pour la zone libre : Camellini, Camilla, Cogan, Benoît Faure, etc. » (*Le Nouveau Journal*, 1942.)

« Fêtes sportives : sous les auspices de la Légion, sports et jeux à Lyon-Plage le 2 août »

« La Légion organise à partir de 10 heures du matin différentes démonstrations sportives. On verra en particulier : du catch avec Perrin et Vesseyre ; la boxe avec Peyre et les meilleurs amateurs lyonnais ; l'escrime avec Charre et Michel ; des plongeons de Serriès ; un match de hockey : LOU contre FCL ; la lutte gréco-romaine avec Fonfreyde, champion du Sud-Est, Collombier et Tom Lévêque, président de la Fédération française de lutte ; et, enfin, les pompiers de Lyon dans leurs démonstrations gymniques. En outre, des concours de boules, bridge et belotte auront lieu. Inscriptions au siège, 43 rue de l'Hôtel-de-Ville. Dernier délai : 1er août. » (*Le Nouveau Journal*, 1942.)

« Banlieue de Lyon »

« Villeurbanne. – Attribution de pétrole et d'alcool à brûler. – Les ayants droit qui n'ont pas obtenu leur attribution de pétrole ou d'alcool à brûler du mois de juin pourront, à l'exclusion de tous autres, se présenter les vendredi 17 et samedi 18, au service du ravitaillement, 46 cours du Sud, salle B, pour y retirer les tickets du mois de juillet. » (*Le Nouveau Journal*, 1942.)

Sans titre

« L'escroc qui vendait de l'eau pour de l'huile est arrêté. – Nous avons relaté que plusieurs personnes avaient été victimes d'un escroc qui leur avaient vendu de l'eau pour de l'huile et du sable pour du chocolat. La police vient d'arrêter ce malfaiteur. Il s'agit de Eugène Chatelet, trente et un ans, 6 place Raspail. » (*Le Nouveau Journal*, 1942.)

« Chronique de Lyon »

« À qui les quarante kilos de viande ? Très certainement le propriétaire de cette marchandise ne viendra pas la réclamer. C'est toujours devant la gare de Perrache que l'on trouve ce genre de colis. Quarante kilos de viande transportés d'un coup, c'est beaucoup pour un particulier. Il s'agit probablement de marchandise abandonnée par des trafiquants sur le point d'être pris par les services de surveillance de la gare. Cette viande a été remise auvRavitaillement général. » (*Le Nouveau Journal*, 1943.)

« Les trafiquants du marché noir »

« Monsieur Louis Brun, pâtissier, 252 route nationale, à Villefranche-sur-Saône, a été surpris au moment où il transportait cinq kilos de viande, une livre de beurre, quatre cents grammes de lard, quarante-cinq litres de vin, marchandises achetées sans tickets de ravitaillement.

« Madame Antoine Bansillon, débitant de boissons, demeurant à Claveisolles, sera poursuivie pour transport d'une valise contenant cinq kilos de viande. » (*Le Nouveau Journal*, 1943.)

« Il touchait les cartes d'une famille fantôme de sept personnes »

« Anzin, 26 mai. – Le nommé Louis Gosset, d'Anzin, vendait de nombreuses denrées au marché noir et cependant jamais il ne courait la campagne. À la suite d'une enquête, on découvrit qu'il touchait à la mairie, depuis un an, les cartes de ravitaillement d'une famille fantôme de sept personnes dont il avait inventé de toutes pièces les états civils. La supercherie fut dévoilée lorsque deux jeunes gens de cette famille fictive furent appelés pour le service obligatoire du travail. Gosset a été écroué. » (*Le Nouveau Journal*, 1943.)

« Les tonneaux du puisatier contenaient du vin »

« Monsieur Henri Montagnier, puisatier à Arnas (Rhône), de passage à Lyon, a été surpris alors qu'il transportait sur un camion qu'il avait loué sept pièces de vin contenant en tout quinze hectolitres. Il sera poursuivi sur citation directe. » (*Le Nouveau Journal*, 1943.)

« Bons d'achat roses émis par les troupes d'opération »

« La préfecture du Rhône communique : il est rappelé aux commerçants qu'ils doivent accepter les bons d'achat d'articles textiles et les coupons d'achat de chaussures roses émis par les troupes d'opération. Il est précisé toutefois, en ce qui concerne les chaussures, qu'il ne pourra être remis aux ressortissants allemands que des articles des catégories "usage ville", "fantaisie" ou "pantoufles". » (*Le Nouveau Journal*, 1943.)

« Trafic de tickets »

« Maurice Traversier, vingt et un ans, 44 rue de Condé, qui avait vendu des titres d'alimentations volés par sa mère, employée au service du ravitaillement de la mairie du 6e arrondissement, a été arrêté. La femme Marie Traversier, âgée de quarante-quatre ans, a également été arrêtée.

« Pour avoir acheté des tickets volés, la police a arrêté Fernand Gogorizac, trente-neuf ans, et Roger Bardin, trente-deux ans, demeurant 21 rue Wakatsuki. » (*Le Nouveau Journal*, 1943.)

« En passant... »

« Dans un village du Boulonnais, deux agriculteurs, de ceux dont on s'en va en disant qu'ils ont du foin dans les bottes, mariaient leur fille. Ils ne pensaient pas que la conjoncture actuelle dût interrompre les traditions ayant cours en pareil cas dans nos plantureuses provinces du Nord et de l'Ouest, où les estomacs sont solides, bien emmanchées les fourchettes. Tout le monde a lu dans un ouvrage, un peu tristement célèbre, la description d'une noce de village et du festin qui suit la cérémonie nuptiale. Cent cinquante convives s'attablent. Et de midi à minuit, on joue énergiquement de la mâchoire. La quantité de nourriture solide et liquide absorbée par les gens de la noce dépasse l'imagination. Gamache, de Cervantès, dans son immortel *Don Quichotte*, illustra les noces où les victuailles s'entassaient en montagnes. Les deux heureux pères boulonnais n'eurent pas un instant la pensée que l'imitation de Gamache frisait l'illégalité et l'injustice. On ne marie pas tous les jours sa fille. La coutume et l'usage doivent être respectés nonobstant l'état de guerre. Aphorismes péremptoires qui firent taire, à supposer qu'ils en aient éprouvés, les scrupules des deux amphitryons et de leurs cent cinquante invités. Rien ne manquait au menu. L'idée même de restriction en était absente : le pain était blanc, les viandes variées et abondantes, les vins généreux et les appétits bien aiguisés. Mais quelqu'un troubla la fête. Un fonctionnaire du contrôle qui, pénétrant dans la salle, verbalisa contre diverses personnes et mit l'embargo sur cet approvisionnement capable de contenter tout un canton pendant huit jours. Et les mariés pleuraient... Les papas s'excusaient en répétant qu'ils ne croyaient pas mal faire. C'est là que réside le beau de la chose et que se manifeste la force de la tradition. Jamais vous ne convaincrez ces gens-là qu'ils ont péché contre la solidarité nationale et qu'il y a faute à se départir exceptionnellement, même sous le canon, de la sobriété paysanne, quand on allume à la ferme les flambeaux de l'hyménée. » (COLIN, *Le Nouveau Journal*, 1943.)

« La vente de la bière »

« La préfecture régionale communique : par arrêté de M. le préfet régional dans toute la région de Lyon, la vente à consommer sur place et la vente à emporter de la bière dans les débits de boissons et cafés sont autorisées tous les jours et limitées aux heures suivantes : 1) tous les jours sauf le lundi, de 13 h 30 à 18 heures et de 20 à 22 h 30 ; 2) le lundi, de 13 h 30 à 18 heures et de 20 à 21 h 30. » (*Le Nouveau Journal*, 1943.)

Petite annonce

« Aviation allemande recherche : cinq cordonniers, trois couturières, un dactylo connaissant allemand, deux serruriers. S'adresser palais de la Foire, Lonstelle, bâtiment 11, chambre 8. » (*Le Nouveau Journal*, 1943.)

« Les ressemelages en bois seront bientôt obligatoires pour tous »

« (De nos services particuliers.) Vichy, 17 mai. Les ressemelages en cuir, précise-t-on dans les services compétents, doivent être exécutés, pour l'instant du moins, et dans la limite des disponibilités accordées aux cordonniers, à toutes les chaussures présentées par les consommateurs quelle que soit la catégorie à laquelle ils appartiennent. Cependant on précise dans les mêmes milieux que, devant la pénurie grandissante de cuirs, des dispositions particulières vont être prochainement prises. D'ores et déjà on indique que les ressemelages en cuir doivent être accordés en priorité à certaines catégories de travailleurs (facteurs, policiers, cantonniers, cultivateurs, etc.) qui ont particulièrement besoin d'être confortablement chaussés. Le cuir est également réservé aux enfants en bas âge, dont la marche serait déformée par l'usage de galoches. De plus, fait-on savoir, le ressemelage en bois sera bientôt obligatoire, pour toutes les catégories de consommateurs, sauf pour celles que nous venons d'indiquer. Les femmes, sensibles à la mode, se sont déjà habituées aux semelles rigides. Il faudra que les hommes les imitent, surtout ceux qui ont un emploi sédentaire. » (*Le Nouveau Journal*, 1943.)

« Distribution de poissons frais »

« Un arrivage de poisson de mer est attendu pour vendredi 14 ou samedi 15 mai. La répartition s'effectuera aussitôt comme suit : Lyon, 1er et 4e arrondissement, halles des Cordeliers. Toutes les communes de l'agglomération lyonnaise. Les consommateurs seront servis dans l'ordre des inscriptions. Restaurants numéro 46 à 119 (Maisons pêcheurs réunis). » (*Le Nouveau Journal*, 1943.)

Revue de presse de la Libération

« Le dôme de l'hôtel-Dieu a flambé après une fusillade engagée par des miliciens »

« Hier, vers midi trente, un groupe composé de miliciens et de femmes tondues s'engageait sur le pont Wilson lorsqu'une des femmes s'évanouit et tomba à terre. Un moment de désarroi régna chez les gardiens et la plupart des miliciens en profitèrent pour se jeter dans le Rhône avec l'intention de gagner la rive à la nage pour s'évader. À cet instant, une vive fusillade partit du toit de l'hôtel-Dieu, dirigée contre les forces de l'ordre. Six cents FFI, alertés par le bruit, eurent tôt fait de cerner l'hôpital et le combat commença. Au bout d'un moment et pour des raisons encore inconnues, une haute colonne de fumée s'élevait au-dessus de l'hôtel-Dieu. Le grand dôme de l'hôpital flambait... Au prix d'énormes difficultés, les pompiers, immédiatement prévenus, passèrent dans la mesure du possible du matériel léger sur la rive droite en empruntant le pont Wilson. Sur les lieux, les pompiers de l'Air de la presqu'île étaient déjà arrivés et procédaient aux premières opérations. Celles-ci s'avérèrent dès le début extrêmement difficiles et périlleuses par le fait que des balles, tirées d'un côté par les miliciens réfugiés sur les toits de l'hôpital et de l'autre par des FFI, pleuvaient autour des pompiers qui n'en continuaient pas moins leur tâche au mépris du danger. Dès le début de l'incendie, les services de l'hôtel-Dieu avaient procédé à l'évacuation des malades qui se trouvaient dans les salles à proximité du dôme. Au bout d'une heure, les pompiers s'étaient rendus maîtres du sinistre. Mais, alors que tout semblait terminé, le dôme s'effondra brusquement au milieu d'un grand fracas et une pluie d'étincelles se répandit dans tous les sens. Les dégâts sont certainement très importants, mais on n'a à déplorer aucune victime ni chez les malades de l'hôpital ni parmi les pompiers. Malheureusement, au-dehors, parmi la population,

« Pendant l'incendie. »
(*Lyon libéré*, n° 3, 5 septembre 1944.)

on devait compter, tant sur les quais que sur les ponts, de nombreuses victimes. » (*Lyon libéré*, n° 3, 5 septembre 1944.)

« Un héros de la Croix-Rouge »

« Henri-Paul Midey, quarante-deux ans, volontaire des équipes d'urgence de la Croix-Rouge française, a été atteint de deux balles dans la tête alors qu'il accomplissait sa dangereuse mission. Loyal, toujours prêt à servir, d'un courage tranquille, aimé de tous, c'était un homme. Il a accompli sa tâche avec la foi et l'intrépidité des âmes pures. Il laisse une veuve et une jeune fille que sa mort frappe durement. Les funérailles de Midey Henri-Paul auront lieu aujourd'hui mardi 5 septembre, à 8 heures, en l'église du Saint-Nom-de-Jésus, rue Tête-d'Or. » (*Lyon libéré*, n° 3, 5 septembre 1944.)

« Plus de V1 depuis trois jours »

« Le communiqué allemand d'hier ne fait aucune mention des V1. Depuis trois jours entiers, aucune bombe volante n'est tombée sur l'Angleterre. » (*Lyon libéré*, n° 3, 5 septembre 1944.)

« La vie reprend à Lyon »

« On passe de nouveau sur le pont de la Guille. Un service partiel de tramways.

« Après la première fièvre d'enthousiasme, la ville dès hier matin a retrouvé en partie sa physionomie des jours calmes. Les magasins ont rouvert leurs portes, pour la plus grande satisfaction des clients qui, cette fois, ont fait la queue avec le sourire, en attendant patiemment leur ration de pain.

« Les ponts. – La destruction systématique des ponts avait rendu depuis deux jours la circulation des piétons presque impossible de la rive gauche du Rhône à la presqu'île. Heureusement, dès hier après-midi, elle a pu être rendue beaucoup plus facile sur les ponts Wilson et de la Guillotière, grâce au génie qui a effectué, en un temps record, les réparations nécessaires. Cependant le trafic demeure fort réduit et la population, sauf motif sérieux, est invitée à ne pas passer d'une rive à l'autre, de manière à ne pas gêner les troupes dans leur déplacement. Dans les jours qui vont suivre, d'ailleurs, d'autres améliorations vont être apportées avec l'aide du génie américain. Depuis lundi matin 2 heures, cent soldats alliés ont travaillé d'arrache-pied sur le pont de la Guillotière à la construction d'un pont entièrement métallique qui peut supporter une charge de plus de trente tonnes. La circulation aurait pu être rétablie dès 3 heures hier tantôt si, vers midi, une traverse en bois n'avait cédé et contraint l'équipe américaine de procéder à une nouvelle consolidation du pont.

« Les trains. – Des dégâts d'une exceptionnelle gravité ont été causés par les Allemands aux voies ferrées de la région qui, de toutes celles de France, a certainement été une des plus éprouvées. Les Allemands ont pris, ou détruit, toutes les locomotives et brûlé

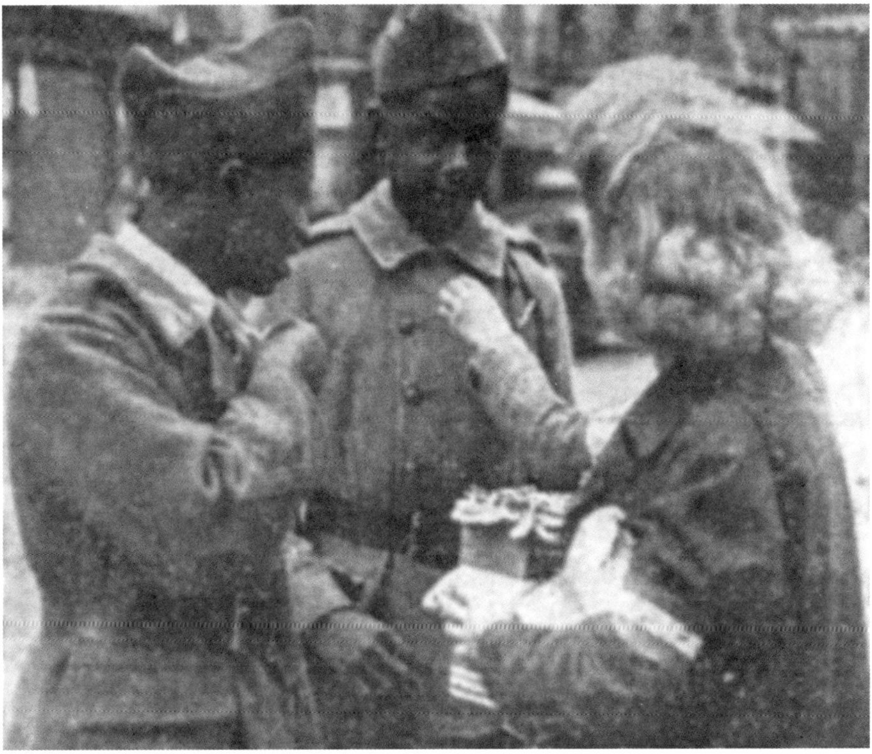

« La journée de solidarité nationale organisée par le Front national de lutte pour la libération et l'indépendance, sur l'initiative du commissaire de la République, a obtenu un beau succès. Dès le matin, jeunes gens et jeunes filles ont quêté pour les orphelins, les veuves et les vieilles mamans. Chacun a donné son obole avec le sourire. »
(*Le Progrès*, n° 30040, 11 septembre 1944.)

de nombreux wagons. Il ne fait donc aucun doute que la reprise du trafic ferroviaire dans le département du Rhône sera très longue.

« Le téléphone et les postes. – Les fils téléphoniques ayant été coupés lors de la destruction des ponts, toute communication avait été rendue impossible depuis samedi matin. La préfecture a, lundi, fait installer six lignes privées pour correspondre avec le centre de Lyon. Le service des PTT, consulté, espère pouvoir rétablir très prochainement un trafic téléphonique beaucoup plus étendu et pouvant servir à la population – trafic qui demeurera, d'ailleurs, en attendant d'autres améliorations, extrêmement limité.

« Des tramways fonctionnent. – Pour la plus grande satisfaction des Lyonnais, les tramways ont fonctionné de nouveau dès le début de l'après-midi d'hier. Dans la matinée, des équipes avaient déblayé les rails pour que les véhicules puissent circuler. Certes, le trafic complet n'a pu être rétabli et notamment dans la presqu'île où il n'y a plus de courant électrique, aucune voiture n'a pu partir des dépôts. Mais les premiers résultats obtenus sont plus que satisfaisants et témoignent du zèle apporté par les services techniques de l'OTL dans leur difficile mission. Les premiers départs des terminus auront lieu à 7 heures. Les derniers, 19 h 30. Voici les lignes où le trafic a repris au moins partiellement : le numéro 1 assure le service de l'hôpital Grange-Blanche à la place Raspail ; le 3, de la rue d'Alsace à l'avenue de Saxe ; le 4, de l'avenue Leclerc au parc de la Tête d'Or ; le 7, de la cité de Villeurbanne à l'avenue de Saxe ; le 9, de l'hôpital Grange-Blanche à la place Raspail ; le 18, du cours Lafayette à Gerland ; le 24 et le 25, de la place Henry au cours de la Liberté ; enfin, le 26, de la rue Saint-Jérôme au boulevard des Brotteaux. Des améliorations seront apportées à ce service aussitôt que les circonstances le permettront.

« L'eau, le gaz et l'électricité. – La distribution de l'eau, du gaz et de l'électricité est normale sur la rive gauche du Rhône. Sur la rive droite, la distribution de l'eau a pu être rétablie dans l'après-midi de dimanche, entre Rhône et Saône, grâce à la remise en service d'un câble électrique qui a pu être sauvé de la destruction et à une rapide intervention pour obturer les conduites rompues. La distribution du gaz sera reprise progressivement dans le courant de la semaine entre Rhône et Saône, les travaux sont poussés activement dans ce but. Il en sera de même pour la distribution de l'électricité. L'absence complète d'usine de production sur la rive droite de la Saône rend beaucoup plus compliqué le rétablissement des distributions d'eau et de gaz au 5e arrondissement. Des travaux sont dès à présent entrepris et seront menés avec toute la célérité désirable en vue de rétablir par le pont du Change et le pont de Serin la distribution de l'eau et de l'électricité. La remise en gaz du réseau de Saint-Paul, Saint-Jean et Saint-Just pourra s'effectuer assez rapidement par le pont de l'Homme-de-la-Roche. Par contre, l'étendue des destructions ne permet pas de situer dès à présent à quelle date le rétablissement de la distribution de gaz pourra être effectuée à Vaise. Les problèmes les plus difficiles à résoudre à l'heure actuelle résident dans l'enlèvement des immondices et le service des vidanges sur la rive droite du Rhône, faute de pouvoir faire traverser le Rhône par le matériel spécialisé. On s'efforce de parer à cette déficience grâce à des moyens de fortune qui seront mis en œuvre dès demain. En vue de parer au manque d'eau sur la rive droite de la Saône, six arroseuses ont pu être amenées sur la rive droite. Elles ont été utilisées dès aujourd'hui à distribuer de l'eau potable dans le 5e arrondissement. Leur service sera continué sans interruption jusqu'à rétablissement de la distribution normale. » (*Lyon libéré*, no 3, 5 septembre 1944.)

Conclusions de la presse

« Libération »

« Libres !... L'étreinte qui nous poignait le cœur, d'un coup, s'est dénouée. L'allégresse nous soulève, la ferveur nous embrase. La Résistance dépouille le mystère du maquis pour le panache des trois couleurs déployées au plein vent de la ville délivrée. Et cette fleur de jeunesse qui passe, creuse dans la foule citadine un sillage frémissant de drapeaux, de *Marseillaises*, de baisers... Nul pourtant d'entre nous n'ose se livrer tout entier à cette joie. Trop de sang, trop de deuils l'ont payée. Les meilleurs de nos camarades sont morts pour nous la donner. Leur mémoire domine ce jour ; leurs voix, celle de la liesse populaire. Comment ne pas écouter cette voix, comment ne pas obéir à ceux qui pour nous ont affronté la prison et la torture, accepté le sacrifice suprême ? Ils crient vengeance, ils appellent le châtiment sur les coupables. L'épuration qu'ils réclament, on ne veut pas douter qu'elle soit déjà en marche, sous l'impulsion même des chefs, dans l'ordre et la sérénité de la justice. Mais, pour urgente qu'elle soit, cette œuvre ne suffirait pas encore à l'apaisement de ces mémoires glorieuses. Nos patriotes ne se sont pas battus seulement pour nous rendre d'anciennes libertés aliénées depuis quatre ans. Ils veulent, ils exigent plus et mieux : un nouveau départ vers de nouvelles conquêtes sociales, la réalisation de toutes leurs aspirations vers une république plus large et plus haute, plus généreusement humaine. Demain, une date historique tombera des éphémérides : le 4 septembre, l'anniversaire de la formation de la République. Eh bien ! il ne faut pas que ce jour s'écoule sans que chacun ait senti que la France vient de passer un nouveau tournant de son histoire et qu'elle reprend, accordée toujours au pas des dirigeants qu'elle s'est choisis, son élan traditionnel à l'avant-garde des nations démocratiques. » (*Lyon libéré*, n° 1, 3 septembre 1944.)

« N'oubliez jamais ! »

« Ceux qui n'ont pas vécu pendant des années la vie de bête traquée des militants de la Résistance ; ceux qui n'ont pas connu l'horreur des supplices infligés à des hommes ou des femmes refusant de livrer leurs camarades ; ceux qui n'ont pas vu brûler des fermes, des maisons, voire des églises emplies de victimes assemblées par centaines comme à Oradour-sur-Glane ; ceux qui n'ont pas vu des enfants crucifiés sur la porte des granges pourraient, dans l'allégresse de la liberté recouvrée, oublier à quels sacrifices ils doivent leur libération. Et peut-être pourraient-ils trouver excessive l'œuvre d'épuration ordonnée par le gouvernement. Mais nous, dont les yeux sont encore dilatés par ces spectacles d'épouvante et dont les oreilles entendront toujours les cris déchirants des victimes de la Gestapo et de ses misérables complices de la Milice ou du PPF, nous ne pouvons reculer devant cette œuvre de justice. Car – il faut qu'on le sache et qu'on le clame à tous les échos – il s'agit de justice et non de vengeance ; il s'agit de montrer a un peuple effroyablement torturé dans sa chair et dans son esprit que ses bourreaux sont châtiés comme il le désire, à la mesure de leurs forfaits. Oh ! que l'on se rassure ! Nous ne nous transformerons pas en tortionnaires ; nous ne déshonorerons pas notre victoire par une vendetta barbare et le voudrions-nous que nous ne le pourrions pas, car il est des abîmes de sadisme et de férocité où nul d'entre nous ne saurait descendre. Mais nous entendons maintenir chez nos concitoyens le souvenir de ces effroyables saturnales, afin qu'ils nous aident à en empêcher le retour. Il n'est pas jusqu'à ces actes de vengeance individuelle, redoutée par certains, dont l'œuvre de justice légale ne doive empêcher la manifestation. C'est dans la mesure où la justice dans l'ordre se réalisera que le danger de vengeance dans le désordre s'évanouira. La guerre et l'Occupation, le viol de la Patrie et le crucifiement de ses enfants : "Non, plus jamais ça !" Mais alors, Français, n'oubliez jamais !... » (*Lyon libéré*, n° 3, 5 septembre 1944.)

Hitler ne sait plus à quel saint se vouer !

« Pour pouvoir signer la paix il faut lâcher tout cela !

(*Marianne*, 25 octobre 1939.)

Annexe III

Dessins « humoristiques », 1939-1945

Revue de la délirante presse antisémite de Vichy (1941-1944)

Les journaux « collabos » *L'Alerte*, *L'Appel* et *Au Pilori* se distinguaient dans cette infâme et déshonorante campagne.

Les torchons du genre *L'Appel* et *Au Pilori* accumulaient les dénonciations à base de chantage :

« Aujourd'hui nous sommes à même de fournir quelques précisions sur l'activité de Frédéric Bloch-Lainé. Il est, en ce moment même, réfugié chez son fils, inspecteur des Finances, 56 avenue Montaigne. Il en sort très rarement et pour cause : 1) Passage en fraude de la ligne de démarcation. 2) Violation de l'ordonnance interdisant aux Juifs fuyards le retour en zone occupée. » (*Au Pilori*, 21 mars 1941.)

« Aujourd'hui nous estimons indispensable de signaler publiquement, à l'attention de notre ami Darquier de Pellepoix, la femme Orienstein domiciliée 23, rue Keller, dans le 11e arrondissement. Cette juive étrangère ne se contente pas d'attendre avec impatience l'arrivée imminente – qu'elle croit – des "libérateurs" anglo-américains, elle appelle de tous ses vœux celle des bolcheviks dont elle ne se gêne pas pour faire publiquement l'apologie. La place de cette créature est à Drancy. Tous les habitants du quartier demandent qu'on l'y envoie d'urgence. » (*L'Appel*, 13 mai 1943.)

« Utilisons nos otages ! Qu'on dissémine les camps de concentration juifs autour des usines, des parcs d'aviation, des nœuds de voies ferrées, des casernements de l'armée d'occupation, autour de tous les points menacés par les escadrilles d'outre-mer, de façon que les bombes qui s'égarent sur les populations civiles frappent en premier lieu les enfants de Juda ! N'est-ce pas juste, légitime et de bonne guerre ? En même temps qu'on les rassemblera autour des objectifs d'intérêt militaire que prétendent seuls

(*Au Pilori.*)

(DUBOSC, R.)

(*Au Pilori.*)

viser les Anglo-Saxons, il faudra promulguer et faire rigoureusement appliquer un décret stipulant que, pour chaque victime civile des bombardements aériens, deux Juifs adultes seront passés par les armes. Deux d'abord, puis trois, puis quatre, puis cinq en augmentant d'une unité à chaque nouveau raid qui frappera notre population civile. » (PEMJEAN, Lucien, *Au Pilori*, 29 juillet 1943.)

« Le "docteur" Porbus. »

C'était le nom d'un illusionniste fameux, qui transperçait jadis de part en part, avec de longs sabres, une ravissante jeune femme sur les scènes de tous les music-halls. Le docteur Porbus est peut-être mort à l'heure actuelle, mais il a trouvé un digne successeur en la personne du "docteur" Bauer. Ce personnage – que l'on a surnommé "l'Homme au pied bot" en souvenir d'un roman policier célèbre – nous vient, naturellement, d'Europe centrale. Son pedigree n'est pas très bien défini : par contre, il possède l'art suprême de délivrer d'excellents états civils à ses coreligionnaires. Il "opère" à Marseille dans le hall de cet hôtel chéri des prophètes. Son bureau est une magnifique officine où – à condition que vous y mettiez le prix – on vous confectionne d'authentiques passeports pour les deux Amériques. Et le businessman dernier modèle se fait saluer par tout le personnel de l'hôtel à coups de "docteur" long comme le bras. Un illusionniste d'un nouveau genre qui fait miroiter aux Juifs fortunés le beau voyage vers la Terre promise… Un chasseur de l'hôtel confiait : "Il devrait accrocher une pancarte, sur la porte de son bureau, ainsi libellée : 'Le Juif pauvre est prié de s'abstenir.'" » (CARDÈS, J., *L'Alerte*, 28 janvier 1941.)

« Une belle partie de belote. »

Pendant que les indigènes de l'empire français exaltent la mère patrie, pour laquelle ils sont venus se battre, d'autres indigènes

(*Au Pilori.*)

– venus des bas-fonds de l'Europe centrale pour exploiter la France trop accueillante et vivre à ses crochets – se prélassent douillettement dans les palaces de la Côte d'Azur. Un grand hôtel de Cannes possède même le rare privilège d'offrir à ses visiteurs le dessus du panier de crabes, une véritable brochette de choix. C'est ainsi que tous les après-midi – il est vrai qu'ils n'ont pas grand-chose à faire et de confortables économies – une table de jeu réunit MM. Nathan, dont le frère doit être moins confortablement installé en ce moment ; O..., dit O...ky, célèbre par ses combinaisons cinématographiques ; M... G..., directeur de théâtre sans théâtre, et un "quatrième" plus obscur. Ce dernier change assez souvent : à une table pareille on mène gros jeu. Un jeu serré avec des hommes qui ont appris à plumer la volaille. Belote et rebelote ! » (CARDÈS, J., *L'Alerte*, 28 janvier 1941.)

— Ça demande combien de temps pour réparer ?
— Ce n'est pas mon pneu qui est crevé... c'est moi !...

(GUÉRIN, *Aujourd'hui*, 31 octobre 1940.)

— Ça tombe bien ! Je suis diabétique ; je vous offre mes tickets de sucre et vous me donnez vos bons de chaussures...

(VIGINIER, *Almanach du Petit Parisien*, 1942.)

— Celui-ci est d'une très belle sonorité...
— Vous savez, ça m'est égal, c'est pour remplacer le tuyau de mon poêle !

(CARBI, *L'Œuvre*, 5 décembre 1943.)

(CHANCEL, « Manger ? », *L'Alerte*, 28 janvier 1941.)

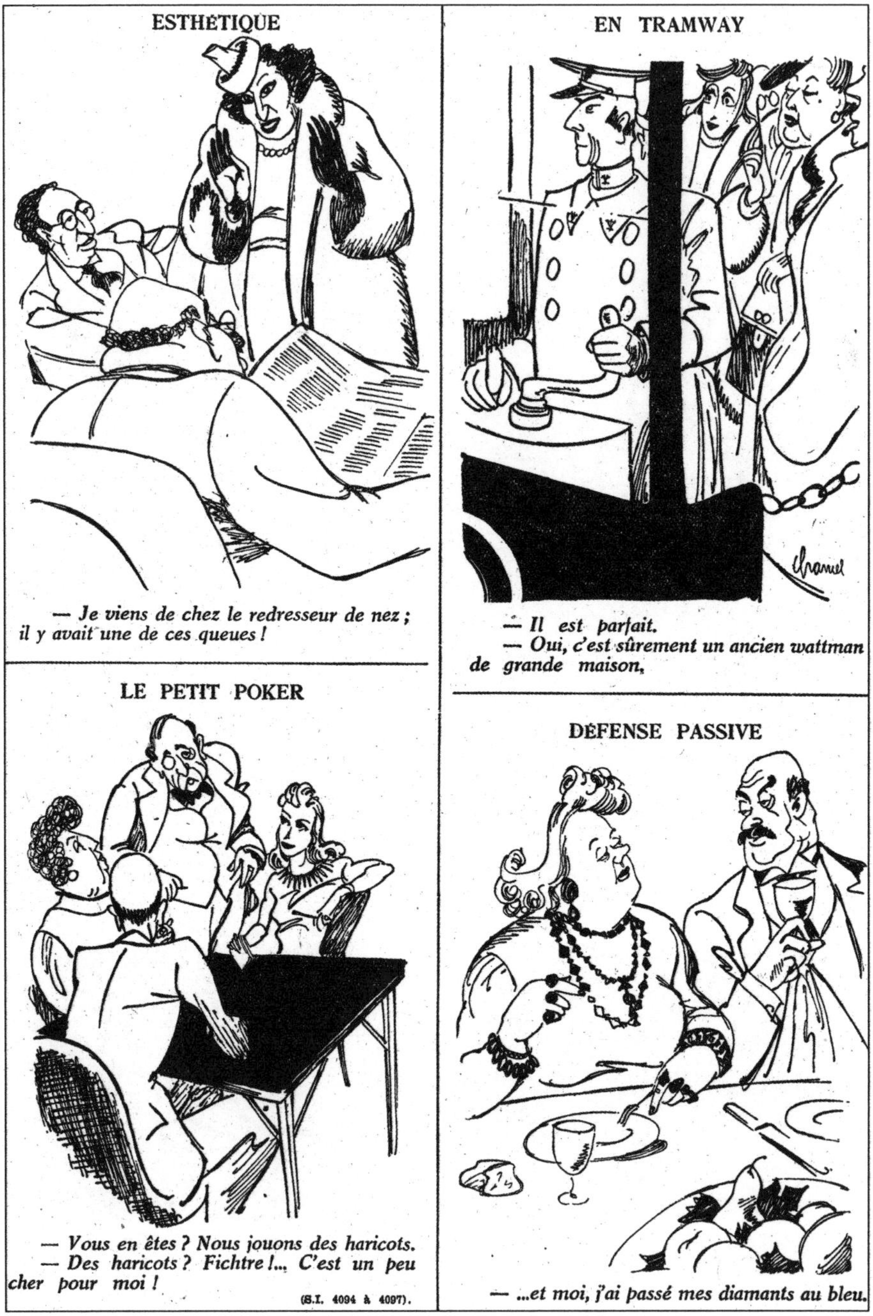

(CHANCEL, « La vie simple », *L'Alerte*, 4 février 1941.)

(CHANCEL, « Les petits J2 », *L'Alerte*, 5 mars 1941.)

(« Humour », *L'Alerte*, 13 février 1943.)

(TRUCY, « Plaisir d'hiver », *L'Alerte*, 13 février 1943.)

(« Humour », *L'Alerte*, 20 février 1943.)

Les zazous

« Les ch'veux tout frisottés
Le col haut de dix-huit pieds
Ah ! ils sont zazous
Le doigt comm'ça en l'air
L'veston qui traîne par terr'
Ah ! ils sont zazous
Ils ont des pantalons d'une coupe inouïe
Qui arrive un peu au-d'sous des genoux
Et qu'il pleuve ou qu'il vente ils ont un parapluie
Des gross's lunett's noires et puis surtout
Ils ont l'air dégouté
Tous ces petits agités
Ah ! ils sont zazous. »
(HESS, Johnny, et MARTELIER, Maurice, 1942.)

BAC 42

— *Le prof' m'a demandé quel événement avait le plus bouleversé le XXe siècle... J'ai répondu : « Le swing »... Alors, y m'a collé un zéro...*

— *Pauvre cher ! Vraiment, il n'était pas très zazou !*

(*Jeunesse*, 2 août 1942.)

(*Jeunesse*, 28 juin 1942.)

(*Je suis partout*, 6 juin 1942.)

Vingt-Neuvième année — N° 1434 AUJOURD'HUI 8 PAGES Vendredi 10 Avril 1942

GUIGNOL

Le Numero 1 fr.

JOURNAL HEBDOMADAIRE HUMORISTIQUE

. Aucun manuscrit n'esr rendu.

"A TOUS ET POUR TOUS"

Victor LORGE, Fondateur (1914-1920) Joanny LORGE, Directeur Boite aux Lettres ; 15, rue Emile-Zola, LYON Téléphone ; Franklin 21-28	ADMINISTRATION ET REDACTION : 37, Quai Fulchiron, 37 LYON — 23, Rue de la [illegible], 23 — LYON Vente en Gros : Agence HACHETTE, 3, rue des Quatre-Chapeaux, Lyon	ABONNEMENTS : France et Colonies ; Un an 48 frs — Six mois 26 frs Etranger : Un an 108 frs — Six mois 60 frs Compte Chèques Postaux ; LYON 136-06

BOISSON D'AVRIL

COMPTOIR

GUIGNOL. — Mais z-oui, mon vieux Gnaf, gn'a plus que de l'eau z-à boire.
GNAFRON. — Hem ? C'est ça, l'eau ? Merci bien ! Je préfère périr d'inanimation que d'humilier mon corgnolon aque ce bouillon de microbes !

(*Guignol*, n° 1434, 10 avril 1942.)

Trentième Année — N° 1472 Vendredi 1er et Vendredi 8 Janvier 1943

GUIGNOL

Le Numéro 1 FR

JOURNAL HEBDOMADAIRE HUMORISTIQUE

AUCUN MANUSCRIT N'EST RENDU

A TOUS ET POUR TOUS

Victor LORGE, Fondateur (1914-1920)
Joanny LORGE, Directeur
Boîte aux Lettres : 15, rue Emile-Zola, LYON
Téléphone : Franklin 21-28

ADMINISTRATION ET REDACTION
37, Quai Fulchiron, 37
LYON — 23, Rue de la Quarantaine, 23 — LYON
Vente en Gros :
Agence HACHETTE : 3, rue des Quatre-Chapeaux, Lyon

ABONNEMENTS :
France et Colonies :
Un an 48 frs — Six mois 26 frs
Etranger : Un an 108 frs — Six mois 60 frs
Compte Chèques Postaux : LYON 136-06

Le Nouvel An à Lyon

Ça fait donque le quatrième « Premier de l'An » que nous tombe de nouveau sus le casaquin, dans des conditions sensiblement similaires et pas très réconfortantes !... Oh ! ce n'est pas que le moral fléchisse ! Non mes z'Amis, nous sommes bien dindés à tenir jusqu'au bout... et même un petit peu au delà du bout... pour voir comment ça se goupille.

Mais ça n'empêche pas, en ces époques méditatives, de faire un petit retour z'en arrière, ainsi que la récapitulation de nos étrennes accumoncelées, au cours des mois, des saisons et des millésimes !...

1940 !... Nous venions d'entrer depis querques mois dans la « drôle de guerre ». On était en position d'attente, mais gonflés à bloc, bien camouflés dargnier la ligne Maginot. C'était l'époque chenuse des arts, des sports et des loisirs aux Armées... Mistinguett ! Chevalier ! Backer !.

1941 !... Ah ! quelle secousse entre ces deux Parmiers Janvier consécutifs !... Et que de cadeaux nous arrivaient à foison, dans la hotte de la défaite, bourrée à regonfle !... Trois anges l'accompagnaient, portant des noms significataires : le Séraphin Restriction — ou la Séraphine, comme vous voudrez — l'ange Pénurie et l'archange Ceinture !...

1942 !... Notre sourire se voile de plus en plus comme le doux regard de Lakmé... pourtant on le conserve quand même, de plus en plus jaunâtre, de plus en plus étiré, mais la flamme interne ne s'éteint pas... et c'est l'essentiel. Le Topinambour ou le Rutabaga constituent le meilleur de nos ripailles.

1943 !... Ce coup-là, ça change de ton, de cadence et d'allure. On sent, aque la pariode des Fêtes de la Noël et du Nouvel An que nous arrivons à un virage décisif et lumineux, pour éclairer z'enfin le tableau de notre sombre histoire alimentaire — car nous considérons surtout celle-là, pisque l'autre n'est pas dans nos attributions.

Notre Bon Père Nourricier le Ravitaillement, on le sait ben, fait tout ce qu'il peut, mais le plus souvent, s'il peut... peu, ce n'est pas de sa faute, mais de celle de tous les Escogriffes de la resquille et du marché noir que s'offrent les volailles de luxe, des vraies, à la barbe et au nez des petites et des moyennes classes, n'ayant pas des pécuniaux suffisants pour participer à cette folle enchère.

Mais un geste vient d'être fait, un geste plein de bonnes intentions, en faveur des déshérités de la ville, je veux parler, vous l'avez ben compris, de cet arrivage inespéré de canards, dindons,

GUIGNOL. — Mais z'oui ! Grâce à cette bienheureuse répartition de volatiles, on a pu mettre un morceau de poule au pôt, une fois par an... en attendant mieux.

(*Guignol*, n° 1472, 1er et 8 janvier 1943.)

Troisième Année — N° 1522 Vendredi 24 Décembre 1943

GUIGNOL

Le Numéro 1 Fr.

JOURNAL HEBDOMADAIRE HUMORISTIQUE

AUCUN MANUSCRIT N'EST RENDU

A TOUS ET POUR TOUS

Victor LORGE, Fondateur (1914-1920)
Joanny LORGE, Directeur
Boîte aux Lettres : 15, rue Emile-Zola, LYON
Téléphone : Franklin 21-28

ADMINISTRATION ET REDACTION
37, Quai Fulchiron, 37
LYON — 23, Rue de la Quarantaine, 23 — LYON
Vente en Gros :
Agence HACHETTE : 3, Rue des Quatre-Chapeaux, Lyon

ABONNEMENTS :
France et Colonies : Un an 48 frs
Etranger : Un an 108 frs
Compte Chèques Postaux : LYON 136-06

ARBRE DE NOËL 1943

Oh ! ce ne sont pas les arbres, ni les sapins qui manquent. Les sapins verts, dont la montagne est pleine, comme chantait notre vieux Dupont, ont abandonné z'en masse leurs séjours forestiers, pour venir, en ville, se faire offrir à la convoitise des parents, pour l'agrément des enfants. On les voit, ces pauvres sapins, de tous les âges et de toutes les conditions, mutilés du pied, amputés radicalement et montés, comme des culs-de-jatte spéciaux, sur des lattes de bois, placées en croix, pour sarvir d'assises à ces cricifiés de la Noël... Je ne sais pas si je me gourre, mais en cette Noël de disette 1943, y me semble que les sapins importés en ville sont encore plus nombreux que d'habitude. Au moins il y a de jouets pour les pendre aux branches, au moins il y a de lumières électriques pour illuminer les neiges artificielles dont on les décore, au plus on se rabat sur la verdure et la nature... On ne mettra pas grand'chose à l'intérieur, les papillotes seront rares, les oranges encore plus, mais on conservera, quand même, la douce illusion d'un arbre de Noël, devant ce végétal symbolique... Manière comme une autre de ne pas capituler devant les assauts de la mouise grandissante et enveloppante...

Et puis n'y a-t-il pas une autre utilisation, tout à fait réaliste et pratique, pour les circonstances ?

Les jouets sont chers, le combustible est rare, mais tout n'est pas perdu, mes belins. Nous débiterons l'arbre de Noël pour qu'il puisse, au moins, vous réchauffer un peu les menines !

Ils finiront tous comme ça, n'en doutez pas, les arbres de Noël de la présente législature. On les attaquera bientôt à la scie, à la cisaille, à la serpette, pour les diriger ensuite vers le poêle familial. Et la ronde enfantine pourra se dérouler tout autour de la cloche en fonte, distribuant et rayonnant autour d'elle, en guise de friandises, quelques calories supplémentaires. C'est toujours ça, mes z'enfants ! Ne faut plus demander l'impossible. Comme l'a écrit un grand académicien, le seul héroïsme que nous soit actuellement permis, c'est l'héroïsme de la résignation. Enfoncez-vous bien ça dans le coquenicbon et modérez vos désirs en conséquence. La vie n'a pas été donnée au monde pour qu'ils se la coulent douce. Les potaches traduisent même ça par des équations chimiques en écrivant S+KOH, ce qui veut dire... souffre et potasse...

Vous êtes donc scientifiquement préviendus que l'état de mouise où nous sommes représente le climat moral et purificatoire par excel-

LE PERE. — Les jouets sont chers... le combustible rare, mais tout n'est pas perdu, mes belins. Nous débiterons l'arbre de Noël pour qu'il puisse, au moins, vous réchauffer un peu les menines !

(*Guignol*, n° 1522, 24 décembre 1943.)

Trente-deuxième Année — N° 1563 Mercredi 28 Mars 1945

GUIGNOL

Le Numéro 1 fr. 50

JOURNAL HEBDOMADAIRE HUMORISTIQUE

AUCUN MANUSCRIT N'EST RENDU

A TOUS ET POUR TOUS

Victor LORGE, Fondateur (1914-1920)
Joanny LORGE, Directeur
Boîte aux Lettres : 15, Rue Emile-Zola, LYON
Téléphone : Franklin 21-28

ADMINISTRATION ET REDACTION
37, Quai Fulchiron, 37
LYON — 23, Rue de la Quarantaine, 23 — LYON
Vente en Gros :
Agence HACHETTE : 3, Rue des Quatre-Chapeaux, Lyon

ABONNEMENTS :
France et Colonies : Un an 78 fr.
Etranger : Un an 120 fr.
Compte Chèques Postaux : LYON 136-06

Après les V 1 et les V 2... les W.C.

Parait que dans un journal allemand, on aurait purblié z'une déclaration du Führer — de plus en plus Führieux — aux termes de laquelle il venait d'adresser z'une prière à Dieu — le fameux « Gott mit uns ! » — pour lui z'y demander pardon, à l'avance, de tout ça qu'il allait être obligé de faire... dans les dix dargniers jours de la guerre !

Entendons par là qu'il serait décidé z'à perpétrer toutes les z'horreurs en son pouvoir pour faire abouser l'Europe entière, en même temps que la Teutonie. Turellement que ça serait une magnière de consolation d'entrainer dans sa chute le plus grand nombre possible de partenaires...

Mais je crois fermement, les gones, qu'il ne faut pas se frapper outre la mesure, de ces divagations in extremis d'un forcené à qui qu'on est en train de passer de plus en plus la camisole par force.

Fectivement, il a tout à fait raison de demander pardon à Dieu. Mais il n'avait nullement besoin de faire état de ses crimes futurs, de ses atrocités de la dargnière heure. Parce que ses crimes passés, tous ceux qu'il a perpétrés depis dix ans environ, suffisent largement à lui faire un drôle de paquet, sur la balance des comptes ! Quand le dossier Hitler arrivera dans les mains du Bon Dieu — je parle du Bon Dieu des braves gens — je suis sûr que le Père Eternel, tout éternel qu'il soit, n'aura jamais z'eu à connaître d'un semblable démon ! Celui qui a fait du monde un Enfer, si l'Enfer existe, mérite d'y recevoir une concession à perpétuité, dans l'endroit où les flammes éternelles carburent le mieux. Et si l'Enfer n'existe pas, faut vite imaginer sur terre querque chose d'approchant, en faveur de l'Adolphe... Mais sa Gestapo, si inventive pour curtiver le Jardin des Supplices, pourra peut-être fournir querques exemples à reprendre — sans les perfectionner, parce que la perfection, je crois ben qu'ils l'avaient atteinte en ces matières d'horreur... S'agira donc, tout simplement, de ne pas trop se montrer mauvais élèves... Comme ça nous est arrivé déjà, malheureusement. Mais z'oui, mes belins... On nous donne des leçons et nous n'en profitons pas seulement !

Non ! Les menaces finales du Génie malfaisant de la Deutschland aux abois ne doivent pas nous émulsionner... Oh ! ce n'est pas que la malice et même l'habileté pour mal faire leur z'aient jamais manqué, aux Escarpes de la Triste Equipe ! Soyons bien assurés qu'ils ont fait tout le mal dont ils étaient capables... Soyons même persuadés qu'ils voudraient — suivant la formule — faire encore mieux la prochaine fois... mais vouloir est une chose, pouvoir en est une autre.

Oh ! je sais bien qu'ils sont fertiles en charogneries et qu'ils ont depis longtemps déshonoré l'esprit inventif du peuple allemand, en l'orientant urniquement dans une lutte sauvage contre la Civilisation et le Progrès z'humain. Mais la vraie civilisation a tingu le coup... Elle se trouva d'abord un peu abasourdie, par le direct formidable qu'elle avait reçu... mais l'étourdissement passa vite... et on songea tout de suite à la rebiffe... inlassablement !

Aujourd'hui, après bientôt six ans de grabuge — et quel grabuge ! — les Jeux sont faits. L'Oracle est rendu. Le Destin a parlé, en répondant à toutes les tentatives de médiation par le message implacable : C.S.C., C.S.C., C.S.C... Vous avez ben compris : Capitulation Sans Condition ! La fin de la guerre se résume dans ces trois mots...

Et ce ne sont pas les V1, ni les V2, ni les V6 — où l'on voudrait nous faire prendre les vessies pour des lanternes — que changeront querque chose à la marche vers la catastrophe finale.

On parle même de l'emploi possible des gaz... dans la nouvelle fusée W.C... à propulsion par réaction... basée sur les bruits de pets...

L'est certain, effectivement, que des bruits de paix commencent à

GUIGNOL. — On parle même de l'emploi possible des gaz... dans la nouvelle fusée W.C... à propulsion par réaction... basée sur les bruits de pets...

(*Guignol*, n° 1563, 28 mars 1945.)

Bibliographie

AMORETTI, Henri, *Lyon capitale, 1940-1944*, France Empire, 1964
AMOUROUX, Henri, *La Vie des Français sous l'Occupation*, Arthème Fayard, 1961
COLLECTIF, *Lyon sous la botte*, Éditions de la Plus Grande France, 1944
COLLECTIF, *Lyon souviens-toi : mémorial des années 40-45*, Éditions de la Plus Grande France, 1945
FARGE, Yves, *Mémorial de l'oppression : région Rhône-Alpes*, fascicule n° 1, Commissariat de la République, avril 1945
FLORENTIN, Eddy, *Quand les Alliés bombardaient la France, 1940-1945*, Perrin, 1997
GARCIN, Paul, *Interdit par la censure, 1942-1944*, Lugdunum, 1944
GARCIN, Paul, *La Haine : reportages clandestins, 1940-1944*, Lugdunum, 1946
GILONNE, Georges, *Lyon de guerre*, Bascou frères, 1945
LE MAREC, Gérard, *Lyon sous l'Occupation*, Ouest-France, 1984
LEROY, Armelle, et CHOLLET, Laurent, *30-40, l'album de ma jeunesse*, Éditions Hors Collection, 2008
NOBÉCOURT, Jacques, *Le Dernier Coup de dé d'Hitler*, Robert Laffont, 1962
RAGACHE, Gilles, *Les Enfants de la guerre*, Perrin, 1997
RÉMY (colonel ; récits présentés par), *La Résistance dans le Lyonnais*, deux tomes, Famot, 1975
RUDE, Fernand, *Libération de Lyon et de sa région*, Hachette, 1974
TOURNOUX, Raymond, *Le Royaume d'Otto : France, 1939-1945, ceux qui ont choisi l'Allemagne*, Flammarion, 1982
VERNAY, Laurie, *Lyon des restrictions*, Éditions de Terre et de Mer-Éditions des 4 Seigneurs, 1982

Magazines

« 1944, l'été le plus long », *Historia spécial*, n° 451, juin 1984
« Bimillénaire de Lyon », *Revue historique de l'armée*, numéro spécial, mai 1958

« Bobards 39-45 », *Le Crapouillot*, n° 7, avril 1949
« Collaboration et collaborateurs », *Historia spécial*, n° 31, septembre-octobre 1994
« La capitulation de l'Allemagne », *Historia spécial*, n° 35, mai-juin 1995
L'Alerte, 28 janvier 1941 ; 4 février 1941 ; 5 mars 1941 ; 13 février 1943 ; 20 février 1943
« L'année 1940 », *L'Histoire*, n° 129, janvier 1990
La Science et la Vie, numéro spécial pâques 1941, avril 1941
La Vie lyonnaise, n° 899, 29 octobre 1938 ; n° 974, 4 octobre 1941 ; n° 975, 18 octobre 1941 ; n° 976, 1er novembre 1941 ; n° 1014, 17 avril 1943
« Les jeunes sous l'Occupation », *Les Dossiers de l'histoire*, n° 56, septembre-octobre 1985
L'Illustration, n° 5080, 13-20 juillet 1940

Journaux

Combat
Guignol, n° 1434, 10 avril 1942 ; n° 1472, 1er et 8 janvier 1943 ; n° 1522, 24 décembre 1943 ; n° 1563, 28 mars 1945
Le Nouveau Journal
Le Nouvelliste
Le Progrès
Lyon libéré

Table des matières

Imprimé en U.E.
Dépôt légal : novembre 2013
ISBN : 978-2-8129-0862-0